福建省**中职学考**核心课程系列教材

生物基础
学习指导

主　编：张如涯　王春芳　杨春娇

扫码获取数字资源

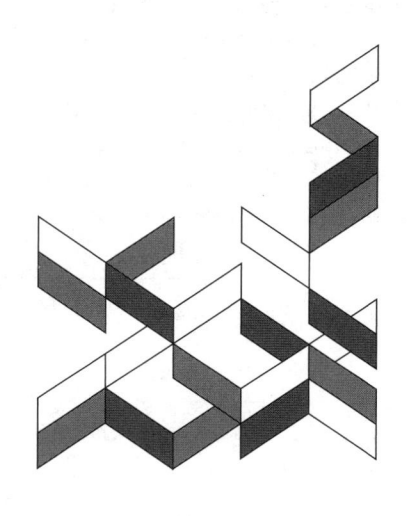

厦门大学出版社　国家一级出版社
XIAMEN UNIVERSITY PRESS　全国百佳图书出版单位

图书在版编目（CIP）数据

生物基础学习指导 / 张如涯，王春芳，杨春娇主编. -- 厦门 : 厦门大学出版社，2025.5. -- （福建省中职学考核心课程系列教材）. -- ISBN 978-7-5615-9752-1

Ⅰ. G634.913

中国国家版本馆 CIP 数据核字第 2025GD6730 号

策划编辑	姚五民
责任编辑	姚五民
美术编辑	李夏凌
技术编辑	许克华

出版发行　**厦门大学出版社**

社　　址　厦门市软件园二期望海路 39 号
邮政编码　361008
总　　机　0592-2181111　0592-2181406（传真）
营销中心　0592-2184458　0592-2181365
网　　址　http://www.xmupress.com
邮　　箱　xmup@xmupress.com
印　　刷　厦门集大印刷有限公司

开本　787 mm×1 092 mm　1/16
印张　16.75
字数　398 千字
版次　2025 年 5 月第 1 版
印次　2025 年 5 月第 1 次印刷
定价　55.00 元

本书如有印装质量问题请直接寄承印厂调换

出版说明

教育是强国建设和民族复兴的根本,承担着国家未来发展的重要使命。基于此,自党的十八大以来,构建职普融通、产教融合的职业教育体系,已成为全面落实党的教育方针的关键举措。这一战略目标的实现,要求加快塑造素质优良、总量充裕、结构优化、分布合理的现代化人力资源,以解决人力资源供需不匹配这一结构性就业矛盾。与此同时,面对新一轮科技革命和产业变革的浪潮,必须科学研判人力资源发展趋势,统筹抓好教育、培训和就业,动态调整高等教育专业和资源结构布局,进一步推动职业教育发展,并健全终身职业技能培训制度。

根据中共中央办公厅、国务院办公厅《关于深化现代职业教育体系建设改革的意见》和福建省政府《关于印发福建省深化高等学校考试招生综合改革实施方案的通知》要求,福建省高职院校分类考试招生采取"文化素质+职业技能"的评价方式,即以中等职业学校学业水平考试(以下简称"中职学考")成绩和职业技能赋分的成绩作为学生毕业和升学的主要依据。

为进一步完善考试评价办法,提高人才选拔质量,完善职教高考制度,健全"文化素质+职业技能"考试招生办法,向各类学生接受高等职业教育提供多样化入学方式,福建省教育考试院对高职院校分类考试招生(面向中职学校毕业生)实施办法作出调整:招考类别由原来的30类调整为12类;中职学考由全省统一组织考试,采取书面闭卷笔试方式,取消合格性和等级性考试;引进职业技能赋分方式,取消全省统一的职业技能测试。

福建省中职学考是根据国家中等职业教育教学标准,由省级教育行政部门组织实施的考试。考试成绩是中职学生毕业和升学的重要依据。根据福建省教育考试院发布的最新的中职学考考试说明,结合福建省中职学校教学现状,厦门大学出版社精心策划了"福建省中职学考核心课程系列教材"。该系列教材旨在帮助学生提升对基础知识的理解,提升运用知识分析问题、解决问题的能力,并在学习中提高自身的职业素养。

本系列教材由中等职业学校一线教师根据最新的《福建省中等职业学校学业水平考试说明》编写。内容设置紧扣考纲要求,贴近教学实际,符合考试复习规律。理论部分针对各知识点进行梳理和细化,使各知识点表述更加简洁、精练;模拟试卷严格按照考纲规定的内容比例、难易程度、分值比例编写,帮助考生更有针对性地备考。本系列教材适合作为中职、技工学校学生的中职学考复习指导用书。

目 录

第一章　生物的多样性与分类 …………………………………………………… 1
　　第一节　生物的多样性 ………………………………………………………… 1
　　第二节　生命的起源和进化 …………………………………………………… 3
　　第三节　生物分类概述 ………………………………………………………… 6
　　第四节　生物六界分类系统 …………………………………………………… 9

第二章　生命的构成 ……………………………………………………………… 13
　　第一节　生命的物质组成 ……………………………………………………… 13
　　第二节　生命的结构基础——细胞 …………………………………………… 15
　　第三节　组织 …………………………………………………………………… 19
　　第四节　植物的器官与系统 …………………………………………………… 21
　　第五节　动物的器官与系统 …………………………………………………… 25

第三章　生物的新陈代谢 ………………………………………………………… 31
　　第一节　新陈代谢概述及类型 ………………………………………………… 31
　　第二节　酶和 ATP 在新陈代谢中的作用 …………………………………… 33
　　第三节　绿色植物的新陈代谢 ………………………………………………… 35
　　第四节　动物的新陈代谢 ……………………………………………………… 42

第四章　遗传和变异 ……………………………………………………………… 46
　　第一节　遗传的物质基础 ……………………………………………………… 46
　　第二节　基因的表达 …………………………………………………………… 48
　　第三节　遗传的基本规律 ……………………………………………………… 51
　　第四节　生物的变异 …………………………………………………………… 54
　　第五节　生物的进化 …………………………………………………………… 57

第五章　生物的生殖与发育 ……………………………………………………… 60
　　第一节　生物生殖的基本类型 ………………………………………………… 60
　　第二节　减数分裂与有性生殖细胞的成熟 …………………………………… 62

- 第三节 生物的发育 64
- 第四节 植物生命活动的调节 66
- 第五节 动物的内分泌调节 69
- 第六节 动物的神经调节 72

第六章 生物与环境 74
- 第一节 生态因素对生物的影响 74
- 第二节 生态系统与生物圈 77
- 第三节 生物安全 81
- 第四节 人与环境 84

第七章 微生物的生物学特性 87
- 第一节 微生物概述 87
- 第二节 微生物的形态特征 88
- 第三节 细菌 92
- 第四节 真菌 96
- 第五节 病毒 98
- 第六节 常用的微生物 101
- 第七节 常见病原性细菌 105
- 第八节 常见病原性真菌 108
- 第九节 人类疾病中常见病毒 110

第八章 微生物的控制 112
- 第一节 微生物的分布 112
- 第二节 药品生产中的微生物控制 114
- 第三节 消毒与灭菌 116
- 第四节 无菌检查与微生物限度检查 118

第九章 微生物的培养与保藏 123
- 第一节 微生物的营养 123
- 第二节 微生物的培养基 125
- 第三节 细菌培养基的制备和灭菌 128
- 第四节 微生物的分离、接种与培养 130
- 第五节 微生物的生长 132
- 第六节 微生物数量的测定方法 136
- 第七节 微生物菌种的选育和保藏 139

目录

第十章 免疫学基础知识 ······ 143
第一节 抗原 ······ 143
第二节 免疫系统 ······ 145
第三节 抗体 ······ 147
第四节 免疫应答 ······ 149

第十一章 生物技术及其应用 ······ 151
第一节 生物技术的形成与发展 ······ 151
第二节 生物技术的基本内容 ······ 154
第三节 生物技术的应用 ······ 156

附录一 综合模拟试卷 ······ 158
综合模拟试卷一 ······ 158
综合模拟试卷二 ······ 166
综合模拟试卷三 ······ 174

附录二 参考答案 ······ 182

第一章　生物的多样性与分类

第一节　生物的多样性

一、名词解释
1. 生物
2. 生物学
3. 新陈代谢
4. 生物多样性
5. 遗传多样性
6. 物种多样性
7. 生态系统多样性

二、填空题
1. 生物体进行一切生命活动的基础是_____。
2. 生物多样性包括物种多样性、遗传多样性和_____三个层次。
3. 保护生物多样性的根本措施是保护_____的多样性。
4. 我国科学家袁隆平院士利用野生水稻与普通栽培水稻多次杂交，培育出产量很高的杂交水稻新品种，表明生物_____的多样性为培育农作物新品种提供了丰富的基因资源。
5. 生物多样性丧失的主要原因包括栖息地被破坏、偷猎、外来物种入侵、_____和气候变化等。
6. 生物对外界刺激做出的反应体现了生物的_____性。
7. "一母生九子，连母十个样。"这种现象属于生物的_____。

三、单项选择题
1. 生物和非生物最根本的区别是(　　)。
   A. 生物能动，非生物不能动
   B. 生物能长大，非生物不能长大
   C. 生物有生命，非生物没有生命
   D. 生物对环境的刺激有反应，而非生物没有
2. 下列不属于生物的是(　　)。
   A. 微生物　　　　　　　　　　B. 土壤
   C. 植物　　　　　　　　　　　D. 动物

3. 下列属于生物共同特征的是（　　）。
   A. 都能自由运动　　　　　　　　　　B. 都能繁殖
   C. 都具有反射活动　　　　　　　　　D. 都生活在水中
4. 展开的含羞草的叶片受到碰触时会合拢，表明了生物具有的特征是（　　）。
   A. 生物能排出身体内部产生的废物　　B. 生物能进行呼吸
   C. 生物能对外界刺激做出反应　　　　D. 生物的生活需要营养
5. 下列关于生物基本特征的叙述，正确的是（　　）。
   A. 生物都能进行光合作用　　　　　　B. 生物都是由细胞构成的
   C. 生物都能生长和繁殖　　　　　　　D. 生物都能快速运动
6. 生物多样性不包括（　　）。
   A. 遗传多样性　　　　　　　　　　　B. 物种多样性
   C. 生态系统多样性　　　　　　　　　D. 形态多样性
7. 物种多样性主要是指（　　）。
   A. 地球上生物所携带的各种遗传信息的总和
   B. 地球上动物、植物、微生物等生物种类的丰富程度
   C. 地球上生态系统组成、功能的多样性
   D. 生物体与其周围环境所构成的自然综合体
8. 遗传多样性是生物多样性的（　　）。
   A. 表现形式　　　　　　　　　　　　B. 内在形式
   C. 外部条件　　　　　　　　　　　　D. 无关因素
9. 下列关于生物多样性的说法，错误的是（　　）。
   A. 生物多样性是生物及其环境形成的生态复合体
   B. 生物多样性包括动物、植物、微生物和它们所拥有的基因
   C. 生物多样性只包括物种多样性
   D. 生物多样性是测量不同生态系统中有机体间相对多样性的尺度
10. 中国是全球生物多样性最丰富的国家之一，以下不是中国生物多样性特点的是（　　）。
    A. 有大量栽培植物和家养动物
    B. 种子植物种类居世界前列
    C. 脊椎动物种类相对较少
    D. 汇集了古北界和东洋界的大部分种类

四、判断题

1. 生物能够生长发育和繁殖后代的基础是新陈代谢。　　　　　　　　　　　　（　　）
2. 病毒没有细胞结构，因此不属于生物。　　　　　　　　　　　　　　　　　（　　）
3. 所有生物都能进行光合作用。　　　　　　　　　　　　　　　　　　　　　（　　）
4. 生物对外界刺激做出的反应体现了生物的应激性。　　　　　　　　　　　　（　　）
5. 生物都是由细胞构成的。　　　　　　　　　　　　　　　　　　　　　　　（　　）
6. 生物多样性通常包含物种多样性、遗传多样性和生态系统多样性三个层次。　（　　）

7. 外来物种的入侵不会对生物多样性造成威胁。（   ）
8. 生物多样性的丧失会导致生态系统稳定性下降。（   ）
9. 生物体进行一切生命活动的基础是新陈代谢。（   ）
10. 生物多样性对人类没有直接利益的部分，不需要保留。（   ）

五、简答题
1. 生物有哪些基本特征？

2. 什么叫生物多样性？保护生物多样性有何意义？

3. 生物多样性的主要组成通常包括哪几个部分？

第二节　生命的起源和进化

一、名词解释
1. 同源器官
2. 适者生存
3. 自然选择

二、填空题
1. 化学起源假说认为，地球上的生命是在地球温度逐步下降以后，在极其漫长的时间内，由_____经过极其复杂的化学过程，一步一步地演变而成的。
2. 化学起源说将生命的起源分为四个阶段，第一个阶段是从_____生成有机小分子的阶段。
3. 化学起源说的第二个阶段是从_____生成生物大分子物质。
4. 原始生命起源的后三个阶段都是在_____中形成的，原始海洋是原始生命的摇篮。
5. 生物进化的总体趋势是从_____到复杂，从_____到高等，从_____到陆生。
6. 在研究生物的进化的过程中，_____是重要的证据。
7. 达尔文把在生存斗争中，适者生存、不适者被淘汰的过程叫作_____。
8. 原始的海洋就像一盆稀薄的热汤，其中所含的有机物，不断地相互作用，经过及其漫长的岁月，逐渐形成了_____。

9. 原始大气在高温、紫外线以及雷电等自然条件的长期作用下,形成了许多_____。

10. 生物的各种特征主要是由_____控制的,所以生物种类多样性的实质是基因的多样性。

11. 在生存斗争中,那些适应环境的具有_____的个体,在斗争中获胜得以生存,并不断地繁衍后代。

12. 生物通过_____、_____和_____不断进化。

13. 由于生物生活的环境是不断变化的,适应当时环境的变异未必适应将来变化了的环境,生物只有适应_____的环境,才能生存和发展。

14. 爬行动物比两栖动物更适应陆地生活,因为爬行动物的体表覆盖_____,可减少水分蒸发;生殖和发育可以脱离对水环境的依赖。

15. 生物之间共同特征多,_____就近。

三、单项选择题

1. 原始生命诞生的摇篮是( )。
   A. 原始陆地　　　B. 原始海洋　　　C. 原始大气　　　D. 外星球

2. 下列关于生命起源和生物进化的说法,正确的是( )。
   A. 米勒的模拟试验证明无机小分子物质可生成原始生命
   B. "哺乳动物由古代的爬行动物经过长期进化而来"是目前大家认同的观点
   C. 从达尔文进化学说的观点来看,长颈鹿由于采食需要而使颈和前肢都变得很长
   D. 拉马克认为人内在的意志力量驱动着生物由低的等级向较高的等级发展变化

3. 下列观点与自然选择学说无关的是( )。
   A. 过度繁殖加剧了种内的竞争　　　B. 遗传与变异是普遍存在的
   C. 进化方向是由遗传物质确定的　　　D. 自然选择的结果是适者生存

4. 下列关于生命起源与生物进化的叙述中,不正确的是( )。
   A. 米勒模拟试验可证明原始地球环境下无机物能形成简洁的有机物
   B. 长颈鹿常常努力伸长颈去吃高处的树叶,因此颈变得很长
   C. 昆虫的保护色和食虫鸟锋利的目光是长期自然选择的结果
   D. 生物进化的历程是由简单到复杂、由低等到高等、由水生到陆生

5. 下列有关生物起源和进化的叙述中,不正确的是( )。
   A. 原始大气的主要成分有氨、氢气、甲烷、水蒸气等气体
   B. 米勒的模拟试验验证了原始生命起源于原始海洋
   C. 生物进化的总趋势是由水生到陆生、由低等到高等、由简单到复杂
   D. 越是古老地层中埋藏的化石结构越简单

6. 下列关于生物进化的叙述,错误的是( )。
   A. 越简单、越低等的生物化石总是出现在越古老的地层里
   B. 化石是研究生物进化的唯一证据
   C. 生物多样性是生物长期进化的结果
   D. 化石是经过漫长的地质年代才形成的

7. 下列有关生命的起源和生物进化的叙述,正确的是(   )。
   A. 原始生命诞生于原始海洋,由氧气、氢气、甲烷等无机物演变而来
   B. 根据自然选择学说,实现自然选择的动力是生存斗争
   C. 生物产生的变异一定都有利于适应环境
   D. 米勒的试验模拟了生命起源的全部过程
8. 生物进化的总体趋势是(   )。
   A. 由复杂到简单   B. 由高等到低等
   C. 水生到陆生、简单到复杂、低等到高等   D. 由陆生到水生
9. 下列不是研究生物进化证据的是(   )。
   A. 化石记录   B. 比较解剖学   C. 胚胎学   D. 神话故事

四、判断题
1. 原始生命起源于原始陆地。   (   )
2. 米勒的试验验证了原始生命起源于原始海洋。   (   )
3. 生物进化的总体趋势是由水生到陆生、由简单到复杂、由低等到高等。   (   )
4. 化石是研究生物进化的唯一证据。   (   )
5. 脊椎动物的进化顺序是鱼类、两栖类、爬行类、鸟类和哺乳类。   (   )
6. 自然选择的结果是适者生存。   (   )
7. 长颈鹿常常努力伸长颈和前肢去吃树上的叶子,因此颈和前肢都变得很长。   (   )
8. 人类进化的过程中,能否使用工具是人猿分界的重要标准。   (   )
9. 生物在繁衍的过程中,会不断地产生变异,这些变异都是可以遗传的。   (   )
10. 在生物进化的历程中,越是古老地层中埋藏的化石结构越简单。   (   )
11. 在生物的进化过程中,自然选择决定着生物进化的方向。   (   )
12. 原始生命起源的后三个阶段都是在原始大气中形成的。   (   )
13. 昆虫的保护色和食虫鸟锋利的目光是长期自然选择的结果。   (   )
14. 自然选择是生物进化的唯一机制。   (   )

五、简答题
1. 什么是用进废退学说?

2. 什么是自然选择学说?

第三节　生物分类概述

一、名词解释

1. 人为分类法
2. 自然分类法
3. 种

二、填空题

1. 生物分类的基本单位是_____。
2. 在生物分类学中,比种更大的上一级分类单位是_____。
3. 动物界中最大的类群是_____动物。
4. 裸子植物与被子植物的主要区别在于种子是否有_____包被。
5. 鸟类和哺乳动物都属于_____动物门。
6. 细菌、真菌等微生物通常被归为_____生物界。
7. 在生物分类学中,亲缘关系最近的生物通常属于同一_____。
8. 藻类植物大多生活在水中,并且结构相对简单,没有_____的分化。
9. 爬行动物与两栖动物相比,主要区别在于爬行动物能终生生活在_____环境中。
10. 在生物分类学中,为了更细致地描述生物间的亲缘关系,科学家引入了_____等级系统。

三、单项选择题

1. 以下不是生物分类主要依据的是(　　)。
    A. 形态结构　　　　　　　　B. 营养方式
    C. 基因序列　　　　　　　　D. 地理分布
2. 生物分类的基本单位是(　　)。
    A. 种　　　　B. 属　　　　C. 科　　　　D. 目
3. 林奈的"双名法"中,每个物种的名称由(　　)两部分组成。
    A. 属名和种加词　　　　　　B. 种加词和亚种名
    C. 属名和亚种名　　　　　　D. 种加词和变种名
4. 以下不属于生物分类等级的是(　　)。
    A. 界　　　　B. 门　　　　C. 纲　　　　D. 细胞
5. 生物分类的等级从大到小依次是(　　)。
    A. 界、门、纲、目、科、属、种　　B. 界、纲、门、目、科、属、种
    C. 门、界、纲、目、科、属、种　　D. 种、属、科、目、纲、门、界
6. 生物分类的目的是(　　)。
    A. 给生物命名　　　　　　　B. 研究生物的多样性
    C. 给生物分类　　　　　　　D. 满足人类的好奇心

7. 在生物分类中,同种生物的个体间具有最高的相似性的是(　　)。
   A. 形态结构　　　　　　　　　　B. 营养方式
   C. 遗传物质　　　　　　　　　　D. 生态环境
8. 以下不是生物分类依据的是(　　)。
   A. 形态结构　　　　　　　　　　B. 生活习性
   C. 生态环境　　　　　　　　　　D. 体积大小
9. 下列关于生物分类系统特点的描述,正确的是(　　)。
   A. 生物分类系统是静态的,不会随时间变化而变化
   B. 生物分类系统是基于生物之间的相似性进行划分的
   C. 生物分类系统只考虑生物的形态结构
   D. 生物分类系统不考虑生物之间的亲缘关系
10. 以下正确地描述了生物分类中的种的是(　　)。
    A. 种是生物分类中的最高等级　　B. 种是生物分类中的基本单位
    C. 种是生物分类中的最低等级　　D. 种是生物分类中的任意单位
11. 下列不是生物分类中的方法的是(　　)。
    A. 形态分类法　　　　　　　　　B. 分子分类法
    C. 生态分类法　　　　　　　　　D. 体积分类法
12. 下列关于生物分类中的属的描述,正确的是(　　)。
    A. 属是生物分类中的最高等级　　B. 属是生物分类中的基本单位
    C. 属是比种更高一级的分类单位　D. 属是比界更低一级的分类单位
13. 下列不是生物分类中的一个重要考虑因素的是(　　)。
    A. 生物的形态结构　　　　　　　B. 生物的遗传信息
    C. 生物的生态环境　　　　　　　D. 生物的经济价值
14. 下列关于生物分类中的科的描述,正确的是(　　)。
    A. 科是生物分类中的最高等级
    B. 科是比属更低一级的分类单位
    C. 科是比界更高一级的分类单位
    D. 科是比属更高一级,但比目更低一级的分类单位
15. 下列关于生物分类中的目的描述,正确的是(　　)。
    A. 目是生物分类中的最高等级　　B. 目是比科更低一级的分类单位
    C. 目是比科更高一级的分类单位　D. 目是比界更低一级的分类单位
16. 以下不是生物分类一个重要目的的是(　　)。
    A. 了解生物的多样性　　　　　　B. 研究生物之间的亲缘关系
    C. 为生物命名提供方便　　　　　D. 评估生物的经济价值
17. 以下正确地描述了生物分类中的纲的是(　　)。
    A. 纲是生物分类中的最高等级
    B. 纲是比门更低一级的分类单位

C. 纲是比界更高一级的分类单位

D. 纲是比属更高一级,比门更低一级的分类单位

18. 以下正确地描述了生物分类中的界的是( )。

　　A. 界是生物分类中的最低等级

　　B. 界是比门更低一级的分类单位

　　C. 界是生物分类中的最高等级

　　D. 界是比纲更低一级的分类单位

19. 以下正确地描述了生物分类系统的意义的是( )。

　　A. 生物分类系统只是为了给生物命名

　　B. 生物分类系统有助于我们更好地了解和研究生物

　　C. 生物分类系统没有任何实际意义

　　D. 生物分类系统只是为了满足人类的好奇心

20. 以下是生物分类中种的特征的是( )。

　　A. 具有最多的共同特征　　　　B. 包含最多的生物种类

　　C. 是生物分类的最低等级单位　D. 是生物分类的最高等级单位

四、判断题

1. 所有生物都可以被归入某一个分类群。（　）
2. 生物分类的等级从高到低依次为界、门、纲、目、科、属、种。（　）
3. 同一种生物的所有个体都属于同一个物种。（　）
4. 界是最高级的生物分类单位。（　）
5. 所有的植物都属于植物界,所有的动物都属于动物界。（　）
6. 细菌不属于任何已知的界。（　）
7. 真菌界包括蘑菇、霉菌和酵母等。（　）
8. 所有的哺乳动物都属于脊索动物门。（　）
9. 两栖动物既能在水中生活,也能在陆地上生活。（　）
10. 节肢动物包括昆虫、蜘蛛、甲壳动物等。（　）
11. 被子植物是植物界中最大和最多样化的类群。（　）
12. 裸子植物没有花和果实。（　）
13. 原生生物界包括细菌、真菌和原生动物等。（　）
14. 所有的多细胞生物都比单细胞生物更复杂。（　）
15. 生物分类是静态的,不会随着科学研究的进展而改变。（　）

五、简答题

1. 为什么要对生物进行分类?

2. 生物分类通常采用的等级是什么？

3. 什么叫"双名法"？

第四节　生物六界分类系统

一、名词解释
1. 低等植物
2. 高等植物

二、填空题
1. 生物五界分类系统包括原核生物界、原生生物界、真菌界、_____、动物界。
2. 原核生物界主要包括古细菌和_____。
3. 原生生物界主要包括单细胞藻类和_____。
4. 真菌界主要包括酵母菌和_____。
5. 病毒界主要包括病毒和_____。
6. 生物六界分类系统中，植物和动物分别属于_____和动物界。
7. 原生生物界中的生物大多数为_____生物。
8. 病毒界中的生物不具有_____结构。
9. 真细菌是生物六界分类系统中的_____生物。
10. 在生物六界分类系统中，酵母菌属于_____。
11. 除了病毒界，其他五界中的生物都具有_____结构。
12. 生物六界分类系统是根据生物的_____、遗传物质和进化关系等因素进行分类的。
13. 在生物六界分类系统中，动物界包括从简单的多细胞无脊椎动物到复杂的_____动物。
14. 植物界中的生物通过_____作用将太阳能转化为化学能。
15. 病毒界中的生物必须寄生在其他生物的_____内才能进行生命活动。

三、单项选择题
1. 生物六界分类系统中，(　　)包括古生菌和真细菌。
　　A. 原生生物界　　　B. 原核生物界　　　C. 真菌界　　　D. 植物界

2. 以下生物属于原生生物界的是（　　）。
   A. 酵母菌　　　　　B. 霉菌　　　　　C. 原生动物　　　　　D. 病毒
3. 以下不属于真菌界生物的是（　　）。
   A. 蘑菇　　　　　　B. 青霉　　　　　C. 细菌　　　　　　D. 酵母菌
4. 在生物六界分类系统中，（　　）包括了多细胞的绿色植物。
   A. 原核生物界　　　B. 原生生物界　　C. 植物界　　　　　D. 病毒界
5. 以下是动物界特点的是（　　）。
   A. 主要由单细胞生物组成　　　　　　B. 包括多细胞的绿色植物
   C. 包括各种多细胞的动物　　　　　　D. 主要由真菌组成
6. 在生物六界分类系统中，（　　）包括了单细胞的藻类。
   A. 原核生物界　　　B. 原生生物界　　C. 真菌界　　　　　D. 动物界
7. 以下是原核生物界特点的是（　　）。
   A. 有真正的细胞核　　　　　　　　　B. 有核膜和核仁
   C. 无核膜和核仁　　　　　　　　　　D. 有线粒体等细胞器
8. 以下是病毒界特点的是（　　）。
   A. 是多细胞的生物　　　　　　　　　B. 有细胞结构
   C. 无细胞结构　　　　　　　　　　　D. 有核膜和核仁
9. 在生物六界分类系统中，（　　）包括了各种真菌。
   A. 原核生物界　　　B. 原生生物界　　C. 真菌界　　　　　D. 动物界
10. 以下是原生生物界与植物界主要区别的是（　　）。
    A. 原生生物界包括单细胞生物，植物界包括多细胞生物
    B. 原生生物界没有叶绿体，植物界有叶绿体
    C. 原生生物界没有细胞壁，植物界有细胞壁
    D. 原生生物界没有细胞核，植物界有细胞核
11. 以下是动物界与植物界主要区别的是（　　）。
    A. 动物界没有细胞壁，植物界有细胞壁
    B. 动物界没有叶绿体，植物界有叶绿体
    C. 动物界没有细胞核，植物界有细胞核
    D. 动物界没有线粒体，植物界有线粒体
12. 以下是病毒界与原核生物界主要区别的是（　　）。
    A. 病毒界没有细胞结构，原核生物界有细胞结构
    B. 病毒界没有细胞核，原核生物界有细胞核
    C. 病毒界没有线粒体，原核生物界有线粒体
    D. 病毒界没有叶绿体，原核生物界有叶绿体
13. 真菌界与植物界主要的相似之处是（　　）。
    A. 都有叶绿体　　　　　　　　　　　B. 都是多细胞生物
    C. 都进行光合作用　　　　　　　　　D. 都通过孢子繁殖

14. 以下是原生生物界与动物界主要相似之处的是（　　）。
    A. 都是单细胞生物　　　　　　　　B. 都有细胞壁
    C. 都进行光合作用　　　　　　　　D. 都有运动能力
15. 以下是生物分类主要依据的是（　　）。
    A. 生物的形态结构　　　　　　　　B. 生物的习性
    C. 生物的生态位　　　　　　　　　D. 生物的亲缘关系和演化发展
16. 以下是真菌界与动物界主要区别的是（　　）。
    A. 真菌界没有细胞壁，动物界有细胞壁
    B. 真菌界没有细胞核，动物界有细胞核
    C. 真菌界主要通过孢子繁殖，动物界主要通过种子繁殖
    D. 真菌界没有线粒体，动物界有线粒体
17. 以下是病毒界与原生生物界主要区别的是（　　）。
    A. 病毒界没有细胞结构，原生生物界有细胞结构
    B. 病毒界没有细胞核，原生生物界有细胞核
    C. 病毒界没有线粒体，原生生物界有线粒体
    D. 病毒界没有叶绿体，原生生物界有叶绿体
18. 生物六界分类系统中，（　　）包括了各种细菌。
    A. 原生生物界　　B. 原核生物界　　C. 真菌界　　D. 病毒界

四、判断题

1. 生物六界分类系统包括动物界、植物界、真菌界、原生生物界、细菌界和病毒界。（　　）
2. 植物界中的生物都能进行光合作用。（　　）
3. 真菌界中的生物都没有叶绿体。（　　）
4. 原生生物界中的生物都是单细胞生物。（　　）
5. 古细菌界和真细菌界的生物在细胞结构上存在显著差异。（　　）
6. 病毒界中的生物都是单细胞生物。（　　）
7. 生物六界分类系统是根据生物的形态结构进行分类的。（　　）
8. 动物界中的生物都是多细胞生物。（　　）
9. 在生物六界分类系统中，真核生物包括植物界、动物界和真菌界。（　　）
10. 在生物六界分类系统中，原核生物只包括细菌界。（　　）
11. 生物六界分类系统是由我国生物学家陈世骧等人提出的。（　　）
12. 原生生物界中的生物都是自养的。（　　）
13. 病毒界中的生物都不能独立进行生命活动。（　　）

五、简答题

1. 生物六界分类系统有哪些组成结构？

■ 生物基础学习指导

2. 原核生物有哪些主要特征?

3. 真核生物有哪些主要特征?

4. 如何区别真菌、植物和动物?

第二章 生命的构成

第一节 生命的物质组成

一、名词解释
1. 细胞
2. 大量元素
3. 微量元素
4. 二肽
5. 多肽

二、填空题
1. 细胞是构成生物体_____与_____的基本单位。
2. 含量占生物体总重量的万分之一以上的元素称为_____；植物生活所必需，但是需要量却很少的一些元素称为_____。
3. 细胞的化学成分主要是指构成细胞的各种化合物，这些化合物分为_____和_____两大类。其中，无机化合物包括_____和_____，有机化合物包括_____、_____、_____、_____。
4. 水在生物体和细胞内的存在状态有_____和_____两种。_____不能蒸发、不能析离，失去了流动性和溶解性，是生物体的构成物；_____可流动、易蒸发，加压力后可析离，是可以参与物质代谢过程的水。
5. 细胞中的无机盐一般都是以_____态存在于细胞中。
6. _____是生物体进行生命活动主要的能源物质，分为_____、_____和_____。
7. _____是生物体的主要能源和碳源物质，_____是生物体内储存能量的物质并供给能量，_____是生命活动的基础之一，_____是细胞内具有遗传特性的物质。
8. 蛋白质的基本组成单位是_____，核酸的基本组成单位是_____。
9. 糖类分子都是由_____三种元素构成的；脂质主要由_____三种化学元素组成，很多种脂类物质还含有_____等元素；每种蛋白质都含有_____这四种元素；核酸主要由_____五种元素组成。

三、单项选择题
1. 下列属于微量元素的是（　　）。
   A. 氮　　　　　　B. 硫　　　　　　C. 磷　　　　　　D. 铁

2. 形成细胞色素与血红素的原料是（　　）。
   A. Mg^{2+} B. Fe^{3+} C. Co^+ D. PO_4^{3-}

3. 与骨骼生长、牙齿坚固密切相关的是（　　）。
   A. Ca   B. Na   C. K   D. Mg

4. 下列属于细胞中无机化合物的是（　　）。
   A. 糖类   B. 脂质   C. 蛋白质   D. 无机盐

5. 生物体进行生命活动的主要能源物质是（　　）。
   A. 糖类   B. 脂质   C. 蛋白质   D. 核酸

6. 形成植物细胞壁的基本成分,有巩固细胞结构和固定形状的作用的是（　　）。
   A. 纤维素   B. 淀粉   C. 糖原   D. 蔗糖

7. 下列关于糖类的功能描述,错误的是（　　）。
   A. 糖类是生物体的主要能源和碳源物质   B. 糖类是细胞通信识别作用的基础
   C. 糖类具有润滑保护作用   D. 糖类具有催化功能

8. 蛋白质的基本单位是（　　）。
   A. 核苷酸   B. 葡萄糖   C. 氨基酸   D. 核酸

9. 在生物的新陈代谢过程中,催化各种生化反应的酶都是蛋白质,这体现了有些蛋白质具有（　　）。
   A. 催化功能   B. 机械支持功能
   C. 运输功能   D. 调节功能

10. 具有维持体温和保护内脏、缓冲外界压力作用的物质是（　　）。
    A. 葡萄糖   B. 脂肪   C. 固醇   D. 核酸

四、多项选择题

1. 下列属于大量元素的有（　　）。
   A. 钾   B. 钙   C. 镁   D. 硼

2. 下列为遗传物质的重要组成成分的有（　　）。
   A. 核糖   B. 脱氧核糖   C. 葡萄糖   D. 果糖

3. 组成核苷酸的有（　　）。
   A. 含氮碱基   B. 氨基酸   C. 五碳糖   D. 磷酸

4. 下列分布有 DNA 的结构有（　　）。
   A. 线粒体   B. 叶绿体   C. 中心体   D. 细胞核

5. 下列表述正确的有（　　）。
   A. 组成核酸的基本单位是核苷酸
   B. RNA 也是遗传物质
   C. 核酸主要是由 C、H、O、N 4 种元素组成的高分子化合物
   D. 核酸对蛋白质的合成有直接关系

6. 水在生物体内的作用有（　　）。
   A. 溶剂作用   B. 参与代谢反应   C. 运输物质   D. 提供能量

7. 下列属于细胞供能物质的有（　　）。
   A. 核糖　　　　　B. 脱氧核糖　　　　C. 葡萄糖　　　　D. 果糖

五、判断题

1. 组织是构成生物体结构与功能的基本单位。（　　）
2. 微量元素在生物体内含量很少，所以它不是植物生活所必需的。（　　）
3. 结合水是吸附和结合在有机固体物质上的水，主要依靠氢键与蛋白质的极性基（羧基和氨基）相结合形成亲水胶体。（　　）
4. 结合水不能蒸发、不能析离，失去了流动性和溶解性，是生物体的构成物。（　　）
5. 水可以让细胞保持形态和结构的稳定。（　　）
6. 多糖是自然界中含量最多的糖类，是储藏能量的物质。（　　）
7. 蛋白质是由许多核苷酸连接而成的，连接两个核苷酸分子的键叫肽键。（　　）
8. 类脂是动物组织中其他固醇类化合物如胆汁醇、性激素、肾上腺皮质激素、维生素 D_3 等的前体。（　　）

六、简答题

1. 简述水在生物体内的功能。

2. 简述无机盐在生物体和细胞中的作用。

3. 简述核酸的主要功能。

第二节　生命的结构基础——细胞

一、名词解释

1. 细胞膜
2. 糖被
3. 自由扩散
4. 协助扩散
5. 主动运输
6. 胞吞作用

7. 胞吐作用
8. 细胞质
9. 细胞质基质
10. 细胞器

二、填空题

1. 生物可分为_____和_____,其主要区别就在于其细胞结构不同。细胞按其复杂程度分为_____和_____两大类。原核细胞没有_____和_____,只有核区,结构很简单;地球上大多数生物都是_____,细胞结构比较复杂。

2. 一般把在光学显微镜下看到的细胞结构称作细胞的_____结构,把在电子显微镜下看到的细胞结构称作细胞的_____结构。

3. 细胞膜可分为两类:一是包围细胞原生质的外膜,叫_____;二是包围或组成各种细胞器的膜,叫_____。

4. 细胞膜主要是由_____和_____构成的。

5. 物质通过细胞膜出入细胞的_____、_____、_____三种方式,可以说明细胞膜是一种_____膜。

6. 质体是_____细胞特有的细胞器,根据所含色素的不同分为_____、_____、_____三种。

7. 液泡外围的膜称_____,膜内的液体称为_____。

8. 细胞核是生物遗传物质_____存在与复制的主要场所,由_____、_____、_____和_____组成。

9. 染色质(核质)主要由_____和_____组成,也含少量 RNA。

10. 细胞周期指细胞从_____开始到_____为止的时期。细胞周期包括_____和_____两个阶段,其中,分裂间期是为分裂期做准备的阶段;分裂期又分为_____、_____、_____和_____四个时期。

11. _____是细胞有氧呼吸的主要场所,_____是进行光合作用的场所,_____与蛋白质等物质的合成和运输有密切关系,_____是细胞中合成蛋白质的场所,_____与新细胞膜和细胞壁的形成有关,_____具有消化作用,_____与细胞有丝分裂和减数分裂过程中纺锤丝的形成有关,_____是细胞的骨骼和肌肉。

三、单项选择题

1. 起机械支持作用的纤维呈(　　)。
   A. 长筒状　　　　B. 长纺锤形　　　　C. 椭圆球状　　　　D. 圆盘状

2. 下列细胞的最小是(　　)。
   A. 支原体　　　　　　　　　　　　B. 鸵鸟卵黄
   C. 长颈鹿的神经细胞　　　　　　　D. 人的白细胞

3. 大分子和颗粒性物质进入细胞的主要方式是(　　)。
   A. 自由扩散　　　　　　　　　　　B. 协助扩散
   C. 主动运输　　　　　　　　　　　D. 内吞作用

4. 下列物质进出细胞膜需要消耗细胞内新陈代谢所释放的能量的是（　　）。
   A. CO_2　　　　　　B. 苯　　　　　　C. 葡萄糖　　　　　　D. Na^+
5. 植物细胞所特有的，也是区别动物细胞的显著特征的是（　　）。
   A. 细胞壁　　　　　　B. 细胞膜　　　　　　C. 细胞核　　　　　　D. 中心体
6. 细胞壁胞间层的主要成分为（　　）。
   A. 纤维素和果胶　　　　　　　　　　　B. 果胶
   C. 纤维素、半纤维素和果胶　　　　　　D. 纤维素、木质素、木栓质
7. 细胞有氧呼吸的主要场所是（　　）。
   A. 线粒体　　　　　　B. 叶绿体　　　　　　C. 高尔基体　　　　　　D. 中心体
8. 进行光合作用的场所是（　　）。
   A. 线粒体　　　　　　B. 叶绿体　　　　　　C. 高尔基体　　　　　　D. 中心体
9. 与蛋白质等物质的合成和运输有密切关系的是（　　）。
   A. 高尔基体　　　　　　B. 内质网　　　　　　C. 溶酶体　　　　　　D. 液泡
10. 细胞中合成蛋白质的场所，称为蛋白质的装配机器的是（　　）。
    A. 核糖体　　　　　　B. 内质网　　　　　　C. 溶酶体　　　　　　D. 细胞骨架
11. 在植物细胞中，与细胞分裂时新细胞膜和细胞壁的形成有关的是（　　）。
    A. 液泡　　　　　　B. 线粒体　　　　　　C. 高尔基体　　　　　　D. 细胞骨架
12. 下列与细胞有丝分裂和减数分裂过程中纺锤丝的形成有关的是（　　）。
    A. 中心体　　　　　　B. 内质网　　　　　　C. 细胞骨架　　　　　　D. 液泡
13. 构成细胞质和细胞核间的蛋白质纤维网络支架的是（　　）。
    A. 内质网　　　　　　B. 细胞骨架　　　　　　C. 高尔基体　　　　　　D. 核糖体
14. 细胞中主宰遗传的结构中心的是（　　）。
    A. 核膜　　　　　　B. 染色体　　　　　　C. 核仁　　　　　　D. 核液
15. 无丝分裂又称为（　　）。
    A. 间接分裂　　　　　　B. 等数分裂　　　　　　C. 减数分裂　　　　　　D. 直接分裂
16. 真核细胞最普遍的分裂方式，也是高等生物体细胞增殖的主要分裂方式的是（　　）。
    A. 有丝分裂　　　　　　B. 直接分裂　　　　　　C. 减数分裂　　　　　　D. 无丝分裂
17. 染色质纤丝逐渐缩短变粗为染色体发生于有丝分裂的（　　）。
    A. 前期　　　　　　B. 中期　　　　　　C. 后期　　　　　　D. 末期
18. 核膜、核仁逐渐消失发生于（　　）。
    A. 前期　　　　　　B. 中期　　　　　　C. 后期　　　　　　D. 末期
19. 核膜、核仁重新出现发生于（　　）。
    A. 前期　　　　　　B. 中期　　　　　　C. 后期　　　　　　D. 末期
20. 分析染色体核型的最佳时期是（　　）。
    A. 前期　　　　　　B. 中期　　　　　　C. 后期　　　　　　D. 末期
21. 有丝分裂过程中，一个细胞分裂成为两个子细胞发生于（　　）。
    A. 前期　　　　　　B. 中期　　　　　　C. 后期　　　　　　D. 末期

22. 细胞质中具有一定化学组成和形态,并表现某些特殊功能的结构是( )。
    A. 细胞器   B. 细胞核   C. 中心体   D. 高尔基体
23. 核糖体 RNA 的合成、加工及核糖体亚单位的装配场所是( )。
    A. 核膜   B. 染色体   C. 核仁   D. 核液

四、多项选择题

1. 原核生物与真核生物相比较,没有( )。
    A. 核膜   B. 核糖体   C. 核仁   D. 细胞壁
2. 真核细胞在光学显微镜下能看到的有( )。
    A. 细胞膜   B. 细胞质   C. 细胞核   D. 核糖体
3. 下列关于糖蛋白的表述,正确的有( )。
    A. 消化道和呼吸道上皮细胞表面的糖蛋白有保护和润滑作用
    B. 糖蛋白与细胞表面的识别有密切关系
    C. 动物细胞表面的糖蛋白具有识别作用
    D. 糖蛋白的构成元素中至少含有 C、H、O、N 元素
4. 下列关于细胞壁功能的表述,正确的有( )。
    A. 稳定细胞形态和保护作用   B. 控制细胞生长扩大
    C. 参与胞内外信息的传递   D. 防御功能
5. 质体根据所含色素的不同,可分为( )。
    A. 白色体   B. 黑色体   C. 有色体   D. 叶绿体
6. 下列属于有丝分裂分裂间期特点的有( )。
    A. 细胞体积加大
    B. 蛋白质开始合成
    C. DNA 分子开始复制
    D. 形成形态相同的两条染色单体
7. 运输有机物质的组织有( )。
    A. 导管   B. 管胞   C. 筛管   D. 伴胞

五、判断题

1. 细胞的形态都与它所处的环境条件以及所担负的生理机能是密切相关的。( )
2. 支原体可以在光学显微镜下看到。( )
3. 一般把在电子显微镜下看到的细胞结构称作细胞的显微结构。( )
4. 离子和小分子物质主要通过内吞作用进入细胞。( )
5. 协助扩散是被选择吸收的物质,借助载体蛋白从浓度高的一侧通过细胞膜向浓度低的一侧转运,但不需要消耗细胞内新陈代谢所释放的能量进出细胞。( )
6. 细胞壁是包围在质膜外的一层坚硬外壳,具有一定的抗张力,对细胞有重要的保护作用。( )
7. 细胞质在细胞内是静止的,对于完成各项生命活动具有重要的作用。( )
8. 细胞内含物是细胞营养物质或代谢产物。( )

9. 溶酶体的作用是促使细胞自溶和起消化作用。（　　）
10. 细胞核是生物遗传物质 RNA 存在与复制的主要场所，它是细胞遗传、代谢、分化和繁殖的控制中心。（　　）
11. 染色质和染色体是不同的两种物质。（　　）
12. 减数分裂是一种特殊方式的有丝分裂，它与有性生殖细胞的形成有关。（　　）

六、简答题

1. 细胞的分裂方式有哪些？

2. 细胞膜的功能有哪些？

3. 细胞壁的功能有哪些？

第三节　组织

一、名词解释

1. 组织
2. 成熟组织
3. 分泌结构

二、填空题

1. 植物组织分为_____和_____两大类，根据分生组织在植物体的分布位置，可分为_____、_____和_____三种。
2. 保护组织按其来源可分为_____和_____。
3. 机械组织主要起_____的作用，可分为_____和_____。
4. 通常根据分泌结构的发生部位和分泌物的溢排情况，将分泌结构划分为_____和_____两类。
5. 动物组织分为_____、_____、_____、_____四大类。

6. 血液由_____和悬浮于其中的_____组成。血浆的基本成分为_____，另一成分是_____。血浆蛋白是血浆中多种蛋白的总称，分为_____、_____和_____三类。血细胞可分为_____、_____和_____三类，其中_____的数量最多，约占血细胞总数的_____%，_____最少。

7. 白细胞可分为_____、_____、_____、_____和_____五类。

8. 红细胞的主要功能是运输_____，各类白细胞均参与机体的_____功能，_____有利于血液凝固和生理止血。

9. 根据肌细胞形态、结构、功能分布的不同，可分为_____、_____、_____三种。

10. 根据结缔组织的形态和生理功能的不同，可分为_____、_____、_____、_____和_____等。

三、单项选择题

1. 覆盖于植物体表面，起保护作用，具有防止体内水分过度散失，避免病虫侵害和抵抗外界机械损伤的作用的组织是（   ）。
   A. 保护组织　　　　　B. 薄壁组织　　　　　C. 机械组织　　　　　D. 输导组织

2. 下列能进行光合作用的是（   ）。
   A. 厚角组织　　　　　B. 石细胞　　　　　　C. 厚壁组织　　　　　D. 纤维

3. 主要功能是运输氧和二氧化碳的是（   ）。
   A. 红细胞　　　　　　B. 白细胞　　　　　　C. 血浆　　　　　　　D. 血小板

4. 主要功能是参与机体的防御功能的是（   ）。
   A. 红细胞　　　　　　B. 白细胞　　　　　　C. 血浆　　　　　　　D. 血小板

5. 有利于血液凝固和生理止血的是（   ）。
   A. 红细胞　　　　　　B. 白细胞　　　　　　C. 血浆　　　　　　　D. 血小板

6. 组成肌肉组织且具有收缩能力的是（   ）。
   A. 上皮细胞　　　　　B. 肌细胞　　　　　　C. 神经细胞　　　　　D. 神经胶质细胞

7. 表皮、黏膜属于（   ）。
   A. 上皮组织　　　　　B. 结缔组织　　　　　C. 肌肉组织　　　　　D. 神经组织

8. 主要将化学能转变为机械能的是（   ）。
   A. 上皮组织　　　　　B. 结缔组织　　　　　C. 肌肉组织　　　　　D. 神经组织

9. 动物组织分化程度最高的一种组织是（   ）。
   A. 上皮组织　　　　　B. 结缔组织　　　　　C. 肌肉组织　　　　　D. 神经组织

四、多项选择题

1. 下列运输水分和无机盐的组织有（   ）。
   A. 导管　　　　　　　B. 管胞　　　　　　　C. 筛管　　　　　　　D. 伴胞

2. 下列属于上皮组织的作用的有（   ）。
   A. 保护和吸收　　　　　　　　　　　　　　B. 分泌排泄
   C. 感受某些物理化学刺激　　　　　　　　　D. 将化学能转变为机械能

3. 血细胞可分为(　　　)。
   A. 红细胞　　　　　B. 白细胞　　　　　C. 血浆　　　　　D. 血小板
4. 动物组织分为(　　　)。
   A. 上皮组织　　　　B. 结缔组织　　　　C. 肌肉组织　　　D. 神经组织

五、判断题

1. 上皮组织由细胞和大量细胞间质构成，分布在各个组织或各器官之间。　　(　　)
2. 结缔组织是动物体内分布最广、形态结构多样的一类组织。　　　　　　　(　　)
3. 结缔组织被覆于身体表面和体内各种腔、管、囊、窦的内表面及某些器官的表面。(　　)
4. 血细胞中白细胞的数量最多，红细胞数量最少。　　　　　　　　　　　　(　　)
5. 神经组织是组成脑、脊髓以及周围的神经系统的基本成分，是动物组织分化程度最高的一种组织。　　　　　　　　　　　　　　　　　　　　　　　　　　　(　　)
6. 神经元有高度发达的感受机体内外传导冲动的能力。　　　　　　　　　　(　　)
7. 血浆蛋白的主要功能是形成血浆晶体渗透压。　　　　　　　　　　　　　(　　)

六、简答题

1. 简述植物组织的类型。

2. 简述动物组织的类型。

第四节　植物的器官与系统

一、名词解释

1. 器官
2. 营养器官
3. 繁殖器官
4. 根系
5. 真果
6. 假果
7. 花序

二、填空题

1. 根据功能的不同，不同的植物器官分为两类，即_____和_____。根、茎、叶叫作_____，花、果实和种子叫作_____。

2. 根系可分为_____和_____。
3. 种子萌发时,胚根突破种皮,向下生长、发育而成的根是_____。主根向下垂直生长,并产生各级分枝的,称_____。主根、侧根都为_____。而在茎、叶和胚轴上产生的根称_____。
4. 若主根始终保持旺盛的垂直生长状态,与侧根有明显区别,这种根系称_____。不定根上又可产生侧根,整个根系的外形呈须状,称为_____。
5. 从根的顶端到着生根毛的部分称为_____,其长度为 0.5～1 cm,根尖从顶端起依次可分为_____、_____、_____、_____四个部分。
6. 茎上长叶的地方叫_____,两节之间的部分叫_____,着生叶和芽的部分叫_____,枝条顶端有_____,枝条与叶片间的夹角叫_____,叶腋处有_____,木本植物茎上浅色的隆起叫_____,落叶植物茎上落叶后留下的痕迹叫_____,芽开展后鳞片脱落时留下的痕迹叫_____。
7. 禾本科植物叶的外形上仅能分出_____和_____两个部分。在叶片和叶鞘交界内侧有很小的膜状突起物,称为_____。叶舌两侧 1 对耳毛状小突起,称_____。
8. 花是种子植物有性生殖的一个重要器官。一朵典型的花由_____、_____、_____、_____和_____各部分组成,通常把具有_____、_____、_____和_____的花称完全花,缺少其中任一部分或几部分的花称_____。
9. 雄蕊位于花冠内方,由_____和_____两部分组成。雌蕊位于花冠中央,由_____、_____和_____三部分组成,其中,子房由_____、_____和_____等部分组成。
10. 花在花轴上排列的情况称花序,根据花轴长短、分枝与否、有无花柄及开花顺序,将花序分为_____和_____两大类。
11. 单纯由_____发育而成的果实叫真果,如_____等。除_____外,还有花的其他部分如_____、_____等参与形成的果实叫假果,如_____等。
12. 果实有_____、_____和_____等类型。
13. 种子由_____发育而成,一般由_____、_____和_____组成。
14. _____存在于种子内,是种子的主要组成部分,由_____、_____、_____、_____四部分组成。
15. 被子植物主要分为_____、_____和_____三大系统。

三、单项选择题

1. 下列属于营养器官的是( )。
   A. 根　　　　　B. 花　　　　　C. 果实　　　　　D. 种子
2. 下列属于直根系的植物是( )。
   A. 棉花　　　　B. 甘蔗　　　　C. 玉米　　　　　D. 小麦
3. 下列属于攀缘茎的植物是( )。
   A. 牵牛
   B. 爬山虎
   C. 甘薯
   D. 菜豆

4. 在花的最外层，由若干萼片组成的是（　　）。
   A. 花柄　　　　　B. 花托　　　　　C. 花萼　　　　　D. 花冠
5. 既是种子的前身，也是雌蕊的核心的是（　　）。
   A. 子房壁　　　　B. 子房室　　　　C. 胚座　　　　　D. 胚珠
6. 禾本科植物各种花序的组成单位是（　　）。
   A. 小穗　　　　　B. 小花　　　　　C. 单性花　　　　D. 两性花
7. 下列属于真果的是（　　）。
   A. 苹果　　　　　B. 梨　　　　　　C. 山楂　　　　　D. 桃
8. 发育成苹果主要食用部分的是（　　）。
   A. 花萼　　　　　B. 花托　　　　　C. 花冠　　　　　D. 子房
9. 一朵花仅有1个雌蕊形成的单个果实称（　　）。
   A. 单果　　　　　　　　　　　　　　B. 聚合果
   C. 聚花果　　　　　　　　　　　　　D. 无花果
10. 下列属于聚合果的是（　　）。
    A. 无花果　　　　B. 桑　　　　　　C. 草莓　　　　　D. 菠萝
11. 水分、气体进出种子的门户是（　　）。
    A. 种孔　　　　　B. 胚乳　　　　　C. 胚　　　　　　D. 种脐
12. 种子萌发时，胚芽向上生长形成（　　）。
    A. 根　　　　　　B. 茎　　　　　　C. 幼叶　　　　　D. 苗
13. 种子萌发时，胚根向下生长形成（　　）。
    A. 根　　　　　　B. 茎　　　　　　C. 幼叶　　　　　D. 苗
14. 种子萌发时，子叶着生在胚轴上，以后形成（　　）。
    A. 根　　　　　　B. 茎　　　　　　C. 幼叶　　　　　D. 苗
15. 种内贮藏营养物质的地方是（　　）。
    A. 胚乳　　　　　B. 胚　　　　　　C. 种皮　　　　　D. 胚轴
16. 下列不属于木质部组成部分的是（　　）。
    A. 导管　　　　　B. 管胞　　　　　C. 木纤维　　　　D. 韧皮薄壁细胞
17. 绿色开花植物体的构成是（　　）。
    A. 细胞—器官—组织—植物体　　　　B. 组织—器官—细胞—植物体
    C. 细胞—组织—器官—植物体　　　　D. 器官—组织—细胞—植物体

四、多项选择题
1. 根尖从顶端起依次可分为（　　）。
   A. 根冠　　　　　B. 分生区　　　　C. 伸长区　　　　D. 成熟区
2. 植物的茎分为（　　）。
   A. 直立茎　　　　B. 匍匐茎　　　　C. 攀缘茎　　　　D. 缠绕茎
3. 一般双子叶植物叶的组成包含（　　）。
   A. 叶片　　　　　B. 叶柄　　　　　C. 叶鞘　　　　　D. 托叶

4. 完全花包括（　　）。
   A. 雄蕊　　　　　B. 雌蕊　　　　　C. 花萼　　　　　D. 花冠
5. 下列属于肉质果的有（　　）。
   A. 核果　　　　　B. 浆果　　　　　C. 瓠果　　　　　D. 柑果
6. 下列属于裂果的有（　　）。
   A. 角果　　　　　B. 荚果　　　　　C. 瘦果　　　　　D. 坚果
7. 一般种子的组成部分包括（　　）。
   A. 种皮　　　　　B. 胚　　　　　　C. 胚乳　　　　　D. 种孔
8. 组成胚的有（　　）。
   A. 胚芽　　　　　B. 胚轴　　　　　C. 子叶　　　　　D. 胚根
9. 下列属于植物皮系统的有（　　）。
   A. 表皮　　　　　B. 周皮　　　　　C. 厚角组织　　　D. 厚壁组织
10. 下列属于木质部组成的有（　　）。
    A. 导管　　　　　B. 管胞　　　　　C. 木纤维　　　　D. 木薄壁细胞
11. 下列属于植物基本系统的有（　　）。
    A. 薄壁组织　　　B. 表皮　　　　　C. 厚角组织　　　D. 厚壁组织

五、判断题

1. 茎的伸长是在茎尖进行的。　　　　　　　　　　　　　　　　　　　（　　）
2. 托叶是叶的主体，通常绿色扁平。　　　　　　　　　　　　　　　　（　　）
3. 通常把具有花柄、花托、花萼、花冠的花称完全花，缺少其中任一部分或几部分的花称不完全花。　　　　　　　　　　　　　　　　　　　　　　　　　　　　　　（　　）
4. 花托是花柄顶端膨大部分，花的各部分着生于花托上。　　　　　　　（　　）
5. 花冠因植物种类不同而形态各异，是植物分类的依据之一。　　　　　（　　）
6. 禾本科植物的花与一般花的形态相同。　　　　　　　　　　　　　　（　　）
7. 由整个花序发育成的果实称聚花果，也称复果。　　　　　　　　　　（　　）
8. 胚乳存在于种子内，是种子的主要组成部分。　　　　　　　　　　　（　　）
9. 禾本科植物为单子叶植物。　　　　　　　　　　　　　　　　　　　（　　）
10. 木质部主要是输导水分和无机盐，韧皮部主要输导有机物质。　　　（　　）

六、简答题

1. 简述植物的器官组成。

2. 简述被子植物系统的类型,以及各类型组成。

第五节　动物的器官与系统

一、名词解释

1. 系统
2. 内分泌系统
3. 神经—体液调节

二、填空题

1. 哺乳动物一般根据其生理机能可分为＿＿＿＿＿、＿＿＿＿＿、＿＿＿＿＿、＿＿＿＿＿、＿＿＿＿＿、＿＿＿＿＿、＿＿＿＿＿、＿＿＿＿＿及＿＿＿＿＿九大系统。

2. 皮肤由＿＿＿＿＿、＿＿＿＿＿、＿＿＿＿＿三部分组成,毛、蹄、角、汗腺、皮脂腺和乳腺等称为＿＿＿＿＿。＿＿＿＿＿是皮肤的最表层,＿＿＿＿＿是皮肤主要的、最厚的一层,＿＿＿＿＿位于皮肤最深层。

3. 运动系统由＿＿＿＿＿、＿＿＿＿＿和＿＿＿＿＿组成。在运动中,＿＿＿＿＿起杠杆作用,＿＿＿＿＿是运动的枢纽,＿＿＿＿＿则是运动的动力。

4. 动物全身骨骼可分为＿＿＿＿＿和＿＿＿＿＿两大部分。中轴骨由＿＿＿＿＿和＿＿＿＿＿组成。附肢骨包括＿＿＿＿＿和＿＿＿＿＿。

5. 骨与骨之间借＿＿＿＿＿、＿＿＿＿＿或＿＿＿＿＿相连,形成骨连接。骨连接根据能否活动和活动范围的大小,通常可分为＿＿＿＿＿、＿＿＿＿＿和＿＿＿＿＿三种。

6. 消化系统包括＿＿＿＿＿和＿＿＿＿＿两部分。消化管是食物通过的通道,起于＿＿＿＿＿,经＿＿＿＿＿,止于＿＿＿＿＿。消化腺是分泌消化液的腺体,包括＿＿＿＿＿等。

7. ＿＿＿＿＿是肾脏的基本功能单位,每个肾单位包括＿＿＿＿＿和＿＿＿＿＿两部分。

8. ＿＿＿＿＿是将尿液从膀胱排出体外的管道。

9. 生殖系统是产生＿＿＿＿＿和＿＿＿＿＿的器官系统,可分为＿＿＿＿＿和＿＿＿＿＿。雄性生殖器官主要包括＿＿＿＿＿、＿＿＿＿＿、＿＿＿＿＿和＿＿＿＿＿。雌性生殖器官主要包括＿＿＿＿＿、＿＿＿＿＿和＿＿＿＿＿。

10. ＿＿＿＿＿是产生精子和雄性激素的重要器官,＿＿＿＿＿是贮存精子和精子进一步成熟的场所,＿＿＿＿＿是排精通道。

11. 副性腺包括_____、_____及_____。
12. 神经系统结构和功能的基本单位是_____,神经系统的基本活动方式是_____。
13. 神经系统通常根据其位置和功能,分为_____和_____两部分。
14. 脊神经根据其发出的部位可分为_____、_____、_____、_____和_____。

三、单项选择题

1. 皮肤的最表层是（ ）。
   A. 真皮　　　　　B. 皮下组织　　　　C. 皮肤附属物　　　D. 表皮
2. 位于表皮最深层,深部的细胞直接与真皮相连的是（ ）。
   A. 生发层　　　　B. 颗粒层　　　　　C. 透明层　　　　　D. 角质层
3. 位于皮肤最表层,由大量角化的扁平细胞构成的是（ ）。
   A. 生发层　　　　B. 颗粒层　　　　　C. 透明层　　　　　D. 角质层
4. 人的头皮屑脱落于（ ）。
   A. 上皮细胞　　　B. 结缔组织　　　　C. 肌肉组织　　　　D. 神经组织
5. 皮肤主要的、最厚的一层是（ ）。
   A. 真皮　　　　　B. 皮下组织　　　　C. 皮肤附属物　　　D. 表皮
6. 鞣制成皮革的是（ ）。
   A. 真皮　　　　　B. 皮下组织　　　　C. 皮肤附属物　　　D. 表皮
7. 家畜中真皮最厚的是（ ）。
   A. 猪　　　　　　B. 绵羊　　　　　　C. 牛　　　　　　　D. 马
8. 位于皮肤最深层,具有保持体温和缓冲机械压力作用的是（ ）。
   A. 真皮　　　　　　　　　　　　　　B. 皮下组织
   C. 皮肤附属物　　　　　　　　　　　D. 表皮
9. 表皮中转化成皮肤腺,且具有分泌、排泄等功能的是（ ）。
   A. 生发层　　　　B. 颗粒层　　　　　C. 透明层　　　　　D. 角质层
10. 为泡状腺,且有分泌乳汁功能的是（ ）。
    A. 皮脂腺　　　　B. 汗腺　　　　　　C. 乳腺　　　　　　D. 气味腺
11. 骨在运动中起的作用是（ ）。
    A. 杠杆　　　　　B. 调节　　　　　　C. 支点　　　　　　D. 动力
12. 下列属于前肢骨的是（ ）。
    A. 掌骨　　　　　B. 股骨　　　　　　C. 胫骨　　　　　　D. 跖骨
13. 下列属于后肢骨的是（ ）。
    A. 肱骨　　　　　B. 桡骨　　　　　　C. 尺骨　　　　　　D. 趾骨
14. 骨连接的主要形式是（ ）。
    A. 不动连接　　　　　　　　　　　　B. 微动连接
    C. 活动连接　　　　　　　　　　　　D. 以上都不正确
15. 下列不属于消化管组成的是（ ）。
    A. 口腔　　　　　B. 胃　　　　　　　C. 大肠　　　　　　D. 肝

16. 为漏斗状肌性囊,为消化与呼吸的共同通道,位于口腔和鼻腔的后方,喉和食管的前上方的是(　　)。
   A. 咽　　　　　　B. 小肠　　　　　　C. 胃　　　　　　D. 大肠
17. 位于食管之后,为一囊状器官,可暂贮食物,分泌胃液,混合食物并进行初步消化的是(　　)。
   A. 胃　　　　　　B. 小肠　　　　　　C. 大肠　　　　　　D. 肛门
18. 牛、羊、鹿的胃为(　　)。
   A. 单室胃　　　　B. 二室胃　　　　　C. 三室胃　　　　　D. 四室胃
19. 动物体内最大的腺体是(　　)。
   A. 肝　　　　　　B. 胃　　　　　　　C. 胰腺　　　　　　D. 胆
20. 心血管系统的主要功能是(　　)。
   A. 运送营养物质,不运送代谢产物
   B. 运送氧气,不运送二氧化碳
   C. 既运送氧气,又运送营养物质
   D. 运送营养物质和代谢产物,不运送二氧化碳
21. 淋巴器官的作用有(　　)。
   A. 防卫外来物入侵机体　　　　　　B. 参与机体免疫反应
   C. 吞噬细菌和异物　　　　　　　　D. 以上都正确
22. 血液和空气进行气体交换的器官是(　　)。
   A. 肺　　　　　　B. 鼻　　　　　　　C. 喉　　　　　　　D. 气管
23. 呼吸道起始部是(　　)。
   A. 口腔　　　　　B. 喉　　　　　　　C. 鼻　　　　　　　D. 气管
24. 既是空气入肺的通道,又是调节空气流量和发声的器官是(　　)。
   A. 喉　　　　　　B. 口腔　　　　　　C. 气管　　　　　　D. 鼻
25. 肺部实现气体交换的结构和功能单位是(　　)。
   A. 气血屏障　　　B. 毛细血管网　　　C. 肺泡　　　　　　D. 肺小叶
26. 泌尿系统的主要功能是(　　)。
   A. 生成和排出尿液　　　　　　　　B. 进行气体交换
   C. 消化和吸收物质　　　　　　　　D. 保护、感觉、分泌、排泄、呼吸等
27. 肾脏的基本功能单位是(　　)。
   A. 肾小球　　　　B. 肾小囊　　　　　C. 肾小管　　　　　D. 肾单位
28. 是一个伸缩性很大的肌性囊,可贮存尿液的器官是(　　)。
   A. 膀胱　　　　　B. 尿道　　　　　　C. 肾脏　　　　　　D. 肝脏
29. 产生精子和雄性激素的器官是(　　)。
   A. 睾丸　　　　　B. 附睾　　　　　　C. 输卵管　　　　　D. 副性腺
30. 雄性动物的交配器官是(　　)。
   A. 阴茎　　　　　　　　　　　　　　B. 副性腺
   C. 睾丸　　　　　　　　　　　　　　D. 附睾

31. 有输送卵细胞作用,同时也是卵细胞受精的场所的是（　　）。
    A. 输卵管　　　　B. 卵巢　　　　C. 子宫　　　　D. 阴道
32. 胚胎生长发育和娩出的场所是（　　）。
    A. 输卵管　　　　B. 卵巢　　　　C. 子宫　　　　D. 阴道
33. 既是雌性动物的交配器官,也是产道的是（　　）。
    A. 输卵管　　　　B. 卵巢　　　　C. 子宫　　　　D. 阴道
34. 调节呼吸、吞咽和心搏等活动的中枢是（　　）。
    A. 延髓　　　　　B. 小脑　　　　C. 间脑　　　　D. 大脑
35. 调节机体生理活动的最高级中枢是（　　）。
    A. 大脑皮质　　　B. 小脑　　　　C. 间脑　　　　D. 延髓
36. 身体平衡和运动的中枢是（　　）。
    A. 延髓　　　　　B. 小脑　　　　C. 间脑　　　　D. 大脑
37. 下列属于肩带骨的是（　　）。
    A. 乌喙骨　　　　B. 髂骨　　　　C. 坐骨　　　　D. 耻骨

四、多项选择题

1. 典型的表皮可分为（　　）。
    A. 生发层　　　　　　　　　　B. 颗粒层
    C. 透明层　　　　　　　　　　D. 角质层
2. 躯干骨的组成有（　　）。
    A. 颅骨　　　　　B. 脊柱骨　　　C. 肋骨　　　　D. 胸骨
3. 胸廓可以保护心脏和肺,并协助呼吸,胸廓的构成包括（　　）。
    A. 肋骨　　　　　B. 胸骨　　　　C. 胸椎　　　　D. 腰椎
4. 下列属于肩带骨的有（　　）。
    A. 髂骨　　　　　B. 肩胛骨　　　C. 乌喙骨　　　D. 锁骨
5. 骨骼肌按其形状可以分为（　　）。
    A. 长肌　　　　　B. 短肌　　　　C. 阔肌　　　　D. 轮匝肌
6. 下列属于消化腺的有（　　）。
    A. 唾液腺　　　　B. 胰腺　　　　C. 肝　　　　　D. 肝门
7. 小肠可分为（　　）。
    A. 十二指肠　　　B. 空肠　　　　C. 回肠　　　　D. 直肠
8. 大肠可分为（　　）。
    A. 空肠　　　　　B. 盲肠　　　　C. 结肠　　　　D. 直肠
9. 下列关于肝的功能的描述,正确的有（　　）。
    A. 蛋白质、脂肪和糖的分解、合成、转化、贮存
    B. 解毒
    C. 参与防卫体系建立
    D. 胚胎时期的肝有造血功能

10. 泌尿系统的组成包括（　　）。
    A. 肾脏　　　　　　B. 输尿管　　　　　C. 膀胱　　　　　　D. 尿道
11. 副性腺的分泌物具有的功能有（　　）。
    A. 稀释精子　　　　　　　　　　　　　B. 产生精子
    C. 营养精子　　　　　　　　　　　　　D. 改善阴道环境
12. 雌性生殖器官主要包括（　　）。
    A. 卵巢　　　　　　　　　　　　　　　B. 输卵管
    C. 子宫　　　　　　　　　　　　　　　D. 阴道
13. 脑可以分为（　　）。
    A. 延髓　　　　　　B. 小脑　　　　　　C. 间脑　　　　　　D. 大脑
14. 髓质分泌（　　）。
    A. 盐皮质激素　　　　　　　　　　　　B. 糖皮质激素
    C. 肾上腺素　　　　　　　　　　　　　D. 去甲肾上腺素
15. 下列属于消化管组成的有（　　）。
    A. 肛门　　　　　　B. 咽　　　　　　　C. 口腔　　　　　　D. 食管

五、判断题

1. 典型的表皮由外向内，可分为生发层、颗粒层、透明层和角质层。（　　）
2. 真皮内分布有毛、汗腺、皮脂腺、血管、淋巴管、神经等。（　　）
3. 毛是由表皮角化而成，坚韧而有弹性，具有保暖作用。（　　）
4. 汗腺能分泌油脂或蜡质，有润泽毛发及皮肤的功能。（　　）
5. 在运动中，骨起杠杆作用，关节是运动的枢纽，肌肉则是运动的动力。（　　）
6. 不动连接不能活动，微动连接可有小范围活动，关节可做灵活的运动。（　　）
7. 咽为消化管起始部。（　　）
8. 大肠前端连接胃，可分为十二指肠、空肠和回肠三部分。（　　）
9. 大多数哺乳动物胃为多室胃。（　　）
10. 肛门是消化管终端的一段短管，粪便经肛门排出体外。（　　）
11. 消化腺包括唾液腺、肝、胰以及胃腺和肠腺等。（　　）
12. 胰的内分泌部占腺体大部分，分泌胰液，内含多种消化酶。（　　）
13. 气管分为左、右两条支气管，分别进入左右肺。（　　）
14. 肺位于胸腔内，在胸腔纵隔两侧，左右各一，左肺通常较大。（　　）
15. 附睾位于阴囊内，紧贴于睾丸的后上缘，形如逗号。（　　）
16. 卵巢能产生卵子并分泌雌性激素。（　　）
17. 脊神经是由脊髓发出的周围神经，成对存在，数目随动物种类而异。（　　）
18. 内脏神经负责内脏的活动功能，如体液循环、气体交换、物质的吸收和排泄、生殖生长等，不受意志支配。（　　）
19. 甲状旁腺是动物体内最大的内分泌腺。（　　）
20. 皮质分泌肾上腺素和去甲肾上腺素。（　　）

六、简答题

1. 简述动物的系统组成。

2. 简述雄性生殖器官组成和雌性生殖器官组成。

3. 简述皮肤系统的功能和组成。

4. 简述消化系统的功能和组成。

第三章 生物的新陈代谢

第一节 新陈代谢概述及类型

一、名词解释

1. 新陈代谢
2. 物质代谢
3. 能量代谢
4. 同化作用
5. 异化作用
6. 自养型
7. 化能合成作用
8. 异养型
9. 需氧型
10. 厌氧型

二、填空题

1. 新陈代谢由_____和_____组成。_____又称合成代谢，_____又称分解代谢。

2. 按照生物体在同化过程中能不能利用无机物制造有机物来维持自身的生命活动，将生物新陈代谢的基本类型分为_____和_____两种。自养型生物主要是各种_____和能进行化能合成作用的_____，异养型生物主要是包括人在内的各种_____。

3. 硝化细菌主要有_____和_____，_____可将氮氧化成亚硝酸；_____可以把亚硝酸氧化成硝酸。

4. 根据生物体在异化作用过程中对氧的需求情况不同，将生物新陈代谢的异化作用分为_____和_____两种。

三、单项选择题

1. 下列对新陈代谢的叙述中，不正确的是（　　）。
   A. 新陈代谢包括同化作用和异化作用两个相互矛盾的过程
   B. 物质代谢是指生物体与外界环境之间的物质交换过程
   C. 新陈代谢表现为物质代谢与能量代谢两个相互联系的过程
   D. 新陈代谢不仅需要酶，而且还需要能量

2. 自养型的本质特征是（　　）。
   A. 能从外界摄取营养　　　　　　　　B. 能从外界摄取无机物
   C. 能利用光能进行物质转化　　　　　D. 能把无机物直接转化为有机物
3. 下列生物中不是自养型生物的是（　　）。
   A. 松树　　　　　B. 硝化细菌　　　　　C. 衣藻　　　　　D. 羊
4. 消化细菌的代谢类型是（　　）。
   A. 自养型、厌氧型　　　　　　　　　B. 异养型、厌氧型
   C. 自养型、需氧型　　　　　　　　　D. 异养型、厌氧型
5. 厌氧型生物的主要特征是（　　）。
   A. 营养方式为寄生　　　　　　　　　B. 营养方式为腐生
   C. 体型小、结构简单　　　　　　　　D. 在缺氧条件下仍能进行异化作用
6. 化能合成作用与光合作用的主要区别是（　　）。
   A. 化能合成作用不制造有机物
   B. 化能合成作用不需要 CO_2 和 H_2O
   C. 化能合成作用不贮存能量，而是释放能量
   D. 化能合成作用以周围物质氧化释放能量来制造有机物
7. 生物体通过新陈代谢不断进行自我更新，主要是指（　　）。
   A. 细胞成分的不断更新　　　　　　　B. 细胞个体的不断更新
   C. 生物个体的不断更新　　　　　　　D. 生物种族的不断更新
8. 下列生物中，代谢类型属于自养、需氧型的是（　　）。
   A. 人　　　　　　B. 蛔虫　　　　　　C. 乳酸菌　　　　　D. 绿色植物
9. 下列生物中不属于自养生物的是（　　）。
   A. 硝酸菌　　　　B. 亚硝酸菌　　　　C. 结核菌　　　　　D. 海带

四、多项选择题

1. 下列关于新陈代谢的表述，正确的有（　　）。
   A. 新陈代谢是生命的最基本特征
   B. 新陈代谢包括物质代谢和能量代谢两方面
   C. 新陈代谢由同化作用和异化作用组成
   D. 同化作用又称合成代谢，异化作用又称分解代谢
2. 下列属于自养型生物的有（　　）。
   A. 玉米　　　　　B. 亚硝酸细菌　　　C. 青霉　　　　　　D. 硝酸细菌

五、判断题

1. 生物体内生命活动的基本特征是新陈代谢。（　　）
2. 新陈代谢是指生物体与外界环境之间物质和能量的交换过程。（　　）
3. 能量代谢是指生物体与外界环境之间能量的交换和生物体内能量的转变过程。（　　）
4. 细胞不断地进行同化作用和异化作用，使机体不断地自我更新，从而保证机体生长、发育、繁殖、运动等生命活动正常进行。（　　）

5. 同化作用是贮存能量的过程,异化作用是释放能量的过程。（   ）
6. 硝化细菌对自然界中的磷循环有着重要意义。（   ）
7. 各种动物和营腐生生活(如蘑菇)、寄生生活(如青霉)的菌类都属于自养生物。（   ）
8. 厌氧型生物在有氧存在时,发酵作用会受到抑制。（   ）

六、简答题

什么是新陈代谢？新陈代谢的类型有哪些？

第二节　酶和 ATP 在新陈代谢中的作用

一、名词解释

1. 酶
2. ATP

二、填空题

1. 酶是_____所产生的一类具有_____作用的有机物,大多数酶是_____,少数是_____。
2. 酶具有_____、_____、_____和_____的特点,所以,酶对于生物体内新陈代谢的正常进行是极为重要的。
3. 一般地说,酶的催化效率是无机催化剂的 $10^7 \sim 10^{13}$ 倍,说明酶的催化作用具有_____的特点。
4. 一种酶仅能作用于_____物质,或_____分子结构相似的物质,促使其进行一定的化学反应,产生一定的反应产物,这种选择性作用称为酶的_____。
5. 酶的多样性是由_____决定的,而多样的结构也决定了特定酶只能和特定的物质结合而起催化作用,即结构也决定了酶的_____。
6. 凡是能引起蛋白质变性的因素如高温、高压、强酸、强碱以及重金属盐等,都能使酶变性而丧失催化活性,说明酶具有高度_____。
7. ATP 是生物体细胞内普遍存在的一种含有高能量的有机化合物,属于_____。它是生物体各种生物活动所需能量的_____。
8. ATP 是_____的英文缩写符号,其中的 A 表示_____,T 表示_____,P 表示_____。ATP 的分子式可以简写成_____,简式中的～代表一种特殊的化学键,叫作_____,ATP 分子中大量的化学能就储存在高能磷酸键内。
9. _____是生物体内能量的流通"货币"。

10. 对于动物和人来说，ADP 转变成 ATP 时所需的能量主要来自_____。对于绿色植物来说，ADP 转变成 ATP 时所需的能量，除来自_____外，还来自_____。

三、单项选择题

1. 人体内多数酶的最适温度为（   ）。
   A. 20 ℃   B. 26 ℃   C. 37 ℃   D. 44 ℃

2. 下列有关酶的叙述，错误的是（   ）。
   A. 酶具有高催化能力   B. 酶具有高稳定性
   C. 酶具有专一性   D. 酶属于生物催化剂

3. 关于酶的特性，下列表述中错误的是（   ）。
   A. 酶是活细胞产生的具有催化能力的有机物
   B. 酶的种类很多
   C. 酶的催化效率很高，但易受温度和酸碱度影响
   D. 一旦离开活细胞，酶就失去催化能力

4. 能够促使淀粉和淀粉酶水解的酶分别是（   ）。
   A. 脂肪酶和淀粉酶   B. 淀粉酶和蛋白酶
   C. 蛋白质酶和蛋白酶   D. 淀粉酶和淀粉酶

5. 淀粉酶能催化淀粉水解，但不能催化蛋白质水解，该事实说明（   ）。
   A. 酶具有专一性   B. 酶的化学本质是 RNA
   C. 酶具有高效性   D. 酶的作用受温度影响

6. 三磷酸腺苷的分子简式为（   ）。
   A. A—P—P—P   B. A—P—P～P   C. A—P～P～P   D. A～P～P～P

7. ATP 在细胞内的含量及生成分别是（   ）。
   A. 很多、很快   B. 很少、很慢   C. 很多、很慢   D. 很少、很快

8. 人体内生成 ATP 的细胞器是（   ）。
   A. 叶绿体   B. 线粒体   C. 核糖体   D. 高尔基体

9. 酶彻底水解得到的产物是（   ）。
   A. 氨基酸   B. 核苷酸   C. 氨基酸或核苷酸   D. 甘油和脂肪酸

10. ATP 分子中，大量的化学能储存在（   ）。
    A. 腺苷   B. 磷酸与磷酸之间的化学键中
    C. 磷酸根   D. 腺苷与磷酸之间的化学键中

11. 生物体在新陈代谢过程中，最重要的两类物质是（   ）。
    A. 有机酸和糖类   B. 酶和 ATP   C. 核酸和 ATP   D. 蛋白质和核酸

12. 生物进行各项生命活动的直接能源是（   ）。
    A. 光能   B. 脂肪   C. 糖类   D. ATP

四、多项选择题

1. 酶的特性包括（   ）。
   A. 高效性   B. 专一性   C. 多样性   D. 高度不稳定性

2. 下列关于 ATP 的说法,正确的有(　　)。
   A. ATP 中 A 表示腺苷,T 表示 3,P 表示磷酸基
   B. ATP 的分子式可以简写成 A—P～P～P
   C. ATP 可以转化为 ADP,该过程释放能量
   D. ADP 可以转化为 ATP,该过程释放能量

五、判断题

1. 酶属于无机催化剂,在适宜的温度和其他条件下,能够使生物体内的许多复杂的化学反应顺利而迅速地进行,而酶本身却不发生变化。　　　　　　　　　　　　　　　(　　)
2. ADP 与 ATP 之间的转化是可逆的。　　　　　　　　　　　　　　　　　　(　　)
3. ATP 的分子式可以简写成 A—P～P～P,简式中的—代表一种特殊的化学键,叫作高能磷酸键。　　　　　　　　　　　　　　　　　　　　　　　　　　　　　(　　)
4. 酶的催化作用一般都要求生物有较为温和的环境条件,如体温的温度、常压、近中性的酸碱度等。　　　　　　　　　　　　　　　　　　　　　　　　　　　　　(　　)
5. ATP 是生物体内能量的流通"货币"。　　　　　　　　　　　　　　　　　(　　)

六、简答题

什么是酶?酶有哪些特性?

第三节　绿色植物的新陈代谢

一、名词解释

1. 水分代谢
2. 渗透吸水
3. 渗透作用
4. 质壁分离
5. 质壁分离复原
6. 蒸腾作用
7. 交换吸附
8. 光合作用
9. 呼吸作用
10. 有氧呼吸
11. 无氧呼吸
12. 发酵

二、填空题

1. 水分代谢是指水分的_____、_____、_____和_____。
2. 植物细胞吸水的方式有两种,即_____和_____。
3. 水分子(或其他溶剂分子)从低浓度的溶液一侧透过_____进入高浓度溶液一侧的现象,叫作_____。渗透作用的产生必须具备两个条件:一是_____;二是这层半透膜两侧的溶液_____。
4. _____等参与组成了糖类、脂类、蛋白质和核酸等有机物;_____是叶绿素的组成元素,参与光合作用;_____在植物体内不易移动,是构成细胞壁的重要组成成分;_____主要集中在生长最活跃的部位,起着调节生命活动的作用。
5. 光合作用的原料是_____,动力是_____,_____是进行光合作用的场所,_____是光合作用的产物。
6. 进行光合作用的色素存在于类囊体的膜上,光合色素有三类:_____、_____和_____。高等植物叶绿体中的色素可以分为两大类,即叶绿素和类胡萝卜素。叶绿素包括_____(呈蓝绿色)和_____(呈黄绿色)。类胡萝卜素包括_____(呈橙黄色)和_____(呈黄色)。
7. 光合作用根据是否需要光的照射,可以分为_____和_____两个阶段。光反应阶段的化学反应是在_____进行,暗反应阶段中的化学反应是在_____中进行。
8. 合理利用光能主要包括_____和_____两个方面。
9. 绿色植物的光合作用是在细胞的_____中进行的,叶绿体主要存在于绿色植物的_____细胞中。植物的呼吸作用是在_____和_____中进行的。
10. 植物的呼吸作用包括_____和_____两种类型。如果进行呼吸作用的生物是微生物,如乳酸菌、酵母菌,则习惯上称为_____。
11. 影响光合作用的外部因素有_____、_____、_____、_____等;影响呼吸作用的外部因素有_____、_____、_____和_____等。

三、单项选择题

1. 绿色植物吸收水分的主要器官是(　　)。
   A. 根　　　　　　B. 茎　　　　　　C. 叶　　　　　　D. 种子
2. 放在30%蔗糖溶液中会发生质壁分离的细胞是(　　)。
   A. 人的口腔上皮细胞　　　　　　B. 洋葱根尖生长点细胞
   C. 洋葱表皮细胞　　　　　　　　D. 干种子细胞
3. 植物吸收矿质营养的主要器官是(　　)。
   A. 根　　　　　　B. 茎　　　　　　C. 叶　　　　　　D. 种子
4. 下列必需元素中需要量较大的是(　　)。
   A. 氮　　　　　　B. 硼　　　　　　C. 锰　　　　　　D. 锌

5. 植物必需的矿质元素种类是（　　）。
   A. 12　　　　　　B. 13　　　　　　C. 14　　　　　　D. 15
6. 下列矿质元素中，属于叶绿素的组成元素的是（　　）。
   A. Ca　　　　　　B. K　　　　　　 C. Mg　　　　　　D. P
7. 与正常的大豆相比，若大豆植株矮小瘦弱，叶片颜色发黄，说明大豆缺（　　）。
   A. N　　　　　　 B. P　　　　　　 C. B　　　　　　 D. Zn
8. 下列有关植物矿质代谢的叙述中，错误的是（　　）。
   A. 根吸收水分的同时吸收矿质元素
   B. 各种矿质元素都是以离子状态被吸收
   C. 根吸收矿质元素与其呼吸作用密切相关
   D. 根吸收水分和吸收矿质元素是两个相对独立的过程
9. 与根细胞吸收矿质元素离子的过程关系密切的是（　　）。
   A. 蒸腾作用　　　B. 渗透作用　　　C. 细胞呼吸　　　D. 吸胀作用
10. 土壤缺硼时，植物体会出现"花而不实"的病症，在有该病症的植株叶面上喷洒一定浓度的硼溶液后，该病症消失，说明硼是植物体的（　　）。
    A. 大量元素、必需元素　　　　　　B. 矿质元素、必需元素
    C. 矿质元素、主要元素　　　　　　D. 大量元素、矿质元素
11. 与矿质元素吸收最为密切的生理活动是（　　）。
    A. 叶的光合作用　　　　　　　　　B. 根系吸收水分
    C. 叶的蒸腾作用　　　　　　　　　D. 根的呼吸作用
12. 植物对矿质元素的吸收和运输的主要动力分别来自（　　）。
    A. 蒸腾作用、蒸腾作用　　　　　　B. 渗透作用、呼吸作用
    C. 呼吸作用、蒸腾作用　　　　　　D. 渗透作用、蒸腾作用
13. 下列不含矿质元素的一组有机物是（　　）。
    A. 葡萄糖、脂类、核糖　　　　　　B. 蛋白质、脂肪、核酸
    C. 淀粉、氨基酸、麦芽糖　　　　　D. 纤维素、脂肪、葡萄糖
14. 下列属于生理酸性盐的是（　　）。
    A. 硝酸钙　　　　B. 硝酸钠　　　　C. 硝酸铵　　　　D. 氯化钾
15. 下列属于生理中性盐的是（　　）。
    A. 氯化铵　　　　B. 硝酸铵　　　　C. 硫酸铵　　　　D. 硫酸钾
16. 下列元素中，进入植物体后仍呈离子状态的是（　　）。
    A. K　　　　　　 B. Ca　　　　　　C. Fe　　　　　　D. P
17. 下列关于合理施肥的表述中，错误的是（　　）。
    A. 不同植物对氮、磷、钾等矿质元素的需要量不同
    B. 不同作物需要不同形态的肥料
    C. 同一种植物在不同的生长发育时期，对矿质元素的需要量不同
    D. 对于开花后仍继续生长的作物，开花前期适合大量施氮肥

18. 叶绿体是植物进行光合作用的细胞器,光能的吸收发生在叶绿体的(　　)。
    A. 内膜上　　　　　　　　　　　　　　B. 基质中
    C. 类囊体膜上　　　　　　　　　　　　D. 各部位上

19. 光合作用光反应的产物有(　　)。
    A. (CH$_2$O)、NADPH、ATP　　　　　　B. NADPH、CO$_2$、ATP
    C. NADPH、O$_2$、ATP　　　　　　　　D. (CH$_2$O)、CO$_2$、H$_2$O

20. 光反应为暗反应提供了(　　)。
    A. [H]和 ATP　　　　　　　　　　　　B. [H]和 ADP
    C. O$_2$和 ATP　　　　　　　　　　　D. O$_2$和 ADP

21. 光合作用可分为光反应和暗反应两个阶段,下列叙述正确的是(　　)。
    A. 光反应不需要酶,暗反应需要多种酶
    B. 光反应消耗水,暗反应消耗 ATP
    C. 光反应储存能量,暗反应消耗能量
    D. 光反应固定二氧化碳,暗反应还原二氧化碳

22. 光合作用中含有活跃化学能的化合物是指(　　)。
    A. ATP　　　　　　　　　　　　　　　B. 磷酸肌酸
    C. NADPH　　　　　　　　　　　　　　D. ATP 和 NADPH

23. 光反应进行的部位是在叶绿体的(　　)。
    A. 外膜　　　　B. 内膜　　　　C. 基质　　　　D. 类囊体膜

24. 在光合作用过程中,光能转化成化学能发生在(　　)。
    A. 暗反应中　　　　　　　　　　　　　B. 光反应和暗反应中
    C. 光反应中　　　　　　　　　　　　　D. 光反应或暗反应中

25. 暗反应的含义是(　　)。
    A. 不需要光的反应　　　　　　　　　　B. 在黑暗中的反应
    C. 释放氧的反应　　　　　　　　　　　D. 吸收氧的反应

26. 暗反应进行的部位是在叶绿体的(　　)。
    A. 外膜上　　　　　　　　　　　　　　B. 内膜上
    C. 基质中　　　　　　　　　　　　　　D. 类囊体膜上

27. 光合作用的暗反应不会生成(　　)。
    A. 脂肪　　　　B. 葡萄糖　　　　C. 蛋白质　　　　D. ATP

28. 在叶肉细胞中,利用氧和释放氧的细胞器依次为(　　)。
    A. 线粒体和核糖体　　　　　　　　　　B. 高尔基体和叶绿体
    C. 核糖体和高尔基体　　　　　　　　　D. 线粒体和叶绿体

29. 光的波长影响植物光合作用的速度,能使植物光合作用速度最快的是(　　)。
    A. 红光　　　　B. 蓝光　　　　C. 紫光　　　　D. 绿光

30. 一般植物最适宜的光合作用温度是(　　)。
    A. 10～35 ℃　　B. 25～30 ℃　　C. 35 ℃以上　　D. 40～50 ℃

31. 光合作用产生的氧气中的氧来自（　　）。
    A. 植物吸收的氧气　　　　　　　　　　B. 参加光反应的所有水
    C. 植物吸收的所有 CO_2　　　　　　　D. 参加暗反应的所有 CO_2
32. 植物进行呼吸作用的场所是（　　）。
    A. 细胞质和线粒体　　　　　　　　　　B. 叶绿体和线粒体
    C. 细胞质和叶绿体　　　　　　　　　　D. 核糖体和线粒体
33. 下列关于有氧呼吸的表述，不正确的是（　　）。
    A. 需要氧的参与　　　　　　　　　　　B. 把糖类彻底氧化分解
    C. 需要酶的催化作用　　　　　　　　　D. 释放少量能量
34. 细胞有氧呼吸的主要场所是（　　）。
    A. 线粒体　　　　　　　　　　　　　　B. 高尔基体
    C. 内质网　　　　　　　　　　　　　　D. 细胞核
35. 在有氧呼吸过程中，葡萄糖被分解为丙酮酸发生在细胞的（　　）。
    A. 核糖体里　　　　　　　　　　　　　B. 线粒体里
    C. 细胞质基质　　　　　　　　　　　　D. 内质网
36. 由于通风不良，粮食存储过程中可能发生"自热"现象，其原因是（　　）。
    A. 气温过高　　　　　　　　　　　　　B. 种子细胞呼吸
    C. 太阳照射过强　　　　　　　　　　　D. 空气温度过低
37. 下列关于有氧呼吸与无氧呼吸异同点的表述，错误的是（　　）。
    A. 都需要酶的催化作用　　　　　　　　B. 都释放出能量
    C. 都需要经历葡萄糖到丙酮酸的过程　　D. 释放的能量都储存在 ATP 中
38. 下列表述错误的是（　　）。
    A. 同一植物体，幼年器官的呼吸作用比衰老器官呼吸作用旺盛
    B. 同一植物体，生殖器官的呼吸作用比营养器官呼吸作用旺盛
    C. 多年生植物的呼吸作用强弱一年四季都一样
    D. 在温带，一般春季发芽及开花时呼吸作用最强，冬季最弱
39. 下列关于粮油种子贮藏条件的表述，不正确的是（　　）。
    A. 降低种子的含水量　　　　　　　　　B. 降低温度
    C. 降低空气中的氧含量　　　　　　　　D. 提高空气中的氧含量

四、多项选择题

1. 下列是靠吸胀作用来吸收水分的有（　　）。
    A. 干燥的种子　　　　　　　　　　　　B. 根尖生长点细胞
    C. 茎尖生长点细胞　　　　　　　　　　D. 形成大液泡的细胞
2. 原生质层包括（　　）。
    A. 细胞壁　　　　B. 细胞膜　　　　C. 液泡膜　　　　D. 细胞质
3. 肥料"三元素"是指（　　）。
    A. N　　　　　　B. P　　　　　　C. K　　　　　　D. B

4. 下列属于生理酸性盐的有（　　）。
   A. 硫酸铵　　　　　B. 氯化铵　　　　　C. 硫酸钾　　　　　D. 氯化钾
5. 下列元素中，进入植物体后形成不稳定的化合物的是（　　）。
   A. N　　　　　　　B. P　　　　　　　C. K　　　　　　　D. Mg
6. 下列关于光合作用意义的表述，正确的有（　　）。
   A. 光合作用把无机物转变成有机物
   B. 光合作用把有机物转变成无机物
   C. 光合作用把光能转变为化学能
   D. 光合作用使大气中氧气和二氧化碳含量相对稳定
7. 下列属于影响光合作用的外部因素的有（　　）。
   A. 光照强度　　　　B. 二氧化碳　　　　C. 温度　　　　　　D. 水分
8. 下列生物无氧呼吸能产生乳酸的有（　　）。
   A. 马铃薯的块茎　　B. 甜菜的肉质根　　C. 玉米胚　　　　　D. 苹果
9. 下列描述中属于呼吸作用意义的有（　　）。
   A. 呼吸作用能为生物体的生命活动提供能量
   B. 呼吸过程能为体内其他化合物的合成提供原料
   C. 呼吸作用能吸收二氧化碳和释放氧气
   D. 呼吸作用在植物抗病免疫方面有着重要作用
10. 下列属于影响呼吸作用的外部因素的有（　　）。
    A. 温度　　　　　　B. 水分　　　　　　C. 氧　　　　　　　D. 二氧化碳

五、判断题

1. 根吸收水分最活跃的部位是根毛区的表皮细胞。（　　）
2. 植物细胞在形成中央液泡以后，主要靠吸胀作用吸收水分。（　　）
3. 细胞壁是全透性膜，细胞膜和液泡膜则是选择透过性膜。（　　）
4. 由于原生质层比细胞壁的伸缩性大，当细胞不断失水时，原生质层就会与细胞壁发生质壁分离复原。（　　）
5. 植物体吸收的水分约1％通过蒸腾作用散失掉了，约99％的水分参与植物光合作用等新陈代谢活动。（　　）
6. 在移栽植物时去掉一部分叶，目的是降低蒸腾作用。（　　）
7. 不同植物的需水量不同，同一植物的不同生长发育时期需水量也不同。（　　）
8. 根细胞对矿质元素离子的吸收具有选择性。（　　）
9. 菠菜、白菜等叶菜类作物对N的需要量较大。（　　）
10. 绿叶从外界吸收来的二氧化碳，可以直接被氢还原。（　　）
11. 光合作用在高温时效率降低，原因是高温破坏叶绿体和细胞质的结构。（　　）
12. 缺水影响光合作用主要是直接的原因。（　　）
13. 合理利用光能的措施是延长光合作用的时间。（　　）
14. 葡萄糖在彻底氧化分解以后，释放的能量都储存在ATP中。（　　）

15. 一般来说,植物体维持各项生命活动所需要的能量绝大部分来自无氧呼吸。（   ）
16. 植物的任何一个生活细胞,在任何一个生活时期,都在不停地进行呼吸作用,一旦停止就意味着细胞的死亡。（   ）

六、简答题

1. 简述蒸腾作用的重要意义。

2. 简述合理施肥应遵循哪些规律。

3. 什么是光合作用？根据是否需要光的照射,光合作用可分为哪些阶段？

4. 简述光合作用的意义。

5. 影响光合作用的因素有哪些？

6. 什么是呼吸作用？呼吸作用的类型有哪些？呼吸作用的影响因素有哪些？

7. 简述呼吸作用在植物生活中的意义。

8. 简述呼吸作用在农业上的应用。

第四节 动物的新陈代谢

一、名词解释

1. 非必需氨基酸
2. 必需氨基酸
3. 外呼吸
4. 内呼吸

二、填空题

1. 动物的新陈代谢包括_____和_____两个方面。
2. 人体的必需氨基酸共有八种：_____、_____、_____、_____、_____、_____、_____和_____。
3. 如果肝功能不好，或是_____等的合成减少时，_____的合成受阻，脂肪就不能顺利地从肝中运出去，因而造成脂肪在肝中的堆积，形成_____。这种情况会影响肝细胞的功能，长期发展下去，可能使肝细胞坏死，结缔组织增生，最终造成_____。
4. 动物体内贮存的能量，归根到底是来自_____。

三、单项选择题

1. 动物所需要的下列物质中，能被直接吸收利用的是(　　)。
   A. 脂肪　　　　　　B. 淀粉　　　　　　C. 蛋白质　　　　　　D. 维生素
2. 下列动物中，消化食物的方式属于细胞内消化的是(　　)。
   A. 变形虫　　　　　B. 水螅　　　　　　C. 昆虫　　　　　　D. 狗
3. 兼有细胞内消化和细胞外消化两种方式的生物是(　　)。
   A. 变形虫　　　　　B. 草履虫　　　　　C. 水螅　　　　　　D. 羊
4. 植食性动物的消化方式是(　　)。
   A. 物理性消化　　　B. 化学性消化　　　C. 微生物消化　　　D. 以上都有
5. 小肠绒毛的上皮细胞通过主动运输方式吸收的物质是(　　)。
   A. 胆固醇　　　　　B. 水　　　　　　　C. 氨基酸　　　　　D. 甘油
6. 下列不是小肠适于消化吸收特点的是(　　)。
   A. 小肠位于人体腹腔中
   B. 小肠黏膜表面有许多皱襞和绒毛
   C. 小肠很长
   D. 小肠绒毛中有丰富的毛细血管和毛细淋巴管
7. 脂肪被消化后的终产物是(　　)。
   A. CO_2和H_2O　　B. 甘油和脂肪酸　　C. 氨基酸　　　　　D. 葡萄糖
8. 主要成分不是磷脂的是(　　)。
   A. 细胞膜　　　　　B. 细胞器膜　　　　C. 神经髓鞘　　　　D. 细胞壁

9. 小肠绒毛上皮细胞吸收胆固醇和葡萄糖的方式(   )。
   A. 都是自由扩散　　　　　　　　　B. 都是协助扩散
   C. 都是主动运输　　　　　　　　　D. 前者是自由扩散,后者是主动运输
10. 人和动物体的物质代谢只发生在(   )。
    A. 消化道内　　　　　　　　　　　B. 肝脏内
    C. 内环境　　　　　　　　　　　　D. 细胞内
11. 吃进的马铃薯在人体内分解代谢的最终产物主要是(   )。
    A. 淀粉　　　　　　　　　　　　　B. 麦芽糖
    C. 葡萄糖　　　　　　　　　　　　D. 二氧化碳和水
12. 下列关于进入动物细胞内的氨基酸所发生变化的描述,正确的是(   )。
    A. 可以合成蛋白质
    B. 分解的最终产物是二氧化碳和水
    C. 直接合成性激素
    D. 经过氨基转换作用形成尿素
13. 关于人体三大营养物质代谢,下列说法不正确的是(   )。
    A. 都能产生 CO_2、H_2O 和能量
    B. 脂肪转变成糖是有条件的
    C. 糖类、脂肪、蛋白质都是人体的能源物质
    D. 葡萄糖代谢的中间产物丙酮酸可以通过氨基转换作用形成赖氨酸
14. 动物体内甲种氨基酸通过转氨基作用生成乙种氨基酸,可以肯定的是(   )。
    A. 甲种氨基酸是必需氨基酸　　　　B. 甲种氨基酸是非必需氨基酸
    C. 乙种氨基酸是必需氨基酸　　　　D. 乙种氨基酸是非必需氨基酸
15. 细胞内的蛋白质转变为脂肪,必须先经过的生理过程是(   )。
    A. 转氨基作用　　　　　　　　　　B. 脱氨基作用
    C. 氧化分解作用　　　　　　　　　D. 缩合和水解作用
16. 早餐空腹喝牛奶,不如喝牛奶时吃些馒头等食品营养利用值高些,是因为前者被人体吸收的氨基酸主要进行(   )。
    A. 合成作用　　　　　　　　　　　B. 氨基酸转换作用
    C. 脱氨基作用　　　　　　　　　　D. 以上三种作用
17. 某人因饥饿而头晕,较快恢复正常的方法是吃(   )。
    A. 鸡蛋　　　　　B. 花生米　　　　　C. 牛肉　　　　　D. 面包
18. 吸收到人体内的葡萄糖、氨基酸和脂类物质所不共有的代谢途径是(   )。
    A. 合成大分子有机物　　　　　　　B. 分解释放能量
    C. 在体内大量储存　　　　　　　　D. 转化成其他有机物质
19. 人体出现低血糖晚期症状时的有效急救措施是(   )。
    A. 吃含糖多的食物　　　　　　　　B. 喝糖水
    C. 静脉注射葡萄糖　　　　　　　　D. 静脉注射生理盐水

20. 下列关于能量的表述,错误的是(　　)。
    A. 动物体内贮存的能量,归根到底是来自光能
    B. 绿色植物通过光能作用将光能转化为化学能
    C. 三大营养物质在细胞内被氧化分解时,是能量贮存的过程
    D. 人体在一般情况下,所需要的能量约70%是糖类供给的

21. 下列属于人体的非必需氨基酸的是(　　)。
    A. 甘氨酸　　　　　　　　　　　　B. 赖氨酸
    C. 色氨酸　　　　　　　　　　　　D. 甲硫氨酸

四、多项选择题

1. 下列关于三大营养物质代谢关系的表述,正确的有(　　)。
    A. 糖类产生的一些中间产物可以通过转氨基作用生成必需氨基酸
    B. 蛋白质分解产生的一些氨基酸可以通过脱氨基作用转化成糖类
    C. 只有当糖类代谢发生障碍时,才由脂肪和蛋白质氧化分解供给能量
    D. 当糖类和脂肪的摄入量都不足时,体内蛋白质的分解就会增加

2. 下列表述正确的有(　　)。
    A. 稻谷蛋白质缺少赖氨酸
    B. 植物性食物中蛋白质所含氨基酸的种类齐全
    C. 豆类蛋白质缺少甲硫氨酸
    D. 玉米的蛋白质缺乏色氨酸、赖氨酸

3. 下列关于气体交换的表述,正确的有(　　)。
    A. 单细胞原生动物直接把水中溶解的氧气吸进体内,同时体内的二氧化碳排到水中
    B. 高等多细胞动物必须通过呼吸系统和循环系统进行气体交换
    C. 机体从外界环境吸入氧和排出二氧化碳的过程,称外呼吸
    D. 机体内的全部细胞从内环境吸入氧和排出二氧化碳,以及氧在细胞内的利用这一过程,称内呼吸

4. 下列关于葡萄糖转化的表述,错误的有(　　)。
    A. 1 mol 葡萄糖在体外燃烧产生的能量比在细胞内氧化分解释放的多
    B. 葡萄糖在体内氧化分解释放的能量中,一部分用来维持体温
    C. 葡萄糖在体内氧化分解释放的能量都贮存在 ATP 中
    D. 葡萄糖在体外燃烧释放的能量只有一部分以热能的形式散失

五、判断题

1. 动物在新陈代谢过程中,直接利用无机物制造有机营养物质。　　　　　　(　　)
2. 细胞内消化方式比较低等,所以人或高等动物中不存在细胞内消化这种方式。(　　)
3. 在同一细胞内,糖类、脂类和蛋白质这三类物质的代谢是同时进行的。　　(　　)
4. 丙氨酸属于人体的必需氨基酸。　　　　　　　　　　　　　　　　　　(　　)
5. 食物中的脂肪在人和动物体内经过消化,以氨基酸的形式被吸收。　　　　(　　)
6. ATP 不是生物体能量的贮存物质,而是生物体能量的携带者和传递者。　　(　　)

7. 人在长期饥饿或肝功能减退的情况下就会出现低血糖症状,这时如果能喝一杯浓糖水或食用含糖量高的食品,就可以恢复正常。（　　）
8. 磷脂是合成脂蛋白的重要原料。（　　）

六、简答题

1. 简述葡萄糖在细胞内的代谢过程。

2. 简述氨基酸在细胞内的代谢过程。

3. 简述脂肪在细胞内的代谢过程。

第四章 遗传和变异

第一节 遗传的物质基础

一、名词解释

1. 遗传物质
2. 细胞核遗传
3. 细胞质遗传
4. 碱基互补配对原则
5. DNA 分子的复制
6. 解旋
7. 半保留复制

二、填空题

1. 生物的遗传和变异是以_____为基础的。
2. 现代细胞学和遗传学的研究表明_____是一切生物的遗传物质。核酸有两种：_____和_____，其中绝大多数生物以_____为遗传物质，因而_____是生物主要的遗传物质。
3. 细胞中的 DNA 大部分存在于细胞核内的_____上，因而遗传物质的主要载体是_____。此外，细胞质中的_____和_____也带有少量遗传物质。
4. 脱氧核糖核苷酸有四种，分别为_____、_____、_____和_____。
5. DNA 分子的结构具有_____、_____和_____。
6. DNA 分子中的碱基对的排列顺序蕴藏着大量的遗传信息，为生物性状的_____奠定了分子基础。
7. DNA 分子复制需要_____、_____、_____和_____等基本条件。DNA 分子独特的_____结构，为复制提供了精确的_____，通过_____，保证了复制能够准确地进行。
8. DNA 分子通过复制，使遗传信息从亲代传给子代，保持了遗传信息的_____和_____。

三、单项选择题

1. 一切生物的遗传物质是(　　)。
   A. 核酸　　　　　　B. 蛋白质　　　　　　C. 脂质　　　　　　D. 氨基酸

2. 遗传物质的主要载体是（　　）。
   A. 染色体　　　　　　　　　　　B. 中心体
   C. 内质网　　　　　　　　　　　D. 核糖体
3. DNA 是主要的遗传物质,这是因为（　　）。
   A. 全部生物的遗传物质是 DNA　　B. 绝大多数生物的遗传物质是 DNA
   C. 少数生物的遗传物质是 DNA　　D. 绝大多数生物的遗传物质是 RNA
4. DNA 是控制遗传性状的主要物质,在绿色植物的细胞内,它分布在（　　）。
   A. 细胞核、细胞质基质　　　　　B. 细胞核、核糖体
   C. 细胞核、内质网　　　　　　　D. 细胞核、叶绿体、线粒体
5. 下面关于 DNA 分子结构的叙述中,错误的是（　　）。
   A. 每个双链 DNA 分子都含有四种脱氧核苷酸
   B. DNA 分子为双螺旋结构
   C. 每个 DNA 分子中碱基数＝磷酸数＝脱氧核糖数
   D. 一段双链 DNA 分子中若含有 40 个胞嘧啶,就会同时含有 40 个鸟嘌呤
6. 在 DNA 分子双螺旋结构的内侧,使碱基形成碱基对的是（　　）。
   A. 氢键　　　　B. 肽键　　　　C. 二硫键　　　　D. 高能磷酸键
7. 决定 DNA 分子的多样性和特异性的是（　　）。
   A. 主链上的五碳糖与磷酸排列　　B. 碱基对的排列顺序
   C. 双螺旋结构　　　　　　　　　D. 成分中糖的种类
8. DNA 分子的复制发生于有丝分裂的（　　）。
   A. 间期　　　　B. 前期　　　　C. 中期　　　　D. 后期
9. 下列关于 DNA 分子复制的表述,错误的是（　　）。
   A. DNA 分子采取半保留复制的方式进行复制
   B. DNA 分子通过复制,保持了遗传信息的稳定性
   C. DNA 分子通过复制,保持了遗传信息的连续性
   D. DNA 的复制是先解旋再复制的过程

四、多项选择题

1. 下列关于核酸的生物学功能的表述,正确的有（　　）。
   A. 存储和传递遗传信息　　　　　B. 表达遗传信息
   C. 调控基因表达　　　　　　　　D. 参与细胞信号传导
2. 以下属于 DNA 分子复制需要的基本条件的有（　　）。
   A. 模板　　　　B. 原料　　　　C. 能量　　　　D. 酶

五、判断题

1. DNA 的复制是一个边解旋边复制的过程。　　　　　　　　　　　　　　　　（　　）
2. 生物体的性状能一代一代传下去,说明生物具有变异现象。　　　　　　　　（　　）
3. 核酸是一种高分子的化合物,它的构成单元是氨基酸,是氨基酸的多聚体。（　　）
4. 绝大多数生物以核糖核酸（RNA）为遗传物质。　　　　　　　　　　　　　（　　）

5. 细胞中的DNA都存在于细胞核内的染色体上。　　　　　　　　　　（　）
6. DNA分子的立体结构是规则的双螺旋结构。　　　　　　　　　　　（　）
7. 遗传信息的传递是通过DNA分子的复制来完成的。　　　　　　　　（　）
8. DNA通过转录和翻译过程指导蛋白质的合成。　　　　　　　　　　（　）

六、简答题

1. 简述DNA分子双螺旋结构的主要特点。

2. 简述DNA分子结构的特性。

3. 什么是碱基互补配对原则？它对DNA分子的复制有何意义？

4. 简述核酸的生物学功能。

第二节　基因的表达

一、名词解释

1. 染色质
2. 染色体
3. 基因
4. 基因组
5. 人类基因
6. 基因的表达
7. 转录

8. 翻译

9. 信息流

二、填空题

1. _____是决定生物性状的基本单位，_____对性状的控制是通过 DNA 分子控制_____的合成来实现的。

2. 染色体是由两条_____组成的,每条_____是一个_____与_____结合形成的染色线。

3. 染色质和染色体是细胞中_____物质在_____时期的两种状态。

4. 基因中虽然贮存有遗传信息,但这些信息表达的关键是控制_____的合成,因为生物所有的性状都是由_____决定的。

5. 基因控制蛋白质合成的过程包括两个阶段——_____和_____。

6. 遗传学上把_____的流动方向称为信息流。

三、单项选择题

1. 每一条染色体只含有 1 个 DNA 分子,每个 DNA 分子上的基因个数为( )。
   A. 1　　　　　　　B. 2　　　　　　　C. 3　　　　　　　D. 很多

2. 决定 1 个氨基酸的碱基个数为( )。
   A. 2　　　　　　　B. 3　　　　　　　C. 4　　　　　　　D. 5

3. 细胞内利用氨基酸合成蛋白质的场所是( )。
   A. 核糖体　　　　　B. 内质网　　　　　C. 高尔基体　　　　D. 中心体

4. 下列关于"中心法则"的说法,错误的是( )。
   A. 遗传信息可以从 DNA 流向 DNA　　　B. 遗传信息可以从 DNA 流向 RNA
   C. 遗传信息可以从 RNA 流向 RNA　　　D. 遗传信息可以从蛋白质流向 RNA

5. 遗传信息和密码子分别位于( )。
   A. DNA 和 mRNA 上　　　　　　　　　B. DNA 和 tRNA 上
   C. mRNA 和 tRNA 上　　　　　　　　　D. 染色体和核基因上

6. 在功能上具有专一性,但不在核糖体上合成的是( )。
   A. 酶　　　　　　　B. tRNA　　　　　　C. 抗体　　　　　　D. ATP

7. 某 DNA 分子片段中,胞嘧啶有 240 个,占全部碱基的 30%,则该片段中腺嘌呤有( )。
   A. 240 个　　　　　B. 48 个　　　　　　C. 800 个　　　　　D. 160 个

8. 基因控制性状的重要途径是( )。
   A. RNA→蛋白质(性状)　　　　　　　　B. DNA→蛋白质(性状)
   C. RNA→DNA→蛋白质(性状)　　　　　D. DNA→RNA→蛋白质(性状)

9. 构成 DNA 的碱基和脱氧核苷酸的种类分别为( )。
   A. 2、4　　　　　　B. 4、4　　　　　　C. 8、5　　　　　　D. 5、8

10. 信使 RNA 的来源是( )。
    A. 由 DNA 转录而来　　　　　　　　　B. 由 DNA 翻译而来
    C. 由 DNA 转变而来　　　　　　　　　D. 由 DNA 复制而来

11. 下列物质中,必须从核孔进入核内的是( )。
    A. 氨基酸   B. 葡萄糖
    C. RNA 聚合酶   D. 呼吸作用酶
12. 合成蛋白质时,转运 RNA 上三个碱基是 U、A、C,那么,转录出信使 RNA 的一条 DNA 模板链上对应的三个碱基是( )。
    A. A、U、G   B. T、A、C   C. T、U、C   D. A、T、C

四、多项选择题

1. 下列属于信使 RNA 上的碱基的有( )。
    A. 腺嘌呤   B. 鸟嘌呤   C. 尿嘧啶   D. 胸腺嘧啶
2. 下列有关遗传信息的论述,正确的有( )。
    A. 遗传信息可以通过 DNA 复制传递给后代
    B. 遗传信息控制蛋白质的分子构造
    C. 遗传信息是指 DNA 分子的脱氧核苷酸的排列次序
    D. 遗传信息均以密码子的方式体现出来
3. 下列说法正确的有( )。
    A. 一种转运 RNA 只能转运一种氨基酸
    B. 一种氨基酸可以具有多种密码子
    C. 一种氨基酸可以由几种转运 RNA 来转运
    D. 一种氨基酸只能由一种转运 RNA 来转运

五、判断题

1. 不同基因的脱氧核糖核苷酸排列顺序不同,所以不同的基因就含有不同的遗传信息。
   ( )
2. 一种氨基酸可以有几个对应的密码子,但一个密码子只对应一种氨基酸。 ( )
3. 转录是在细胞质中进行的,翻译是在细胞核内进行的。 ( )
4. 信使 RNA 中核糖核苷酸的排列顺序决定了氨基酸的排列顺序。 ( )
5. 生物的一切遗传性状都是受基因控制的。 ( )
6. 所有基因都是通过控制酶的合成来控制代谢过程,从而控制生物性状的。 ( )
7. DNA 自我复制时,两条链都起模板作用;转录形成 RNA 时,只有一条链起模板作用。
   ( )

六、简答题

1. 什么是转录?什么是翻译?

2. 染色体、DNA、基因都与遗传有关，请概括地说出这三者之间的关系。

第三节　遗传的基本规律

一、名词解释

1. 显性性状
2. 隐性性状
3. 性状分离
4. 等位基因
5. 表型
6. 基因型
7. 常染色体
8. 性染色体
9. 伴性遗传

二、填空题

1. 遗传学的奠基人_____最先揭示出遗传的两个基本规律——_____和_____。在孟德尔之后，_____及其合作者又通过_____的杂交试验，揭示了遗传的另一个基本规律——_____，这3个定律就是人们通常所说的_____。

2. 基因分离定律的实质：在杂合子的细胞里，位于_____上的等位基因具有一定的独立性，生物体在进行_____形成配子时，等位基因会随着_____的分开而分离，分别进入两个配子中，独立地随配子遗传给后代。

3. 自由组合定律的实质：位于_____上的非等位基因的分离或组合是互不干扰的。在进行_____形成配子的过程中，_____上的等位基因彼此分离，同时_____上的非等位基因自由组合。

4. 基因的连锁互换定律的实质：两对或两对以上的等位基因位于_____上，在_____形成配子时，位于_____上的非等位基因常常连在一起，不相分离，一起进入配子中去，在减数分裂的四分体时期，由于_____上的等位基因随着_____间的局部互换而发生了互换，使得染色体上的基因进行了重新组合。

5. 性别决定方式主要有两种，一种是_____，另一种是_____。

三、单项选择题

1. 成对的基因会随着同源染色体的分开而分离是发生于(　　)。
　　A. 减数分裂　　　　B. 有丝分裂　　　　C. 无丝分裂　　　　D. 直接分裂

2. 隐性基因是指（　　）。
   A. 任何情况下都不能表现出来的基因
   B. 任何情况下都能表现出来的基因
   C. 在显性基因存在时,不能表现出来的基因
   D. 在显性基因存在时,才能表现出来的基因
3. 为了描述方便,遗传学家把同种生物的同一性状的不同表现形式称为（　　）。
   A. 基因　　　　B. 成对染色体　　　　C. 细胞核　　　　D. 相对性状
4. 下列属于相对性状的是（　　）。
   A. 人的单眼皮和小眼睛　　　　B. 小麦的高秆和大麦的矮秆
   C. 小莉的血型为 A 型,小洪的血型为 B 型　　D. 红苹果和青苹果
5. 豌豆的高茎和矮茎是一对相对性状,下列杂交试验能确定相对性状中显、隐性关系的是（　　）。
   A. 高茎×矮茎→高茎　　　　B. 高茎×高茎→高茎
   C. 矮茎×矮茎→矮茎　　　　D. 高茎×矮茎→高茎：矮茎＝1：1
6. 人类红绿色盲为伴性遗传,这是因为（　　）。
   A. 色盲基因从父亲传给女儿,并有可能在外孙身上表达
   B. 色盲基因存在于男性的 Y 染色体上
   C. 男性产生的含 Y 的精子数量比含 X 的精子数量多
   D. 雄性激素和雌性激素的比例相等
7. 杂交实验中,一旦出现就能稳定遗传的性状是（　　）。
   A. 相对性状　　　B. 隐性性状　　　C. 显性性状　　　D. 优良性状
8. 已知 B 控制有耳垂（显性）,b 控制无耳垂,基因组成为 Bb 的个体表现出来的性状是（　　）。
   A. 显性性状　　　　　　　　B. 隐性性状
   C. 中间性状　　　　　　　　D. 一只有耳垂,另一只无耳垂
9. 下列有关性别决定和伴性遗传的叙述中,正确的是（　　）。
   A. 有些生物没有 X、Y 染色体
   B. 若 X 染色体上有雄配子致死基因 b,就不会产生 XbY 的个体
   C. 伴性遗传都表现交叉遗传的特点
   D. X、Y 染色体只存在于生殖细胞中
10. 在孟德尔的两对相对性状的遗传学实验中,F_2 代中纯合子所占的比例为（　　）。
    A. 1/2　　　　B. 1/4　　　　C. 1/8　　　　D. 3/8
11. 基因的连锁和交换定律的发现者是（　　）。
    A. 孟德尔　　　B. 艾弗里　　　C. 摩尔根　　　D. 达尔文
12. 生物体通过减数分裂形成配子时,基因的交换发生在（　　）。
    A. 一条染色体的姐妹染色单体之间　　B. 两条非同源染色体之间
    C. 一对同源染色体的非姐妹染色单体之间　D. 两对同源染色体之间

四、多项选择题

1. 下列关于基因型和表型的表述,正确的有（　　）。
   A. 在遗传学上,把生物个体表现出来的性状称作表型
   B. 在遗传学上,把与表型有关的基因组成称作基因型
   C. 基因型是性状表现的内在因素,表型是基因型的表现形式
   D. 表型是基因型作用的结果

2. 下列属于决定性别因素的有（　　）。
   A. 性染色体　　　　　　　　　　B. 性染色体和常染色体的比例
   C. 受精与否　　　　　　　　　　D. 基因

3. 下列属于相对性状的有（　　）。
   A. 水稻的早熟和晚熟　　　　　　B. 豌豆的紫花和红花
   C. 绵羊的长毛和细毛　　　　　　D. 小麦的抗病和易染疾病

4. 遗传的三大定律包括（　　）。
   A. 分离定律　　　　　　　　　　B. 自由组合定律
   C. 连锁交换定律　　　　　　　　D. 伴性遗传定律

5. 下列生物属于 ZW 型性别决定的有（　　）。
   A. 鸡　　　　B. 蛾　　　　C. 人　　　　D. 菠菜

五、判断题

1. 摩尔根最先揭示遗传的基因分离定律和基因自由组合定律。　　　　　　（　　）
2. 位于一对同源染色体的相同位置上,控制着相对性状的基因,叫作等位基因。　（　　）
3. 可以利用基因分离定律对遗传病的基因型和发病概率作出科学的推断。　（　　）
4. 可以根据基因的自由组合定律来分析家系中两种遗传病同时发病的情况,为遗传病的预测和诊断提供理论依据。　　　　　　　　　　　　　　　　　　　　　（　　）
5. 基因连锁和互换定律与基因自由组合定律相矛盾。　　　　　　　　　　（　　）
6. 红绿色盲是一种最常见的人类伴性遗传病。　　　　　　　　　　　　　（　　）

六、简答题

1. 简述基因分离定律的实质。

2. 简述基因自由组合定律的实质。

3. 简述基因的连锁互换定律的实质。

第四节　生物的变异

一、名词解释

1. 生物的变异
2. 基因突变
3. 基因重组
4. 染色体变异

二、填空题

1. 仅仅是由_____因素的影响造成的,并没有引起生物体内遗传物质的变化,不能够遗传下去,属于_____。有的变异现象是由生殖细胞内_____的改变引起的,因而能够遗传给后代,属于_____。
2. 可遗传的变异有三种来源:_____、_____和_____。
3. 染色体结构的改变常见的有_____、_____、_____、_____四种情况。
4. 实验室中常使用_____、_____或_____等处理,使染色体加倍,得到人工诱导的多倍体。

三、单项选择题

1. 遗传病的病因是(　　)。
   A. 病原体的侵入　　　　　　　　B. 组织、器官病变
   C. 激素分泌或多或少　　　　　　D. 遗传物质发生变化
2. 不遗传的变异是(　　)。
   A. 黄色玉米粒的后代出现了少量白色玉米粒
   B. 生长在遮阴处的小麦秆细、穗小
   C. 小麦中出现的矮秆、抗倒伏的变异
   D. 某对色觉正常的夫妇生下一色盲儿子
3. 下列结构中,不可作遗传物质的载体的是(　　)。
   A. 叶绿体　　　　B. 线粒体　　　　C. 染色体　　　　D. 核糖体
4. 下列是遗传现象的是(　　)。
   A. 父亲和儿子都患有蛔虫病　　　B. 母亲和子女都有肝炎
   C. 父母与孩子都没有感冒　　　　D. 父母与孩子都没有耳垂

5. 下列有关基因突变的说法,不正确的是（　　）。
   A. 自然条件下的突变率很低　　　　B. 诱发突变对生物体都是有利的
   C. 基因突变能够产生新的基因　　　D. 基因突变是广泛存在的

6. 变异为生物进化提供了原始材料,此处变异应当是（　　）。
   A. 可遗传的有利变异　　　　　　　B. 不遗传的有利变异
   C. 可遗传的有害变异　　　　　　　D. 不遗传的有害变异

7. 杂交水稻比常规水稻产量高,土地肥沃处的杂交水稻比土地贫瘠处的杂交水稻产量高。引起上述变异的原因是（　　）。
   A. 都是遗传物质的变化
   B. 前者是环境条件的变化,后者是遗传物质的变化
   C. 都是环境条件的变化
   D. 前者是遗传物质的变化,后者是环境条件的变化

8. "一枝独秀不是春,万紫千红春满园。"产生万紫千红现象的根本原因是（　　）。
   A. 生物的遗传　　B. 生物的变异　　C. 环境温度的不同　　D. 光照的不同

9. 我国"神舟"号飞船每次太空之旅都会搭载一些农作物或蔬菜的种子,以期获得优良的新品种。这是利用太空的各种射线（　　）。
   A. 改变这些植物的某些性状
   B. 改变这些植物的营养成分
   C. 淘汰这些植物的某些不良性状
   D. 诱导这些植物种子的遗传物质发生改变

10. 下列各项中属于有利变异的是（　　）。
    A. 高秆水稻中的矮秆（抗倒伏）的变异　　B. 野生猪到家猪的变异
    C. 从原鸡到肉用鸡的变异　　　　　　　D. 玉米白化苗的变异

11. 一块玉米地里出现了几株白化苗,不久它们就死亡了,其根本原因是（　　）。
    A. 幼苗的遗传物质发生了改变　　　　B. 幼苗生长的地方缺少养料
    C. 幼苗生长的地方缺少水分　　　　　D. 幼苗生长的地方光照不足

12. 下列列举的可能诱发基因突变的原因,其中不正确的是（　　）。
    A. 杂交　　　　　　　　　　　　　　B. 射线的辐射作用
    C. 亚硝酸处理　　　　　　　　　　　D. 激光照射

13. 下列不是使染色体加倍的常用方法的是（　　）。
    A. 秋水仙素　　　B. 高温　　　C. α射线　　　D. 杂交

四、多项选择题

1. 下列有关生物变异的叙述中,错误的有（　　）。
   A. 基因重组导致杂合子 Aa 自交后代出现性状分离
   B. 三倍体西瓜、四倍体西瓜的培育原理是染色体畸变,它们与二倍体西瓜属同一物种
   C. 基因突变、基因重组和染色体结构变异都可能引起 DNA 碱基序列的改变
   D. 花药离体培养过程中,基因重组、基因突变和染色体畸变均有可能发生

2. 下列各项中属于可遗传变异的有（　　）。
   A. 月季花的红色与白色　　　　　B. 父亲高,儿子矮
   C. 母亲正常,儿子色盲　　　　　D. 水肥条件不同导致水稻长势不同
3. 下列各项属于遗传物质变化引起的变异的有（　　）。
   A. 豌豆的圆粒和皱粒　　　　　B. 玉米粒的黄色和白色
   C. 茉莉的红花和白花　　　　　D. 绿韭菜与韭黄
4. 下列关于染色体结构变异的叙述,正确的有（　　）。
   A. 外界因素可提高染色体断裂的频率
   B. 染色体缺失了某段,可导致生物性状发生改变
   C. 一条染色体某一段颠倒180°后生物性状不发生改变
   D. 染色体结构变异一般可用显微镜直接检验
5. 染色体结构的改变常见的有（　　）。
   A. 缺失　　　　B. 重复　　　　C. 倒位　　　　D. 易位

五、判断题

1. 生物的变异是指生物体亲代与子代之间存在的差异现象。　　　　　　（　　）
2. 人类的白化病属于可遗传的变异。　　　　　　　　　　　　　　　　（　　）
3. 基因突变和DNA复制、DNA损伤修复、癌变、衰老等因素有关。　　（　　）
4. 基因突变在生物界中是普遍存在的。　　　　　　　　　　　　　　　（　　）
5. 基因突变发生的时期越早,生物体表现突变的部分就越少。　　　　　（　　）
6. 基因突变对于生物的生存大都是有利的,只有少数对生物是有害的。　（　　）
7. 基因重组是指生物体在进行有性生殖的过程中,控制相同性状的基因的重新组合。（　　）
8. 同一染色体某一片段发生了位置的颠倒,称易位。　　　　　　　　　（　　）
9. 单倍体生物高度不育。　　　　　　　　　　　　　　　　　　　　　（　　）
10. 生长于恶劣环境下的植物常是单倍体。　　　　　　　　　　　　　（　　）

六、简答题

1. 可遗传的变异来源有哪些?

2. 什么是基因突变?基因突变有哪些特点?

3. 简述染色体变异的概念，以及染色体结构改变的类型。

第五节　生物的进化

一、名词解释
1. 生物进化
2. 化石
3. 同源器官

二、填空题
1. 生物进化就是生物随着时间的推移逐渐发生变化，从_____到_____、从_____到_____。这种变化不是_____，而是有一定方向和规律的。
2. 古生物学研究的对象是_____。
3. 各类生物的_____在地层里按一定顺序出现的事实，是生物进化最直接、最可靠的证据之一。在研究化石的过程中发现：越_____形成的地层里，成为化石的生物越_____、越_____；越_____形成的地层里，成为化石的生物越_____、越_____。
4. 胚胎学研究的对象是_____。所有高等生物的胚胎发育都是从一个_____开始的。这说明高等生物起源于_____生物。
5. 比较解剖学上最重要的证据是_____。
6. 关于生物进化，拉马克提出_____，达尔文则提出了_____。_____的主要内容为繁殖过剩、生存斗争、遗传和变异、适者生存四点。

三、单项选择题
1. 生物进化的内因是（　　）。
   A. 过度繁殖　　　　　　　　B. 生存斗争
   C. 遗传和变异　　　　　　　D. 适者生存
2. 我国的金鱼品种是世界上最多的，形成这么多金鱼品种的原因是（　　）。
   A. 金鱼适应不同的环境　　　B. 我国水域辽阔
   C. 自然选择的结果　　　　　D. 人工选择的结果
3. 长颈鹿的长颈形成的原因是（　　）。
   A. 长期吃树上的叶　　　　　B. 经过多代自然选择
   C. 在某一代短颈个体灭绝　　D. 人工选择

4. 达尔文于1859年出版的阐述了自然选择的进化理论的书是(　　)。
   A.《基因分离定律》　　　　　　　　　B.《生物标本的制作》
   C.《人类的起源》　　　　　　　　　　D.《物种起源》
5. 生物进化的证据很多,其中最直接、最重要的证据是(　　)。
   A. 胚胎学上的证据　　　　　　　　　B. 分类学上的证据
   C. 地质年代中的化石证据　　　　　　D. 遗传学上的证据
6. 生物化石之所以能证明生物的进化,其根本原因是(　　)。
   A. 化石是保存在地层中的生物遗体或生活痕迹
   B. 地壳岩石形成有一定的顺序
   C. 化石是生物的祖先
   D. 各类生物化石在地层中出现有一定的顺序
7. 人体保留了哺乳类所具有的阑尾、体毛和尾椎骨等痕迹,人体的这些痕迹器官在生物进化中属于(　　)。
   A. 古生物学证据　　　　　　　　　　B. 比较解剖学证据
   C. 胚胎学证据　　　　　　　　　　　D. 分子生物学证据
8. 下列研究内容不能作为生物进化证据的是(　　)。
   A. 古生物学的研究　　　　　　　　　B. 胚胎学的研究
   C. 比较解剖学的研究　　　　　　　　D. 分类学的研究
9. 在越古老的地层中,成为化石的生物(　　)。
   A. 数量越多　　　　　　　　　　　　B. 种类越丰富
   C. 越简单、越低等　　　　　　　　　D. 越复杂、越高等

四、多项选择题

1. 下列叙述正确的有(　　)。
   A. 变异是不定向的
   B. 自然选择是定向的
   C. 变异永远是有利的
   D. 适应环境的变异是有利变异
2. 自然选择学说的主要内容包括(　　)。
   A. 繁殖过剩　　　　　　　　　　　　B. 生存斗争
   C. 遗传和变异　　　　　　　　　　　D. 适者生存

五、判断题

1. 在自然界中,生物在生存竞争的过程中,具有有利变异的个体容易生存下去,具有不利变异的个体则容易被淘汰。（　）
2. 生物永远在发展和进化过程中,不会停止在一个水平上。（　）
3. 科学家们已经通过实验证明了原始生命的起源过程。（　）
4. 现在地球上形形色色的生物,是由原始的共同祖先逐渐进化来的。（　）
5. 古生物学研究的对象是胚胎。（　）

6. 拉马克的用进废退学说被恩格斯誉为 19 世纪自然科学三大发现之一。　　　　（　　）

六、简答题

1. 生物进化的证据有哪些？

2. 自然选择学说的主要内容有哪些？

第五章 生物的生殖与发育

第一节 生物生殖的基本类型

一、名词解释
1. 无性生殖
2. 营养繁殖
3. 有性生殖
4. 单倍体
5. 二倍体

二、填空题
1. 生物繁殖后代的方式是多种多样的,通常可归纳为_____和_____两大类型。_____又可分为营养繁殖和孢子繁殖,常见的_____方式有接合生殖和配子生殖。
2. 营养繁殖常见的形式有_____和_____。
3. 性细胞称为_____,由两个_____结合的生殖方式称配子生殖。配子生殖根据两性配子之间的差异程度,又可分为_____、_____与_____三种类型。

三、单项选择题
1. 下列能进行分裂生殖的原核生物是(　　)。
   A. 病毒　　　　　B. 变形虫　　　　　C. 蓝藻　　　　　D. 酵母菌
2. 下列生物子体产生后,母体便不存在的是(　　)。
   A. 变形虫　　　　B. 水螅　　　　　　C. 青霉　　　　　D. 草莓
3. 酵母菌在条件适宜时,能长出数个芽体,每个芽体长大后都可独立生活。这种生殖方式叫(　　)。
   A. 分裂生殖　　　B. 孢子生殖　　　　C. 出芽生殖　　　D. 营养生殖
4. 下列生物中,能够出芽生殖的真核生物是(　　)。
   A. 酵母菌　　　　B. 蓝藻　　　　　　C. 竹　　　　　　D. 马铃薯
5. 根霉常见的生殖方式是(　　)。
   A. 分裂生殖　　　B. 出芽生殖　　　　C. 孢子生殖　　　D. 营养生殖
6. 荷花藕节上生出的不定芽将发育成新个体,这种生殖方式属于(　　)。
   A. 出芽生殖　　　　　　　　　　　　B. 分裂生殖
   C. 营养生殖　　　　　　　　　　　　D. 孢子生殖

7. 菊花的根能生芽,由芽生成新植株,这属于( )。
　　A. 出芽生殖　　　　　B. 分裂生殖　　　　C. 有性生殖　　　　D. 营养生殖
8. 单细胞生物细胞分裂的意义是( )。
　　A. 产生新个体　　　　B. 增加生活力　　　C. 增加变异性　　　D. 改变遗传性
9. 山芋用块茎繁殖较容易导致( )。
　　A. 子代性状变异　　　　　　　　　　　　B. 子代性状稳定
　　C. 子代营养高　　　　　　　　　　　　　D. 子代营养低
10. 利用稻种出芽长成秧苗来繁殖水稻的生殖方式属于( )。
　　A. 出芽生殖　　　　　B. 营养生殖　　　　C. 有性生殖　　　　D. 孢子生殖
11. 在自然条件下不会进行无性繁殖的生物是( )。
　　A. 细菌　　　　　　　B. 酵母菌　　　　　C. 水螅　　　　　　D. 家兔
12. 无性生殖与有性生殖的主要区别在于( )。
　　A. 是否由单一亲本完成　　　　　　　　　B. 能否进行细胞分裂
　　C. 是否产生生殖细胞　　　　　　　　　　D. 是否产生有性生殖细胞及相互结合
13. 在农业生产中,马铃薯通常是采用分割带芽的块茎来进行繁殖的,该繁殖方式属于( )。
　　A. 营养生殖　　　　　B. 分裂生殖　　　　C. 孢子生殖　　　　D. 出芽生殖
14. 蘑菇伞盖下面的菌褶上产生一种细胞,落在适宜的环境下可以萌发成菌丝,最后形成新的蘑菇,这种生殖方式叫作( )。
　　A. 有性生殖　　　　　B. 营养生殖　　　　C. 孢子生殖　　　　D. 出芽生殖

四、多项选择题

1. 下列关于分裂生殖的叙述,正确的有( )。
　　A. 细胞分裂一次,生物个体数就增加一次
　　B. 分裂后,子代两个个体大小形状相似
　　C. 是单细胞生物普遍具有的生殖方式
　　D. 分裂后,个体之间有明显的母体和子体之分
2. 下列现代生物科技成果属于无性繁殖的有( )。
　　A. 通过组织培养繁育花卉　　　　　　　　B. 克隆羊"多莉"的产生
　　C. 三倍体无子西瓜的培育　　　　　　　　D. 通过嫁接繁殖优质苹果

五、判断题

1. 有性生殖是生物进化中一种较为原始的生殖方式。　　　　　　　　　　　　(　　)
2. 高等动物体最为常见的生殖方式是卵式生殖。　　　　　　　　　　　　　　(　　)
3. 有性生殖方式又称为融合生殖。　　　　　　　　　　　　　　　　　　　　(　　)
4. 有性生殖对于生物的生存和进化是非常有利的。　　　　　　　　　　　　　(　　)
5. 配子是经有丝分裂形成的,其染色体数目只有体细胞的一半。　　　　　　　(　　)
6. 有性繁殖对快速繁殖品质优异的种群极为有利。　　　　　　　　　　　　　(　　)
7. 常见的有性生殖方式有接合生殖和配子生殖。　　　　　　　　　　　　　　(　　)

六、简答题

什么是生物生殖？生物生殖的种类有哪些？

第二节　减数分裂与有性生殖细胞的成熟

一、名词解释

1. 减数分裂
2. 联会
3. 四分体
4. 受精作用
5. 双受精

二、填空题

1. 减数分裂是指细胞连续分裂_____次,而染色体在整个分裂过程中只复制_____次的细胞分裂方式。
2. 精子是在动物的_____中形成的,卵细胞是在动物的_____中形成的。
3. 经过减数分裂,一个精原细胞形成_____个精子细胞;一个卵原细胞只形成_____个卵细胞。
4. 进行_____的生物,一般都要进行受精作用。
5. _____与_____结合成为合子的过程,叫作受精作用。
6. 双受精是_____有性生殖所特有的现象。

三、单项选择题

1. 下列减数分裂过程按时间顺序排列,正确的是(　　)。
   A. 复制—联会—四分体　　　　　　B. 复制—四分体—联会
   C. 联会—四分体—复制　　　　　　D. 联会—复制—四分体
2. 观察四分体最好的材料是(　　)。
   A. 幼嫩的种子　　B. 幼嫩的果实　　C. 幼嫩的花药　　D. 幼嫩的柱头
3. 减数第一次分裂的特点是(　　)。
   A. 同源染色体分离,着丝点分裂　　　B. 同源染色体分离,着丝点不分裂
   C. 同源染色体不分离,着丝点分裂　　D. 同源染色体不分离,着丝点不分裂
4. 减数分裂过程中,染色体数目减半发生在(　　)。
   A. 初级精母细胞形成时　　　　　　B. 次级精母细胞形成时
   C. 精子细胞形成时　　　　　　　　D. 精子形成时

5. 若精子中 DNA 含量为 a,则初级精母细胞和次级精母细胞的 DNA 含量分别是(　　)。
   A. $2a$ 和 a　　　　B. $4a$ 和 $2a$　　　　C. a 和 $2a$　　　　D. $2a$ 和 $4a$

6. 下列关于同源染色体的叙述,正确的是(　　)。
   A. 由一条染色体复制成的两条染色体
   B. 一条来自父方,一条来自母方的染色体
   C. 形状大小完全相同的染色体
   D. 在减数分裂过程中能联会的染色体

7. 初级卵母细胞经过减数分裂后得到的卵细胞个数是(　　)。
   A. 4　　　　　　　B. 3　　　　　　　C. 2　　　　　　　D. 1

8. 花粉落到柱头上萌发形成花粉管,伸长的花粉管里精子的数目是(　　)。
   A. 1 个　　　　　B. 2 个　　　　　C. 3 个　　　　　D. 4 个

9. 精子与卵细胞融合后,形成(　　)。
   A. 多个受精卵　　　　　　　　　　B. 一个受精卵和一个受精极核
   C. 两个受精卵　　　　　　　　　　D. 一个受精卵

10. 被子植物的卵细胞存在于(　　)。
    A. 花粉　　　　　B. 花粉管　　　　C. 胚珠　　　　　D. 柱头

四、多项选择题

1. 下列关于有丝分裂与减数分裂的区别的表述,正确的有(　　)。
   A. 有丝分裂发生在体细胞中,减数分裂发生在原始生殖细胞
   B. 有丝分裂只分裂 1 次,减数分裂分裂了 2 次
   C. 有丝分裂产生 2 个子细胞,减数分裂产生 4 个子细胞
   D. 有丝分裂得到的子细胞为体细胞,减数分裂得到的子细胞为成熟的生殖细胞

2. 下列表述正确的有(　　)。
   A. 精子是在动物的卵巢中形成的
   B. 每个精原细胞所含有的染色体数是体细胞内染色体数的一半
   C. 初级精母细胞中的同源染色体两两配对叫作联会
   D. 次级精母细胞中染色体的数目只有初级精母细胞的一半

五、判断题

1. 减数分裂细胞分裂两次,染色体也复制两次。(　　)
2. 减数分裂过程中有联会现象,有丝分裂过程中没有联会现象。(　　)
3. 减数分裂得到的 4 个子细胞大小都一样。(　　)
4. 每个成熟花粉粒包含 4 个精细胞。(　　)
5. 高等植物的受精作用特称为双受精,这是裸子植物有性生殖所特有的现象。(　　)
6. 减数分裂过程中,每个染色体的着丝粒一分为二发生于减数第二次分裂。(　　)
7. 减数分裂过程中,同源染色体彼此分开发生于减数第一次分裂。(　　)
8. 减数分裂和受精作用对于维持每种生物前后代体细胞中染色体数目的恒定性十分重要。
(　　)

六、简答题

简述有性生殖细胞的成熟过程。

第三节　生物的发育

一、名词解释

1. 个体发育
2. 卵裂
3. 胚的发育
4. 胚后发育

二、填空题

1. ＿＿＿＿、＿＿＿＿、＿＿＿＿和＿＿＿＿这四部分构成了荠菜的胚。
2. 胚乳的发育形式一般有＿＿＿＿、＿＿＿＿和＿＿＿＿三种方式。
3. 高等动物的个体发育包括＿＿＿＿和＿＿＿＿。
4. 高等动物胚的发育是指＿＿＿＿发育成＿＿＿＿，胚后发育是指＿＿＿＿从卵膜内孵化出来或从母体生出来并发育成为＿＿＿＿。
5. 蛙的外胚层由＿＿＿＿细胞形成。皮肤的＿＿＿＿、＿＿＿＿和＿＿＿＿由其发育而来。
6. 蛙的内胚层由＿＿＿＿细胞形成。＿＿＿＿和＿＿＿＿以及由消化道上皮特化而来的各种＿＿＿＿由其发育而来。
7. 蛙的中胚层主要是由＿＿＿＿细胞形成的。＿＿＿＿和＿＿＿＿构成的运动系统、皮肤的真皮、整个循环系统、排泄系统、生殖系统及内脏器官的外膜等由其发育而来。

三、单项选择题

1. 蛙卵的受精和受精卵的发育分别是（　　）。
   A. 体内受精和体内发育　　　　　　B. 体内受精和体外发育
   C. 体外受精和体内发育　　　　　　D. 体外受精和体外发育
2. 在荠菜胚的发育过程中,子叶来自（　　）。
   A. 顶细胞　　　B. 基细胞　　　C. 泡状细胞　　　D. 胚乳细胞
3. 胚乳核中染色体为$3N$,由雌雄双方提供的染色体情况是（　　）。
   A. 父方$2N$,母方N　　　　　　B. 父方N,母方$2N$
   C. 均由母方提供　　　　　　　　D. 均由父方提供

4. 胚胎发育中的原肠胚,最重要的特征和最有意义的变化是(　　)。
   A. 具有囊胚腔和原肠腔,原肠腔不断扩大
   B. 具有囊胚腔和原肠腔,囊胚腔不断缩小
   C. 具有三个胚层,出现组织和器官的分化
   D. 具有三个胚层,细胞开始分化

5. 鸡的胚后发育是指(　　)。
   A. 从孵卵开始到成体　　　　　B. 从孵卵破壳到性成熟的个体
   C. 变态发育　　　　　　　　　D. 从孵卵破壳后到死亡

6. 高等动物个体发育的两个阶段是(　　)。
   A. 胚胎发育和器官形成　　　　B. 受精卵发育成幼体
   C. 胚胎发育和胚后发育　　　　D. 卵生动物的孵化和胎生动物的出生

7. 高等动物的胚胎发育是(　　)。
   A. 精子和卵细胞的结合　　　　B. 受精卵发育成为幼体
   C. 幼体从卵膜内孵化出来　　　D. 幼体从母体生出来

8. 原肠胚期是动物胚发育过程的一个重要转折阶段,其原因主要是胚体(　　)。
   A. 表面有胚等结构　　　　　　B. 有脊腹和前后端的区分
   C. 内部形成原肠腔　　　　　　D. 细胞分化形成三个胚层

9. 蛙胚发育过程中,不均等的细胞分裂发生于卵裂的(　　)。
   A. 第一次分裂　　　　　　　　B. 第二次分裂
   C. 第三次分裂　　　　　　　　D. 胚后发育

10. 下列属于个体发育的是(　　)。
    A. 家蚕的卵发育成蚕　　　　　B. 雏鸡发育成大公鸡
    C. 蛙的受精卵发育成蛙　　　　D. 水稻种子萌发长成水稻

11. 蛙原肠胚外胚层细胞来源于(　　)。
    A. 植物极一端的细胞
    B. 动物极一端的细胞
    C. 既有植物极一端的细胞,又有动物极一端的细胞
    D. 不确定

12. 下列正确表示高等动物个体发育顺序的是(　　)。
    A. 受精卵—幼体—成体
    B. 卵细胞—幼体—成体
    C. 受精卵—卵裂—囊胚—原肠胚—组织器官分化—幼体—成体
    D. 卵—卵裂—囊胚—原肠胚—组织器官分化—幼体

四、多项选择题

1. 下面对于蛙受精卵的叙述,正确的有(　　)。
   A. 动物极朝上,植物极朝下　　　B. 动物极含色素少,植物极含色素多
   C. 动物极含卵黄少,植物极含卵黄多　D. 动物极吸收热量多,植物极吸收热量少

2. 下列关于被子植物个体发育的叙述中,错误的有(　　)。
　　A. 个体发育的起点是种子的萌发
　　B. 多数双子叶植物无胚乳的发育,形成无胚乳的种子
　　C. 胚乳的发育先于胚的发育
　　D. 花芽的形成标志着生殖生长的开始和营养生长的停止
3. 下列关于蛙胚的发育表述,正确的有(　　)。
　　A. 第三次卵裂时,分裂面与卵轴垂直,但偏向植物极一方
　　B. 受精卵经过 3 次卵裂,得到 8 个细胞的胚
　　C. 皮肤的表皮是由外胚层发育而来
　　D. 肠腺是由内胚层发育而来

五、判断题

1. 高等植物的个体发育主要指裸子植物的个体发育。　　　　　　　　(　　)
2. 被子植物受精卵的第一次分裂,大多数为均等的横裂。　　　　　　(　　)
3. 被子植物胚的发育过程中,胚根与胚芽之间的细胞形成胚轴。　　　(　　)
4. 胚后发育是指受精卵发育成成体。　　　　　　　　　　　　　　　(　　)
5. 蛙的受精卵分为动物极和植物极。　　　　　　　　　　　　　　　(　　)
6. 蛙原肠胚的外面生有胚孔。　　　　　　　　　　　　　　　　　　(　　)
7. 高等动物的骨髓是由中胚层发育而来的。　　　　　　　　　　　　(　　)
8. 蝌蚪和蛙都是靠肺呼吸。　　　　　　　　　　　　　　　　　　　(　　)
9. 鸡的胚后发育属于变态发育。　　　　　　　　　　　　　　　　　(　　)

六、简答题

1. 高等植物的个体发育包括哪些过程?

2. 高等动物的个体发育包括哪些过程?

第四节　植物生命活动的调节

一、名词解释

1. 植物激素
2. 植物的向性运动
3. 顶端优势

二、填空题

1. _____是发现最早、研究最多、在植物体内存在最普遍的一种植物激素。
2. 植物体受到单一方向的外界刺激而引起的定向运动称为_____。
3. 生长素的作用具有_____：既能_____生长，也能_____生长；既能_____发芽，也能_____发芽；既能防止落花落果，也能_____。
4. 脱落酸简称_____，是一种天然的植物_____剂，能_____植物器官的形成和生长。
5. _____对果实成熟、棉铃开裂、水稻的灌浆与成熟都有显著效果。
6. 植物的_____优先生长而_____受抑制的现象叫作顶端优势。

三、单项选择题

1. 顶端优势是由于（　　）。
   A. 顶芽生长素浓度过高　　　　　　　　B. 侧芽生长素浓度过高
   C. 顶芽、侧芽生长素浓度相等　　　　　D. 顶芽生长素浓度大于侧芽浓度
2. 摘除植物的顶芽后，侧芽将会因生长素浓度的变更而影响生长，具体变更是（　　）。
   A. 生长素浓度提升，生长受抑制　　　　B. 生长素浓度提升，侧芽发育成侧枝
   C. 生长素浓度降低，侧芽发育成侧枝　　D. 生长素浓度降低，生长受抑制
3. 农业上用生长素类似物 2,4-D 进行麦田除草，其原理是（　　）。
   A. 高浓度抑制杂草生长　　　　　　　　B. 高浓度促进杂草生长
   C. 低浓度抑制杂草生长　　　　　　　　D. 高浓度促进小麦生长
4. 把成熟的苹果与未成熟的香蕉密封在一起，可促进香蕉成熟，这是由于苹果放出了（　　）。
   A. CO_2　　　　　B. 乙烯　　　　　C. 脱落酸　　　　　D. 生长素
5. 能抑制细胞分裂，促进叶和果实的苍老和脱落，促进种子休眠，抑制发芽的物质是（　　）。
   A. 生长素　　　　　B. 细胞分裂素　　　C. 乙烯　　　　　D. 脱落酸
6. 对长日照植物有抑制开花作用的是（　　）。
   A. 脱落酸　　　　　B. 乙烯　　　　　C. 细胞分裂素　　　D. 赤霉素
7. 下列关于生长素作用的表述，正确的是（　　）。
   A. 低浓度促进生长，高浓度抑制生长
   B. 同一植物的生殖器官比营养器官敏感
   C. 芽比根敏感，茎比芽敏感，衰老细胞比幼嫩细胞敏感
   D. 单子叶植物比双子叶植物敏感
8. 下列不属于赤霉素生理作用的是（　　）。
   A. 促进生长　　　　　　　　　　　　　B. 诱导开花
   C. 促进分化雄花　　　　　　　　　　　D. 促进果实脱落
9. 下列关于细胞分裂素生理作用的表述，不对的是（　　）。
   A. 促进细胞分裂和扩大　　　　　　　　B. 诱导芽的分化
   C. 促进休眠　　　　　　　　　　　　　D. 促进侧芽发芽，消除顶端优势

四、多项选择题

1. 下列属于植物激素的有（　　）。
   A. 脱落酸　　　　　B. 生长素　　　　　C. 细胞分裂素　　　　　D. 乙烯
2. 下列关于植物激素的表述，正确的有（　　）。
   A. 植物激素在植物体内合成
   B. 植物激素是从产生部位运输到作用部位
   C. 植物激素具有显著的调节作用
   D. 植物激素是植物体合成的微量有机物
3. 下列属于细胞分裂素的作用的有（　　）。
   A. 促进细胞分裂和扩大　　　　　　B. 诱导芽的分化
   C. 使植物的顶端优势明显　　　　　D. 打破种子休眠
4. 下列表述正确的有（　　）。
   A. 一般认为细胞分裂素在根尖形成
   B. 赤霉素主要是促进茎、叶伸长，增加株高
   C. 需光种子，用细胞分裂素处理可代替光照打破种子休眠，促进其萌发
   D. 乙烯主要是抑制茎的伸长生长，促进茎或根的横向增粗及茎的横向生长

五、判断题

1. 对于同一植物的不同器官来说，一般生殖器官比营养器官敏感。（　　）
2. 脱落酸的作用与生长素、赤霉素和细胞分裂素相对抗。（　　）
3. 脱落酸可增强植物的抗旱能力，是一种内生抗蒸腾剂。（　　）
4. 赤霉素处理的植物都能在短日照条件下开花。（　　）
5. 细胞分裂素主要是促进细胞分裂，调节细胞质分裂，并导致细胞扩大。（　　）
6. 乙烯能促进黄瓜雄花分化。（　　）
7. 赤霉素促进雄花分化。（　　）

六、简答题

1. 简述生长素的生理作用。

2. 简述赤霉素在植物生产上的作用。

3. 简述细胞分裂素在植物生产中的作用。

4. 简述脱落酸的生理作用。

5. 简述乙烯在植物生产上的作用。

第五节　动物的内分泌调节

一、名词解释
激素

二、填空题
1. 内分泌腺包括脑_____、_____、_____和_____，此外还有位于非内分泌器官内的具有_____的细胞群，如胰脏内的_____、睾丸内的_____、卵巢内的_____和_____等。
2. 腺垂体的远侧部和结节部称为_____，其中中间部和神经部则称为_____。
3. 脑垂体可划分为_____和_____两部分。
4. 腺垂体前叶分泌_____、_____、_____、_____、_____、_____、_____七种激素。
5. 卵巢的生长发育主要由_____和_____控制。
6. 视上核能分泌_____，室旁核能分泌_____。
7. 甲状腺激素的主要作用是促进机体的_____与_____。
8. 甲状旁腺素的主要作用是调节_____代谢，维持_____和_____浓度的相对稳定。

9. 胰岛是分散于胰腺中大小_____的细胞群组成。主要有_____和_____两种细胞。A细胞分泌_____，B细胞分泌_____。

三、单项选择题

1. 下列关于高等动物激素的叙述，正确的是（　　）。
   ①由无导管的腺体分泌　②直接进入血液　③激素的化学成分都是蛋白质　④血液里含量极少，但对动物起重要的调节作用
   A. ①④　　　　　　B. ①②④　　　　　　C. ①③④　　　　　　D. ①②③

2. 下丘脑分泌的促甲状腺激素释放激素发挥作用的靶器官是（　　）。
   A. 下丘脑　　　　　B. 甲状腺　　　　　　C. 垂体　　　　　　　D. 全身组织

3. 下列属于由神经垂体分泌，具有调节人体内水平衡作用的激素是（　　）。
   A. 抗利尿激素　　　　　　　　　　　　　B. 生长激素
   C. 促甲状腺激素　　　　　　　　　　　　D. 黄体生成素

4. 下列激素中，不属于下丘脑产生的是（　　）。
   A. 生长激素释放激素　　　　　　　　　　B. 促肾上腺皮质激素
   C. 促性腺激素释放激素　　　　　　　　　D. 促甲状腺素释放激素

5. 下列不属于内分泌腺的是（　　）。
   A. 甲状旁腺　　　　B. 脑垂体　　　　　　C. 松果体　　　　　　D. 乳腺

6. 能使皮肤和被毛颜色加深的激素是（　　）。
   A. 促肾上腺皮质激素　　　　　　　　　　B. 促黑色素细胞激素
   C. 促甲状腺激素　　　　　　　　　　　　D. 促黄体生成激素

7. 能促进生长发育期母畜乳腺的发育生长并维持泌乳，刺激促黄体激素受体生成的激素是（　　）。
   A. 催乳素　　　　　　　　　　　　　　　B. 催产素
   C. 促黄体生成激素　　　　　　　　　　　D. 促肾上腺皮质激素

8. 产生肾上腺素的内分泌腺是（　　）。
   A. 甲状腺　　　　　　　　　　　　　　　B. 肾上腺髓质
   C. 肾上腺皮质　　　　　　　　　　　　　D. 甲状旁腺

9. 产生胰高血糖素的内分泌腺是（　　）。
   A. 甲状腺　　　　　B. 肾上腺髓质　　　　C. 肾上腺皮质　　　　D. 胰岛

10. 胰岛素分泌不足可导致（　　）。
    A. 呆小症　　　　　B. 侏儒症　　　　　　C. 巨人症　　　　　　D. 糖尿病

11. 甲状旁腺素的生理作用是（　　）。
    A. 升高血钙　　　　B. 降低血钙　　　　　C. 升高血糖　　　　　D. 降低血糖

12. 分泌胰岛素的是（　　）。
    A. A细胞　　　　　B. B细胞　　　　　　C. D细胞　　　　　　D. PP细胞

13. 分泌胰高血糖素的是（　　）。
    A. A细胞　　　　　B. B细胞　　　　　　C. D细胞　　　　　　D. PP细胞

14. 肾上腺皮质的作用不包括（　　）。
    A. 分泌盐皮质激素　　　　　　　　B. 分泌糖皮质激素
    C. 分泌微量性激素　　　　　　　　D. 分泌肾上腺素
15. 具有促进卵泡发育成熟作用的是（　　）。
    A. 促卵泡激素　　　　　　　　　　B. 促黄体生成激素
    C. 促甲状腺激素　　　　　　　　　D. 促肾上腺皮质激素
16. 下列不是由腺垂体分泌的是（　　）。
    A. 促甲状腺激素　　　　　　　　　B. 促黄体生成激素
    C. 催产素　　　　　　　　　　　　D. 催乳素
17. 下列不属于生长激素的作用的是（　　）。
    A. 促进蛋白质合成　　　　　　　　B. 升高血糖
    C. 促进脂肪分解　　　　　　　　　D. 参与体内水盐代谢的调节

四、多项选择题

1. 下列属于外分泌腺的有（　　）。
    A. 消化腺　　　　B. 汗腺　　　　C. 乳腺　　　　D. 甲状腺
2. 以下属于腺垂体前叶分泌的激素的有（　　）。
    A. 生长激素　　　　　　　　　　　B. 催乳素
    C. 促卵泡激素　　　　　　　　　　D. 促甲状腺激素
3. 以下属于肾上腺皮质部分泌的激素的有（　　）。
    A. 盐皮质激素　　B. 糖皮质激素　　C. 催乳素　　　D. 性激素
4. 下列属于胰岛素作用的有（　　）。
    A. 促进肝糖原生成和葡萄糖分解，及由糖转变为脂肪，从而使血糖降低
    B. 促进体内脂肪的贮存，抑制脂肪的分解，使血中游离脂肪酸减少
    C. 促进氨基酸进入细胞内，使细胞内蛋白质合成加快
    D. 提高中枢神经系统的兴奋性，使机体处于警觉状态，以利于应付紧急情况

五、判断题

1. 激素是外分泌腺或外分泌细胞分泌的一种特殊高效的化学物质。　　　　（　　）
2. 脑垂体可划分为腺垂体（包括远侧部、结节部和中间部）和神经垂体（神经部和漏斗部）两部分。　　　　　　　　　　　　　　　　　　　　　　　　　　　　（　　）
3. 腺垂体的后叶分泌生长激素、催乳素、促黑色素细胞激素、促肾上腺皮质激素、促甲状腺激素、促卵泡激素、促黄体生成激素七种激素。　　　　　　　　　　（　　）
4. 胰岛素能调控血糖使其降低，胰高血糖素则是使血糖升高。　　　　　　（　　）
5. 肾上腺皮质部分泌肾上腺素和去甲肾上腺素两种激素。　　　　　　　　（　　）
6. 性激素具有促进性器官成熟、副性征发育及维持性功能等作用。　　　　（　　）
7. 去甲肾上腺素能使气管和消化道平滑肌舒张，胃肠运动减弱。　　　　　（　　）
8. 催产素对子宫有较强的促进收缩作用，有利于分娩。　　　　　　　　　（　　）
9. 催乳素和催产素都是由神经垂体分泌的激素。　　　　　　　　　　　　（　　）

六、简答题

1. 腺垂体前叶分泌的激素有哪些？

2. 肾上腺分泌的激素有哪些？

3. 简述胰岛素的作用。

第六节　动物的神经调节

一、名词解释
反射

二、填空题
1. 动物神经系统的基本结构和功能单位是_____。
2. 神经调节的基本形式是_____。
3. 反射活动的结构基础是_____。反射弧包括_____、_____、_____、_____和_____。
4. 反射分为_____和_____。

三、单项选择题
1. 植物性神经不能支配的器官是(　　)。
　　A. 心肌　　　　　　B. 骨骼肌　　　　　C. 腺体　　　　　　D. 平滑肌
2. 神经受刺激后产生的兴奋的传导方式是(　　)。
　　A. 刺激　　　　　　B. 兴奋　　　　　　C. 神经冲动　　　　D. 信息
3. 脊神经节中的神经细胞体属于(　　)。
　　A. 运动神经元的胞体　　　　　　　　　B. 中间神经元的胞体
　　C. 感觉神经元的胞体　　　　　　　　　D. 运动神经元和中间神经元
4. 以下各项属于非条件反射的是(　　)。
　　A. 看到话梅时流唾液　　　　　　　　　B. 吃话梅时流唾液
　　C. 老马识途　　　　　　　　　　　　　D. 小孩望见拿针管的医生就哭

5. 动物体能够成为一个统一的整体来进行各项生命活动,并与外界环境相适应,其主要取决于(　　)。
   A. 体液调节　　　　B. 激素调节　　　　C. 神经调节　　　　D. 激素和体液调节

四、多项选择题

1. 反射弧包括(　　)。
   A. 感受器　　　　　　　　　　　　B. 传入神经
   C. 神经中枢　　　　　　　　　　　D. 传出神经和效应器
2. 下列关于神经系统功能的表述,正确的有(　　)。
   A. 产生激素　　　　　　　　　　　B. 分析功能或感觉功能
   C. 躯体运动功能　　　　　　　　　D. 脏腑功能或植物性功能
3. 躯体神经分布于(　　)。
   A. 平滑肌　　　　B. 体表　　　　C. 骨骼肌　　　　D. 腺体

五、判断题

1. 内分泌系统是动物在生命活动中起主导作用的整合和调节机构。(　　)
2. 条件反射是在后天生活经验的基础上而建立的,反映直接联系和间接联系,是后天性反射。(　　)
3. 反射过程任何一个环节中断,反射都不能发生。(　　)
4. 神经元的细胞体主要分布在周围神经系统中。(　　)
5. 外周神经根据其分布的对象不同,可分为躯体神经和植物性神经。(　　)
6. 在中枢内神经元胞体的集团称神经节,在外周神经中,神经元胞体集中的地方称神经核。(　　)

六、简答题

1. 简述神经系统的功能。

2. 简述反射弧的组成。

第六章 生物与环境

第一节 生态因素对生物的影响

一、名词解释
1. 生态因素
2. 种内关系
3. 种内互助
4. 种内斗争
5. 种间关系
6. 共生
7. 竞争
8. 捕食

二、填空题
1. 生态因素是指对生物有影响的各种_____因素,常直接作用于个体和群体,主要影响个体生存和繁殖、种群分布和数量、群落结构和功能等。
2. 一般将生态因素分为两大类:_____和生物因素。
3. 非生物因素主要包括温度、水分、_____等理化因素。
4. 生物因素包括同种和异种的生物个体,前者形成_____关系,后者形成种间关系,如捕食、竞争、寄生、互利共生等。
5. 通常非生物因素的影响是平均的、无差别的,所以非生物因素对整个种群的影响是_____。
6. 生物因素对种群的影响,通常与种群本身的_____有关,而非生物因素与种群无关。
7. 生态环境中各种生态因素都是在其他因素的相互联系、相互制约中发挥作用的,任何一个单因素的变化,都必将引起其他因素不同程度的_____。
8. 对生物起作用的诸多因素中,其中必有一个或两个是对生物起决定性作用的生态因素,称为_____。
9. 生态因素对生物的作用具有阶段性,这种阶段性是由生态环境的_____所造成的。
10. 环境中各种生态因素对生物的作用虽然不尽一样,但都各具有重要性,不可缺少;但是某一个因素的数量缺乏,有时可以靠另外一个因素的加强而得到调剂和_____。

三、单项选择题

1. 下列关于生态因素对生物影响的说法,错误的是(　　)。
   A. 光是决定水体中生物群落垂直分布的主要因素
   B. 某种生物的生存往往受多种生态因素的综合作用
   C. 决定植物在长江流域海拔 1000～1200 m 以上和以下分布的是海拔高度
   D. 某种生物的生存可能受温度、湿度等多种生态因素的影响
2. 下列不是生态因素作用的特征是(　　)。
   A. 综合作用　　　B. 主导作用　　　C. 单一作用　　　D. 相互制约
3. 下列关于光照对生物影响的说法,正确的是(　　)。
   A. 光照强度对植物的光合作用没有影响　　B. 光照时间不影响动物的繁殖
   C. 阳生植物需要较低强度的光照　　D. 光照时间和光质都会影响植物的开花
4. 下列不属于非生物因素的是(　　)。
   A. 温度　　　B. 湿度　　　C. 捕食关系　　　D. 日照
5. 下列关于温度对生物影响的说法,错误的是(　　)。
   A. 温度可以影响生物的生长发育　　B. 温度可以影响生物的分布
   C. 温度对生物的影响是单一的　　D. 温度可以影响生物的繁殖
6. 下列不是生物因素作用的特点是(　　)。
   A. 影响范围有限　　B. 通常只涉及种群的一部分个体
   C. 与种群密度无关　　D. 形成种内和种间关系
7. 下列关于水分对生物影响的说法,正确的是(　　)。
   A. 水分对生物没有影响　　B. 水分只影响植物的生长
   C. 水分可以影响动物的分布　　D. 水分对生物的影响是次要的
8. 下列对水域生态系统中生物的垂直分布影响最大的生态因素是(　　)。
   A. 温度　　　B. 湿度　　　C. 光照　　　D. 矿物质含量
9. 下列关于生态因素综合作用的说法,正确的是(　　)。
   A. 每个生态因素都是单独起作用的
   B. 生态因素的作用是相互独立的
   C. 生态因素的综合作用是指它们共同影响生物
   D. 生态因素的综合作用是指它们的作用效果相同
10. 下列不是生态因素对生物种群影响的是(　　)。
    A. 影响个体生存和繁殖　　B. 影响种群分布和数量
    C. 影响群落结构和功能　　D. 影响生物体的基因突变
11. 下列关于生态因素主导作用的说法,错误的是(　　)。
    A. 主导作用是指某种因素对整个环境有重要影响
    B. 主导作用的存在与否和强度的变化会影响生物的生长发育
    C. 在不同环境中主导作用是完全相同的
    D. 主导作用的变化会引起部分或全部生态因素的变化

12. 下列对森林生态系统中的植物影响最大的生态因素是（　　）。
    A. 水分　　　　　　B. 光照　　　　　　C. 温度　　　　　　D. 土壤湿度
13. 下列关于生态因素对动物种群影响的说法，正确的是（　　）。
    A. 非生物因素对整个种群的影响是不相等的
    B. 生物因素的影响通常涉及种群的所有个体
    C. 生物因素和非生物因素的影响都与动物种群本身密度有关
    D. 生物间的相互依赖关系不如有机体与非生物因素的关系复杂
14. 直接影响植物分布的主要生态因素不包括（　　）。
    A. 光照　　　　　　B. 温度　　　　　　C. 土壤类型　　　　D. 海拔高度
15. 下列关于生态因素对生物群落影响的说法，正确的是（　　）。
    A. 生态因素只影响生物群落的垂直结构
    B. 生态因素只影响生物群落的水平结构
    C. 生态因素可以影响生物群落的垂直和水平结构
    D. 生态因素对生物群落没有影响
16. 下列关于生态因素对生物影响的说法，错误的是（　　）。
    A. 生态因素对生物的影响是复杂的　　　B. 生态因素对生物的影响是单一的
    C. 生态因素对生物的影响是相互制约的　D. 生态因素对生物的影响是综合的
17. 下列对荒漠生态系统中的植物影响最大的生态因素是（　　）。
    A. 光照　　　　　　B. 水分　　　　　　C. 温度　　　　　　D. 土壤肥力
18. 影响动物繁殖的生态因素不包括（　　）。
    A. 光照时间　　　　B. 食物供给　　　　C. 天敌数量　　　　D. 土壤类型
19. 下列关于生态因素对生物群落结构影响的说法，正确的是（　　）。
    A. 生态因素只影响生物群落的种类组成
    B. 生态因素只影响生物群落的空间配置
    C. 生态因素可以影响生物群落的种类组成和空间配置
    D. 生态因素对生物群落结构没有影响
20. 下列关于生态因素对生物影响的说法，错误的是（　　）。
    A. 生态因素对生物的影响是普遍存在的　B. 生态因素对生物的影响是恒定的
    C. 生态因素对生物的影响是复杂的　　　D. 生态因素对生物的影响是相对的

四、判断题

1. 温度对生物的生长和发育没有影响。　　　　　　　　　　　　　　　　（　　）
2. 光照强度对植物的光合作用没有直接影响。　　　　　　　　　　　　　（　　）
3. 水分是生物体不可或缺的生态因素，对所有生物都至关重要。　　　　　（　　）
4. 空气中的二氧化碳浓度对植物的生长没有影响。　　　　　　　　　　　（　　）
5. 土壤酸碱度对生长在其中的植物没有影响。　　　　　　　　　　　　　（　　）
6. 风对生物的影响仅限于物理上的吹拂和移动。　　　　　　　　　　　　（　　）
7. 所有生物都能适应极端的气候条件。　　　　　　　　　　　　　　　　（　　）

8. 盐分对水生生物的生长和繁殖没有影响。（　　）
9. 生物对生态因素的适应是绝对的,不会发生变化。（　　）
10. 地形地貌对生物分布没有影响。（　　）
11. 生物群落中的种间关系不受生态因素的影响。（　　）
12. 生态因素的综合作用对生物的影响是简单的叠加效应。（　　）
13. 生物对生态因素的耐受范围是一成不变的。（　　）
14. 生态因素对生物的影响是单向的,即生态因素影响生物,而生物不能影响生态因素。（　　）
15. 所有生态因素对生物的影响都是等价的。（　　）

五、简答题

1. 影响生物的形态、生理和分布的生态因素有哪些？

2. 影响生物的形态、生理和分布的主要非生物因素有哪些？试举例说明。

3. 生物与其生存环境中的生物因素的关系有哪些？

第二节　生态系统与生物圈

一、名词解释

1. 种群
2. 种群密度
3. 生物群落
4. 生态系统
5. 生物圈
6. 食物链
7. 食物网

8. 物质循环
9. 生态平衡
10. 生态系统的稳定性

二、填空题

1. 生态系统是指在一定空间内,生物群落与其所处的非生物环境之间,通过物质循环和能量流动而相互作用的统一整体,包括生物部分和_____部分。
2. 生态系统的结构主要包括生态系统的组成成分、食物链和_____。
3. 生物圈包括地球上有生命存在和由生命过程变化和转变的空气、陆地、岩石圈和水,是地球上最大的_____系统。
4. 在生态系统中,非生物的物质和能量是生态系统存在的基础,而生物群落中的各种生物则通过食物关系形成复杂的_____结构。
5. 生物圈为生物提供了营养物质、阳光、空气、水、适宜的温度和一定的生存空间等生存的_____条件。
6. 生态系统的自动调节能力是有一定限度的,当外界干扰因素的强度超过一定限度时,生态系统就可能遭到严重的破坏,甚至导致_____。
7. 生物圈中的物质循环具有全球性,是指组成生物体的基本元素在生物群落与无机环境之间的循环过程,包括_____循环、氮循环、磷循环等。
8. 生物多样性包括遗传多样性、物种多样性和_____多样性三个层次。
9. 生态系统的稳定性包括抵抗力稳定性和_____稳定性两个方面。
10. 生物圈中的生物之间通过食物关系形成复杂的食物链和食物网,这是生态系统进行_____和能量流动的主要渠道。

三、单项选择题

1. 生态系统的基本组成部分不包括（　　）。
   A. 生物群落　　　　　　　　　　B. 非生物环境
   C. 能量流动　　　　　　　　　　D. 食物链
2. 生物圈是指（　　）。
   A. 地球上所有生物的总和　　　　B. 地球上所有生物及其生存环境的总和
   C. 地球上所有非生物环境的总和　D. 地球上最大的生态系统
3. 生态系统中的生产者不包括（　　）。
   A. 绿色植物　　B. 蓝藻　　C. 硝化细菌　　D. 蚯蚓
4. 食物链的起点通常是（　　）。
   A. 初级消费者　B. 次级消费者　C. 生产者　　D. 分解者
5. 下列过程不属于生态系统的物质循环的是（　　）。
   A. 碳循环　　　B. 氮循环　　C. 磷循环　　D. 能量循环
6. 生物多样性的三个层次不包括（　　）。
   A. 遗传多样性　　　　　　　　　B. 物种多样性
   C. 生态系统多样性　　　　　　　D. 景观多样性

7. 下列过程描述了生物群落与无机环境之间的物质交换的是（　　）。
   A. 食物链　　　　　B. 食物网　　　　　C. 营养级　　　　　D. 物质循环
8. 下列生态系统最稳定的是（　　）。
   A. 热带雨林　　　　B. 温带落叶林　　　C. 温带草原　　　　D. 苔原
9. （　　）不是生物圈中的非生物因素。
   A. 阳光　　　　　　B. 空气　　　　　　C. 水　　　　　　　D. 土壤中的微生物
10. 下列过程描述了生态系统中的能量流动的是（　　）。
    A. 生产者通过光合作用制造有机物　　　B. 分解者将有机物分解为无机物
    C. 消费者通过捕食获取能量　　　　　　D. 能量从分解者流向生产者
11. 下列生态系统最容易受到人类活动的影响的是（　　）。
    A. 热带雨林　　　　B. 深海　　　　　　C. 高山　　　　　　D. 极地
12. 生物多样性的保护措施不包括（　　）。
    A. 建立自然保护区　　　　　　　　　　B. 迁地保护
    C. 引入外来物种　　　　　　　　　　　D. 加强法制教育和管理
13. 下列不属于生物群落内部生物之间的相互作用的是（　　）。
    A. 竞争　　　　　　B. 捕食　　　　　　C. 共生　　　　　　D. 捕食
14. 下列生态系统中的生物种类最少的是（　　）。
    A. 热带雨林　　　　B. 温带草原　　　　C. 沙漠　　　　　　D. 淡水湖泊
15. 下列过程描述了生物群落与无机环境之间的能量交换的是（　　）。
    A. 光合作用　　　　B. 呼吸作用　　　　C. 蒸腾作用　　　　D. 分解作用
16. 下列不属于生物群落内部生物之间的信息传递的是（　　）。
    A. 行为信息　　　　B. 化学信息　　　　C. 物理信息　　　　D. 保护色
17. 下列生态系统中的生物量（生物的总重量）最大的是（　　）。
    A. 热带雨林　　　　B. 温带草原　　　　C. 沙漠　　　　　　D. 苔原
18. 下列过程描述了生物群落与非生物环境之间的水分交换的是（　　）。
    A. 蒸腾作用　　　　B. 降水　　　　　　C. 地表径流　　　　D. 地下水循环
19. 下列生态系统中的生物种类和数量受季节变化影响最大的是（　　）。
    A. 热带雨林　　　　B. 温带草原　　　　C. 沙漠　　　　　　D. 海洋
20. 保护生物多样性的有效措施不包括（　　）。
    A. 禁止捕猎和贩卖野生动物　　　　　　B. 禁止砍伐森林和破坏植被
    C. 大量引入外来物种以增加生物多样性　D. 加强国际合作，共同保护生物多样性

四、判断题

1. 生态系统是指在一定空间内，生物群落与其非生物环境之间通过物质循环和能量流动而形成的相互作用、相互依存的统一整体。（　　）
2. 生态系统中的能量流动是单向的，不能循环使用。（　　）
3. 生态系统中的物质循环是指组成生物体的基本元素在生物群落与无机环境之间的循环过程。（　　）

4. 食物链和食物网是生态系统中能量流动和物质循环的主渠道。 ( )
5. 生态系统的稳定性是指生态系统所具有的保持或恢复自身结构和功能相对稳定的能力。 ( )
6. 生物多样性是指在一定时间和一定地区所有生物物种及其遗传变异和生态系统复杂性的总称。 ( )
7. 生态系统的自动调节能力与其营养结构的复杂程度密切相关,营养结构越复杂,自动调节能力越强。 ( )
8. 热带雨林是地球上物种最丰富的地区之一,其自动调节能力非常强,永远不会被破坏。 ( )
9. 草原生态系统分布在干旱地区,年降雨量很少,植被以低矮的草类为主,动物多为挖洞或快速奔跑的类型。 ( )
10. 海洋生态系统是地球上最大的生态系统,其生物量也最大。 ( )
11. 淡水生态系统包括河流生态系统、湖泊生态系统、池塘生态系统等,其生物种类和数量相对较少。 ( )
12. 农田生态系统是人工生态系统,其生物种类和数量受人类活动的影响很大。 ( )
13. 城市生态系统是人类活动对自然环境影响最大的生态系统,其自动调节能力非常弱。 ( )
14. 生物富集作用是指生物体通过食物链不断积累某种难以分解的有毒物质的现象。 ( )
15. 生态系统的信息传递对于生物种群的繁衍、个体行为的调节以及生物群落的稳定都有重要作用。 ( )
16. 生态系统的抵抗力稳定性是指生态系统抵抗外界干扰并使自身的结构与功能保持原状的能力。 ( )
17. 生态系统的恢复力稳定性是指生态系统在遭到外界干扰因素的破坏以后恢复到原状的能力。 ( )
18. 全球气候变化对生态系统的影响主要体现在温度升高、降水模式改变等方面。 ( )
19. 生态系统中的生产者主要是指绿色植物,它们通过光合作用将无机物转化为有机物。 ( )
20. 生态系统中的消费者主要是指动物,它们直接或间接以植物为食。 ( )
21. 生态系统中的分解者主要是指营腐生生活的细菌和真菌,它们将动植物的遗体和动物的粪便分解成无机物。 ( )

五、简答题

1. 生物群落有哪些基本特征?

2. 生态系统的结构包括哪几方面？

3. 生态系统的主要功能是什么？

4. 生态系统如何进行能量流动？

5. 生态系统如何进行物质循环？

6. 生态系统中能量流动和物质循环有何联系？

7. 什么叫食物链、食物网？两者在生态系统中有什么意义？

8. 如何建立起良性循环的农业生态系统？

第三节　生物安全

一、名词解释
1. 生物安全
2. 外来物种

3. 环境污染
4. 温室效应
5. 生物富集作用
6. 富营养化
7. 土壤污染

二、填空题

1. 外来入侵物种是指被引入或散布到其原有生活区域之外,并_____的物种。
2. 外来物种入侵会对国内的种植业、林业、畜牧业等造成严重危害,_____。
3. 外来物种入侵的防控需要坚持_____、源头管控、综合治理、协同配合、公众参与的原则。
4. 外来物种入侵的三种主要途径包括自然入侵、_____和无意引种。
5. 外来物种入侵会因其可能携带的_____而对其他生物的生存甚至对人类健康构成直接威胁。
6. 酸雨主要由_____等酸性气体的大量排放造成,使土壤和河流酸化,影响水生生物和陆生植物的生存。
7. 农药等有害化学药品会造成环境污染,通过_____在生物体内不断积累,对包括人类在内的多种生物造成危害。
8. 重金属如 Hg、Pb 等对生物体的生命活动有毒害作用,会通过_____在生物体内大量浓缩,从而产生严重的危害。
9. 温室效应是指全球_____等温室气体的排放量不断增加,导致地球平均气温不断升高的现象,会使一些地区更加干旱,造成农作物减产。
10. 臭氧层破坏与人类大量使用含氟利昂的冰箱和空调有关,会导致大量_____辐射到地面,危害人类和其他生物的健康。
11. 空气中高浓度的硫化物会对植物造成气孔关闭或_____的影响。
12. 水体中过量的农药会导致水生生物_____。
13. 土壤中过量的铅元素会对植物的_____功能造成影响。
14. 水体富营养化会导致水中_____过剩生长,影响水质。
15. 生物体内长期积累的汞元素会对神经系统造成_____。

三、单项选择题

1. 外来入侵物种是指( )。
   A. 本地区的有害物种
   B. 从一个地区进入另一个地区的物种
   C. 本地区的有益物种
   D. 本地区的常见物种
2. 下列关于外来物种入侵的说法,错误的是( )。
   A. 外来物种入侵会丰富当地的生物多样性
   B. 外来物种入侵可能会导致当地物种的灭绝
   C. 外来物种入侵可能会对当地生态环境造成破坏
   D. 外来物种入侵可能会带来一些疾病和灾害

3. 下列外来物种中,对我国生态环境危害最大的是(　　)。
   A. 玉米　　　　　　B. 土豆　　　　　　C. 辣椒　　　　　　D. 水葫芦
4. 下列措施中,不能有效防止外来物种入侵的是(　　)。
   A. 加强检疫,防止外来物种进入　　　　B. 控制外来物种的繁殖和扩散
   C. 对入侵物种进行及时的清理和消灭　　D. 大量使用化学农药,杀死入侵物种
5. 外来物种入侵的主要途径不包括(　　)。
   A. 自然入侵　　　　B. 有意引种　　　　C. 无意引种　　　　D. 人为饲养
6. 环境污染对生物的主要影响包括(　　)。
   A. 光合作用增强　　　　　　　　　　　B. 增加基因多样性
   C. 引发基因突变　　　　　　　　　　　D. 提高生物生长速度
7. 下列污染物对水生生物的影响最为严重的是(　　)。
   A. 二氧化碳　　　　B. 氮氧化物　　　　C. 重金属　　　　　D. 水蒸气
8. 大气中的氮氧化物对植物的影响表现为(　　)。
   A. 促进光合作用　　　　　　　　　　　B. 降低叶绿素含量
   C. 增加水分蒸发　　　　　　　　　　　D. 增加土壤肥力
9. 水体中过量的化学肥料通常会导致(　　)。
   A. 水生植物繁茂　　B. 鱼类生长减缓　　C. 河流变得透明　　D. 藻类减少繁殖
10. 河流污染导致水质下降,对生物群落的影响通常表现为(　　)。
    A. 生物多样性增加　　　　　　　　　　B. 大型鱼类数量增加
    C. 生物死亡或迁移　　　　　　　　　　D. 水生植物疾病减少
11. 土壤中过量的重金属通常对植物造成的主要危害是(　　)。
    A. 促进生长　　　　　　　　　　　　　B. 减缓光合作用
    C. 增加叶绿素含量　　　　　　　　　　D. 提高种子萌发率
12. 酸雨对农作物有严重影响,其产生主要是由于(　　)的大量排放。
    A. 二氧化碳　　　　B. 氮气　　　　　　C. 二氧化硫　　　　D. 氧气
13. 下列不属于控制酸雨的根本措施的是(　　)。
    A. 安装净化装置
    B. 减少煤、石油等燃料中污染物的排放
    C. 做好回收和利用污染物的工作
    D. 减少污水排放

四、判断题
1. 外来物种入侵仅指动物物种进入新生态系统。　　　　　　　　　　　　　　(　　)
2. 所有外来物种都会对当地生态系统造成负面影响。　　　　　　　　　　　　(　　)
3. 外来物种入侵防控仅是政府的责任,与公众无关。　　　　　　　　　　　　(　　)
4. 外来物种入侵不会对人类健康造成威胁。　　　　　　　　　　　　　　　　(　　)
5. 外来物种入侵防控的首要步骤是清除入侵物种。　　　　　　　　　　　　　(　　)
6. 酸雨会使河流湖泊酸化,但不会影响鱼虾的生长。　　　　　　　　　　　　(　　)

7. 重金属会通过食物链积累,最终危害人体健康。（　　）
8. 酸雨会使土壤中的养分变得更容易被植物吸收和利用。（　　）
9. 温室效应会使全球气温升高,但不会导致农作物减产。（　　）
10. 农药对生物没有危害,可以大量使用。（　　）
11. 酸雨对森林的影响主要是通过直接破坏植物形态结构来实现的。（　　）
12. 生物多样性是指生物种类的多样性。（　　）
13. 环境污染只会影响生物的生长发育,不会影响其繁殖。（　　）
14. 酸雨对农作物的产量没有影响。（　　）
15. 环境污染是全球生物多样性减少的主要原因之一。（　　）

五、简答题

1. 外来物种入侵有何危害？

2. 环境污染对物种有何影响？

第四节　人与环境

一、填空题

1. 人类与环境的相互关系十分密切,人类通过_____活动不断从环境中获取物质和能量,同时又将废弃物和有害物质排放到环境中。

2. _____在人种分化的早期阶段起着某种选择作用,但这种作用随着社会生产力的发展而不断减弱。

3. 环境污染主要包括大气污染、水体污染、土壤污染、_____污染和放射性污染等。

4. 温室效应主要是大气中的_____、甲烷、氧化亚氮等温室气体含量增加,导致地球表面温度升高的现象。

5. 人类活动对生物多样性的影响主要表现在栖息地破坏、过度捕猎、外来物种入侵和_____等方面。

6. 人类为了自身的生存和发展,必须保护和改善环境,其中_____、减少污染排放是保护环境的最根本途径。

7. 环境污染对人类的健康产生严重影响,如空气污染可引起＿＿＿＿＿＿、心血管疾病等。
8. 人类活动对水资源的影响主要表现在水污染、水资源短缺和＿＿＿＿＿＿等方面。
9. 垃圾分类是减少垃圾数量、减轻环境污染、＿＿＿＿＿＿的重要手段。
10. 在城市化进程中,绿地和湿地的减少会导致城市"热岛效应"加剧,同时也会影响城市的＿＿＿＿＿＿平衡。

二、单项选择题

1. 温室效应加剧的主要原因是(　　)。
   A. 火山喷发   B. 森林砍伐
   C. 大量燃烧化石燃料   D. 自然灾害
2. 酸雨的形成主要是由于大气中(　　)的增加。
   A. 二氧化碳   B. 氮气
   C. 氧气   D. 二氧化硫和氮氧化物
3. 下列措施有助于减少城市"热岛效应"的是(　　)。
   A. 增加城市绿化面积   B. 减少城市建筑密度
   C. 使用高效节能的交通工具 D. 以上都是
4. 生物适应环境的方式不包括(　　)。
   A. 拟态   B. 保护色   C. 警戒色   D. 竞争
5. 可持续发展要求满足当代人的需求,同时不损害后代人满足其需求的能力,下列不能体现的原则是(　　)。
   A. 公平性原则   B. 持续性原则
   C. 共同性原则   D. 时效性原则
6. 人类活动对环境的负面影响不包括(　　)。
   A. 森林砍伐导致生态破坏   B. 工业废水排放导致水污染
   C. 合理使用化肥提高农作物产量 D. 塑料垃圾导致白色污染
7. 全球气候变化的主要影响不包括(　　)。
   A. 海平面上升   B. 物种灭绝风险增加
   C. 农业生产条件改善   D. 极端天气事件增多
8. 下列措施不利于保护生物多样性的是(　　)。
   A. 建立自然保护区   B. 禁止非法猎杀野生动物
   C. 保护濒危物种的栖息地 D. 开垦荒地
9. 人类活动对水资源的影响不包括(　　)。
   A. 水污染   B. 水资源过度开发
   C. 水资源分布不均   D. 水资源循环利用
10. 生物富集作用的结果不包括(　　)。
    A. 有毒物质在生物体内积累   B. 生物体内有毒物质浓度逐渐升高
    C. 有毒物质通过食物链传递   D. 生物体内营养物质增加

11. 生态恢复的主要目标不包括(　　)。
   A. 恢复生态系统的结构和功能　　　　B. 提高生态系统的生产力
   C. 消除所有外来物种　　　　　　　　D. 保护生物多样性
12. 人类活动对土壤的影响不包括(　　)。
   A. 土壤侵蚀　　　　　　　　　　　　B. 土壤盐碱化
   C. 土壤污染　　　　　　　　　　　　D. 土壤肥力自然增加

三、判断题

1. 人类活动不会对自然环境产生影响。（　　）
2. 空气污染主要来源于工业排放、汽车尾气和燃烧过程。（　　）
3. 水资源是无限的,人类可以无限制地使用。（　　）
4. 土壤污染主要通过化学物质、重金属和塑料垃圾等方式发生。（　　）
5. 噪声污染只对人类听觉系统有害,对其他生物无影响。（　　）
6. 光污染主要来源于城市照明和夜间工作的光源,对野生动物有负面影响。（　　）
7. 温室效应是由大气中二氧化碳等温室气体增加引起的。（　　）
8. 全球变暖只会导致海平面上升,对陆地生态系统无影响。（　　）
9. 人类可以通过减少碳排放、使用可再生能源等方式来减缓全球变暖。（　　）
10. 生物多样性是指地球上生物种类的丰富程度,与人类福祉无关。（　　）
11. 生态系统中的生产者主要是指绿色植物,它们通过光合作用制造有机物。（　　）
12. 人类是食物链的顶端捕食者,对生态系统的影响可以忽略不计。（　　）
13. 城市化进程会破坏自然栖息地,导致生物多样性的减少。（　　）
14. 可持续发展是指满足当代人的需求,同时不损害后代人满足其需求的能力。（　　）
15. 人类活动导致的环境问题只能通过技术手段解决,个人行为改变无效。（　　）

四、简答题

人与自然如何和谐共处？

第七章　微生物的生物学特性

第一节　微生物概述

一、名词解释

1. 微生物
2. 病原微生物
3. 条件致病性微生物

二、填空题

1. 根据微生物有无细胞基本结构以及化学组成、分化程度等差异,可将微生物分为_____、_____、_____三大类。
2. 非细胞型微生物由_____和_____组成,并只能寄生在活细胞内增殖。
3. 原核细胞型微生物细胞核分化程度低,无_____和_____,缺乏完整的细胞器。
4. 真核细胞型微生物细胞有核膜、核仁和染色体,能进行_____。此类微生物常见的有_____、大多数藻类等。

三、单项选择题

1. 下列不属于微生物的是(　　)。
   A. 细菌　　　　　　B. 真菌　　　　　　C. 病毒　　　　　　D. 跳蚤
2. 下列属于非细胞型微生物的是(　　)。
   A. 细菌　　　　　　B. 真菌　　　　　　C. 病毒　　　　　　D. 藻类
3. 下列属于原核细胞型微生物的是(　　)。
   A. 放线菌　　　　　B. 病毒　　　　　　C. 真菌　　　　　　D. 藻类
4. 下列属于真核细胞型微生物的是(　　)。
   A. 酵母菌　　　　　B. 放线菌　　　　　C. 支原体　　　　　D. 衣原体
5. 微生物以单细胞、简单多细胞或无细胞形式存在,说明微生物具有的特征是(　　)。
   A. 个体微小　　　　　　　　　　　　B. 结构简单
   C. 繁殖迅速　　　　　　　　　　　　D. 容易变异
6. 在自然界,微生物的种类达数十万种以上,说明微生物具有的特征是(　　)。
   A. 结构简单　　　　B. 种类繁多　　　　C. 数量巨大　　　　D. 个体微小
7. 每克土壤可含几亿甚至几十亿个细菌,说明微生物具有的特征是(　　)。
   A. 结构简单　　　　B. 种类繁多　　　　C. 数量巨大　　　　D. 容易变异

8. 组成非细胞型微生物的物质是（　　）。
   A. 核酸和蛋白质　　　B. 核酸和糖类　　　C. DNA 和脂质　　　D. 糖类和脂质
9. 下列属于原核细胞型微生物的特点的是（　　）。
   A. 无核膜和核仁　　　B. 有核膜和核仁　　　C. 无核糖体　　　D. 有核糖体

四、多项选择题

1. 下列属于微生物特征的有（　　）。
   A. 个体微小　　　B. 结构简单　　　C. 数量不多　　　D. 繁殖迅速
2. 下列属于原核细胞型微生物的有（　　）。
   A. 放线菌　　　B. 支原体　　　C. 衣原体　　　D. 螺旋体
3. 微生物在人类生活中的应用领域有（　　）。
   A. 食品工业　　　B. 医药生产　　　C. 农业生产　　　D. 能源生产

五、判断题

1. 病毒能在活细胞内外增殖。　　　　　　　　　　　　　　　　　　　　（　　）
2. 原核细胞型微生物细胞核分化程度低，无细胞核。　　　　　　　　　　（　　）
3. 真核细胞型微生物细胞核分化程度较高，有核膜、核仁和染色体。　　　（　　）
4. 微生物的繁殖方式简单，绝大多数为无性繁殖。　　　　　　　　　　　（　　）
5. 微生物易受环境因素的影响，对外环境适应能力差。　　　　　　　　　（　　）
6. 微生物在农业生产中可利用固氮微生物进行生物固氮。　　　　　　　　（　　）

六、简答题

1. 简述微生物的特征。

2. 微生物在人类生活中有哪些应用领域？

第二节　微生物的形态特征

一、名词解释

1. 细菌
2. 芽孢杆菌
3. 无芽孢杆菌
4. 单杆菌

5. 双杆菌
6. 链杆菌
7. 菌落
8. 酵母菌
9. 酵母菌的假菌丝
10. 酵母菌的有性繁殖
11. 放线菌
12. 营养菌丝
13. 气生菌丝
14. 孢子丝
15. 横隔孢子
16. 孢囊孢子
17. 霉菌
18. 菌丝体
19. 繁殖菌丝
20. 无隔菌丝
21. 有隔菌丝
22. 接合孢子

二、填空题

1. 杆菌形成芽孢的能力不同,能产生芽孢的叫作_____,如枯草芽孢杆菌;而不能产生芽孢的叫作_____,如大肠杆菌。
2. 螺旋菌依据弯曲情况不同常分成_____和_____。
3. 细菌的无性繁殖中以_____为主要形式,细菌的无性繁殖是1个母细胞分裂成2个子细胞,故又叫_____。
4. 酵母菌的无性繁殖又分为_____和_____两种,其中_____是最普遍的一种方式;酵母菌也可以通过两个性别不同的细胞接合成一个二倍体细胞,进而生成多个子囊孢子而繁殖,即_____。
5. 放线菌主要通过形成无性孢子进行_____,放线菌产生的无性孢子主要有凝聚孢子(又称_____)、横隔孢子(又称_____或粉孢子)和_____三种。
6. 霉菌的繁殖能力一般都很强,主要靠形成_____或_____的方式繁殖。

三、单项选择题

1. 按球菌分类,尿素微球菌属于( )。
   A. 单球菌   B. 双球菌   C. 链球菌   D. 葡萄球菌
2. 按球菌分类,乳球菌菌属于( )。
   A. 四联球菌 B. 双球菌   C. 链球菌   D. 葡萄球菌
3. 按球菌分类,乳酪杆菌属于( )。
   A. 长杆菌   B. 短杆菌   C. 分枝杆菌 D. 棒状杆菌

4. 按球菌分类,醋酸杆菌属于( )。
　　A. 长杆菌　　　　　B. 短杆菌　　　　　C. 分枝杆菌　　　　D. 棒状杆菌
5. 原核细胞与真核细胞的一个重要区别是有无完整的( )。
　　A. 细胞结构　　　　B. 细胞核　　　　　C. 核糖体　　　　　D. 线粒体
6. 酵母菌两个细胞的原生质融合过程称为( )。
　　A. 溶解　　　　　　B. 接合子　　　　　C. 核配　　　　　　D. 质配
7. 大多数链霉菌的无性繁殖是通过产生( )。
　　A. 横隔孢子　　　　B. 孢囊孢子　　　　C. 芽孢　　　　　　D. 凝聚孢子
8. 诺卡菌的无性繁殖是通过产生( )。
　　A. 芽孢　　　　　　B. 孢囊孢子　　　　C. 横隔孢子　　　　D. 凝聚孢子
9. 下列不属于霉菌的菌丝的是( )。
　　A. 孢子丝　　　　　B. 营养菌丝　　　　C. 气生菌丝　　　　D. 繁殖菌丝
10. 由有隔菌丝构成的霉菌是( )。
　　A. 毛霉　　　　　　B. 根霉　　　　　　C. 犁头霉　　　　　D. 青霉
11. 形成无明显分化的分生孢子梗的霉菌是( )。
　　A. 红曲霉　　　　　　　　　　　　　　B. 粉红单端孢霉
　　C. 新月弯孢霉　　　　　　　　　　　　D. 青霉
12. 分生孢子形成具有一定形状的小梗的霉菌是( )。
　　A. 红曲霉　　　　　B. 粉红单端孢霉　　C. 新月弯孢霉　　　D. 青霉
13. 下列属于内生孢子的无性孢子是( )。
　　A. 分生孢子　　　　B. 孢囊孢子　　　　C. 节孢子　　　　　D. 厚垣孢子
14. 菌丝产生小突起,经过细胞壁紧缩生成许多横隔,最后脱离母细胞而形成的孢子是( )。
　　A. 孢囊孢子　　　　B. 分生孢子　　　　C. 厚垣孢子　　　　D. 芽孢子
15. 含有丰富的营养物质的无性孢子是( )。
　　A. 孢囊孢子　　　　B. 分生孢子　　　　C. 厚垣孢子　　　　D. 芽孢子

四、多项选择题

1. 下列属于球菌分类类别的有( )。
　　A. 单球菌　　　　　B. 双球菌　　　　　C. 链球菌　　　　　D. 葡萄球菌
2. 下列属于杆菌分类类别的有( )。
　　A. 长杆菌　　　　　B. 球杆菌　　　　　C. 四联球菌　　　　D. 梭状杆菌
3. 酵母菌细胞与细菌细胞的区别表现在( )。
　　A. 细胞质中有完整的核糖体结构　　　　B. 细胞质中有完整的线粒体结构
　　C. 细胞壁中含有少量的几丁质　　　　　D. 细胞壁中含有大量的蛋白质
4. 放线菌的菌丝由于形态、功能不同,往往可分为( )。
　　A. 营养菌丝　　　　B. 气生菌丝　　　　C. 鞭毛　　　　　　D. 孢子丝
5. 霉菌的菌丝包括( )。
　　A. 孢子丝　　　　　B. 营养菌丝　　　　C. 气生菌丝　　　　D. 繁殖菌丝

6. 下列由无隔菌丝构成的霉菌有（　　）。
   A. 毛霉　　　　　　　B. 根霉　　　　　　　C. 青霉　　　　　　　D. 曲霉
7. 下列由有隔菌丝构成的霉菌有（　　）。
   A. 毛霉　　　　　　　B. 犁头霉　　　　　　C. 青霉　　　　　　　D. 曲霉
8. 下列属于外生孢子的无性孢子有（　　）。
   A. 分生孢子　　　　　B. 孢囊孢子　　　　　C. 节孢子　　　　　　D. 厚垣孢子
9. 下列属于霉菌有性孢子类型的有（　　）。
   A. 芽孢子　　　　　　B. 卵孢子　　　　　　C. 接合孢子　　　　　D. 子囊孢子

五、判断题

1. 细菌诸多形状中，最为常见的是球菌，杆菌次之，而螺旋菌则较少见。（　）
2. 同一菌种在同一培养条件下所形成的菌落特征具有多变性的特点。（　）
3. 菌落特征可从大小、形状、颜色、边缘状态、隆起程度、透明度、表面状态等来描述。（　）
4. 细菌的斜面培养特征包括菌苔的形状、颜色、隆起和表面状况等。（　）
5. 细菌的液体培养特征包括表面状况、浑浊程度、沉淀状况、有无气泡、颜色变化等。（　）
6. 酵母菌的菌落形态同细菌菌落相似，一般呈圆形、粗糙、干燥，易挑起。（　）
7. 酵母菌是真核微生物，其细胞是真核细胞结构，但无真正的细胞核。（　）
8. 酵母菌细胞壁的主要成分是葡聚糖和甘露聚糖，一般都含有少量的几丁质。（　）
9. 放线菌也可以借菌丝断裂成片段而形成新的菌体。（　）
10. 霉菌同人类日常生活和生产关系密切，绝大多数是有益的。（　）
11. 霉菌的无隔菌丝，菌丝中间无横隔，整个菌丝是由多个细胞组成。（　）
12. 多个子囊外面被菌丝包围，形成子实体，称子囊果。（　）
13. 霉菌的有性繁殖多发生于特定条件下，产生有性孢子。（　）

六、连线题

1. 将下列左侧的杆菌类型与右侧相对应的细菌用直线连接起来。
   （1）长杆菌　　　　　　　a. 流感嗜血杆菌
   （2）短杆菌　　　　　　　b. 结核分枝杆菌
   （3）球杆菌　　　　　　　c. 北京棒状杆菌
   （4）分枝杆菌　　　　　　d. 醋酸杆菌
   （5）棒状杆菌　　　　　　e. 乳酪杆菌

2. 将下列左侧的霉菌无性孢子类型与右侧相对应的描述用直线连接起来。
   （1）孢囊孢子　　　　　　a. 由菌丝的顶端以出芽的方式形成的单个的孢子
   （2）分生孢子　　　　　　b. 气生菌丝长到一定阶段，顶端膨大生出横隔与菌丝分开
   （3）节孢子　　　　　　　c. 菌丝细胞质浓缩变圆/细胞壁加厚而形成的孢子
   （4）厚垣孢子　　　　　　d. 由细胞壁紧缩生成许多横隔脱离母细胞而形成的孢子
   （5）芽孢子　　　　　　　e. 由菌丝细胞断裂而形成的孢子

七、简答题

1. 简述细菌球菌的分类。

2. 简述细菌杆菌的分类。

3. 叙述酵母菌的繁殖方式。

4. 叙述放线菌的繁殖方式。

5. 叙述霉菌的繁殖方式。

第三节 细菌

一、名词解释

1. 异染颗粒
2. 类核
3. 荚膜
4. 雄性菌（F^+菌）
5. 雌性菌（F^-菌）
6. 菌毛
7. 芽孢
8. 繁殖体

二、填空题

1. 用革兰氏染色法可将细菌分为两大类，即_____和_____两类细菌。

2. G^+菌细胞壁较厚，主要是由_____和_____构成，G^-菌细胞壁较薄，由_____和_____构成。

3. 由于G^+菌和G^-菌的细胞壁结构不同，导致两类细菌在_____、_____、_____以及对药物的_____等方面均有很大差异。

4. G⁻菌细胞壁的外膜由内向外依次为_____、_____、_____三层结构。
5. 类核是细菌的_____，无_____和_____，故又称核质或拟核，其化学结构是由一条双股环状的_____分子反复盘绕卷曲而成，与细胞质界限不明显。
6. 细菌的特殊结构是指某些细菌特有的结构，包括_____、_____、_____和_____等。
7. 菌毛由菌毛蛋白组成，按其功能分为_____和_____两类。
8. 按鞭毛的数目和部位，可将有鞭毛的细菌分四类，即_____、_____、_____、_____。
9. 革兰氏染色方法的抹片方法：将接种环在火焰上烧红，待冷却后用接种环沾几环_____到载玻片中央，再用接种环沾少量固体_____于蒸馏水中，用接种棒把带固体细菌培养物蒸馏水涂抹成直径_____均匀抹片。

三、单项选择题

1. 下列属于细菌基本结构的是（　　）。
   A. 荚膜　　　　　B. 芽孢　　　　　C. 类核　　　　　D. 菌毛
2. 下列属于细菌特殊结构的是（　　）。
   A. 细胞壁　　　　B. 细胞核　　　　C. 类核　　　　　D. 菌毛
3. G⁺菌重要的表面抗原是（　　）。
   A. 肽聚糖　　　　B. 磷壁酸　　　　C. 外膜　　　　　D. 五肽交联桥
4. 与G⁻菌致病性有关的结构是（　　）。
   A. 脂多糖　　　　B. 磷壁酸　　　　C. 肽聚糖　　　　D. 脂蛋白
5. 细菌新陈代谢的主要场所是（　　）。
   A. 细胞壁　　　　B. 细胞膜　　　　C. 细胞质　　　　D. 类核
6. 红霉素、链霉素之所以能抑制细菌的生长和繁殖，是因为干扰（　　）。
   A. 糖类合成　　　　　　　　　　　　B. 脂质合成
   C. 核酸合成　　　　　　　　　　　　D. 蛋白质合成
7. 质粒是细菌染色体外的遗传物质，其结构为（　　）。
   A. 环状闭合的双股DNA分子　　　　　B. 环状闭合的单股DNA分子
   C. 链状结构的双股DNA分子　　　　　D. 链状结构的单股DNA分子
8. 细菌类核的遗传物质的化学结构是（　　）。
   A. 一条双股环状的DNA分子　　　　　B. 一条单股环状的DNA分子
   C. 一条双股环状的RNA分子　　　　　D. 一条单股环状的RNA分子
9. 形成芽孢的先决条件是（　　）。
   A. 细胞质脱水浓缩　　B. 芽孢基因　　C. 完整的酶系统　　D. 完整的核质
10. 杀灭芽孢最可靠的方法是（　　）。
    A. 辐射灭菌法　　B. 紫外线灭菌　　C. 高压蒸汽灭菌法　　D. 浸泡灭菌法
11. 用简单染色方法制作细菌标本片的染色时间为（　　）。
    A. 1 min　　　　B. 2 min　　　　C. 3 min　　　　D. 4 min

12. 用革兰氏染色方法制作细菌标本片的媒染所用试剂是（　　）。
    A. 草酸铵结晶紫染色液   B. 革兰氏染色碘液
    C. 苯酚复红液   D. 95％酒精
13. 用革兰氏染色方法制作细菌标本片的脱色时间是（　　）。
    A. 30 s   B. 1 min   C. 2 min   D. 3 min
14. 用革兰氏染色方法制作细菌标本片的复染所用试剂是（　　）。
    A. 草酸铵结晶紫染色液   B. 革兰氏染色碘液
    C. 苯酚复红液   D. 95％酒精
15. 细菌标本片镜检须在抹片上滴加（　　）。
    A. 染色液   B. 酒精   C. 二甲苯   D. 香柏油
16. 下列属于细菌的运动器官的是（　　）。
    A. 荚膜   B. 菌毛   C. 鞭毛   D. 芽孢

四、多项选择题

1. 组成 G^+ 菌细胞壁肽聚糖的主要化学成分的有（　　）。
    A. 聚糖骨架   B. 四肽侧链   C. 五肽交联桥   D. 磷壁酸
2. 组成 G^- 菌细胞壁外膜的结构有（　　）。
    A. 肽聚糖   B. 脂质双层   C. 脂多糖   D. 脂蛋白
3. 组成细菌细胞膜的化学成分有（　　）。
    A. 核酸   B. 脂质   C. 蛋白质   D. 多糖
4. 下列关于细菌类核的功能描述，正确的有（　　）。
    A. 控制细菌的生长繁殖   B. 控制细菌的遗传和变异
    C. 细菌遗传变异的物质基础   D. 参与细胞的呼吸过程
5. 构成荚膜的化学成分有（　　）。
    A. 多肽   B. 多糖   C. 脂质   D. 透明质酸
6. 细菌的鞭毛可分为（　　）。
    A. 单毛菌   B. 双毛菌   C. 丛毛菌   D. 周毛菌

五、判断题

1. 肽聚糖的聚糖骨架由 N-乙酰葡糖胺（G）和 N-乙酰胞壁酸（M）两种单糖交替间隔排列。（　　）
2. G^- 菌细胞壁中肽聚糖层数多，含量高。（　　）
3. 脂多糖是 G^+ 菌的内毒素，与细菌的致病性有关。（　　）
4. G^- 菌磷壁酸具有黏附作用，与细菌致病性有关。（　　）
5. 细菌核糖体由 RNA 和蛋白质组成，是细菌合成蛋白质的场所。（　　）
6. 质粒决定细菌性菌毛生成、耐药性形成。（　　）
7. 细菌细胞质中含有多种颗粒，多数为细菌营养贮存物质。（　　）
8. 性菌毛与细菌的致病性有关。（　　）
9. 普通菌毛可在细菌间传递遗传物质（质粒）。（　　）

10. 菌毛由菌毛蛋白组成,只能在电子显微镜下才能观察到,与细菌的运动无关。（　　）
11. 芽孢是细菌的繁殖方式。（　　）
12. 芽孢的大小、形状和在菌体中的位置随菌种而异,可用于鉴别细菌。（　　）
13. 芽孢对高温、干燥、化学消毒剂和辐射等理化因素具有很强的抵抗力。（　　）
14. 临床中对医疗器械、敷料、培养基等进行灭菌时,应以杀灭芽孢为灭菌标准。（　　）

六、连线题

1. 将下列左侧的简单染色方法的步骤与右侧相对应操作方法用直线连接起来。

　　（1）涂片　　　　　　　a. 涂片在室温下使其自然干燥
　　（2）干燥　　　　　　　b. 挑取少量菌种与玻片上的水滴混匀涂布成一均匀的薄层
　　（3）固定　　　　　　　c. 在自来水龙头下用小股水流冲洗
　　（4）染色　　　　　　　d. 在涂片薄膜上滴加草酸铵结晶紫染色液
　　（5）水洗　　　　　　　e. 在酒精灯火焰外层尽快地来回通过2～3次

2. 将下列左侧的革兰氏染色方法的步骤与右侧相对应操作方法用直线连接起来。

　　（1）固定　　　　　　　a. 滴1～2滴草酸铵结晶紫染色液于抹片上
　　（2）初染　　　　　　　b. 将抹片在火焰上缓缓通过数次
　　（3）媒染　　　　　　　c. 操作过程用95％酒精,玻片不时摇动
　　（4）脱色　　　　　　　d. 1～2滴苯酚复红液于抹片上
　　（5）复染　　　　　　　e. 滴1～2滴革兰氏染色碘液于抹片上

七、简答题

1. 简述细菌细胞壁的主要功能。

2. 简述细胞膜的主要功能。

3. 简述荚膜的作用。

4. 简述鞭毛的意义。

5. 简述简单染色方法制作细菌标本片的过程。

6. 简述革兰氏染色方法制作细菌标本片的过程。

第四节　真菌

一、名词解释
1. 真菌
2. 病原性真菌
3. 膜边体
4. 几丁质酶体
5. 氢化酶体
6. 菌丝

二、填空题
1. 真菌细胞是一种_____，细胞结构完整，具有典型的细胞核和完整的细胞器，不含_____，无_____的分化。
2. 真菌细胞结构包括_____、_____、_____、_____和_____等。
3. 真菌细胞壁的主要成分是_____和_____，其中_____是真菌细胞壁的主要组成成分之一。
4. 真菌细胞骨架是由_____、_____、_____三种蛋白质纤维构成的细胞支架，具有支持、运输和运动等功能。
5. 膜边体形状变化很大，有_____、_____、_____、_____等，可能与分泌水解酶和合成细胞壁有关。

6. 真菌的菌丝按功能可分为_____、_____和_____,按结构可分为_____、_____,菌丝有多种形态,如_____、_____、结节状、_____和_____等。

三、单项选择题

1. 细胞壁的主要功能是( )。
   A. 维持细胞内外的物质平衡 B. 维持细胞的形状和机械强度
   C. 维持细胞渗透压 D. 参与细胞分化、信息传递和细胞凋亡
2. 细胞膜的主要功能是( )。
   A. 维持细胞内外的物质平衡 B. 维持细胞的形状和机械强度
   C. 细胞的控制中心 D. 负责细胞的遗传信息的传递和调控
3. 粗面内质网具有的功能是( )。
   A. 合成和运输蛋白质 B. 合成磷脂
   C. 细胞的控制中心 D. 为细胞活动提供能量
4. 与细胞膜、细胞壁的形成有关的细胞器是( )。
   A. 内质网 B. 线粒体 C. 高尔基体 D. 氢化酶体
5. 被称为"细胞内消化器官"的细胞器是( )。
   A. 液泡 B. 膜边体 C. 几丁质酶体 D. 溶酶体
6. 为鞭毛的运动提供能量的细胞器是( )。
   A. 几丁质酶体 B. 内质网 C. 膜边体 D. 氢化酶体
7. 细胞生命活动所需的能量绝大部分来自( )。
   A. 核糖体 B. 高尔基体 C. 线粒体 D. 溶酶体
8. 为真菌所特有的细胞器是( )。
   A. 几丁质酶体 B. 微体 C. 膜边体 D. 氢化酶体

四、多项选择题

1. 组成真菌细胞壁的化学成分有( )。
   A. 多糖 B. 蛋白质 C. 脂质 D. 核酸
2. 组成真菌细胞膜的化学成分有( )。
   A. 多糖 B. 蛋白质 C. 脂质 D. 核酸
3. 下列属于线粒体的功能的有( )。
   A. 参与细胞分化 B. 参与信息传递和细胞凋亡
   C. 调控细胞生长和细胞周期 D. 为细胞的活动提供能量
4. 高尔基体具有的功能包括( )。
   A. 浓缩、合成加工和分泌作用 B. 与细胞膜、细胞壁的形成有关
   C. 具有解毒作用,可分解 H_2O_2 D. 参与细胞代谢,氧化分解脂肪酸
5. 微体具有的功能包括( )。
   A. 负责细胞的遗传信息的传递和调控 B. 与细胞膜、细胞壁的形成有关
   C. 具有解毒作用,可分解 H_2O_2 D. 参与细胞代谢,氧化分解脂肪酸

6. 液泡具有的功能包括（　　）。
   A. 吸收染料和杀菌剂　　　　　　　　B. 维持细胞渗透压
   C. 贮存营养物质　　　　　　　　　　D. 为鞭毛的运动提供能量

五、判断题

1. 真菌广泛分布于自然界，种类繁多，少数真菌对人类有益。（　）
2. 真菌细胞壁是真菌细胞的外层保护结构，由脂质和蛋白质组成。（　）
3. 真菌细胞膜位于细胞壁的内部，由多糖和蛋白质组成。（　）
4. 真菌细胞质中含有丰富的细胞器，如内质网、高尔基体、线粒体、液泡等。（　）
5. 真菌高尔基体是由大囊泡、小囊泡、扁平囊聚合而成的膜性结构。（　）
6. 溶酶体具有消化、营养、防御和保护的功能。（　）
7. 微体是细胞内消化器官，可分解 H_2O_2，并参与细胞代谢、氧化分解脂肪酸等。（　）
8. 真菌细胞核内含有遗传物质 RNA，以及与 RNA 相关的蛋白质。（　）

六、连线题

将下列左侧的真菌细胞器与右侧相对应功能用直线连接起来。

(1) 内质网　　　　　　　a. 具有消化、营养、防御和保护的功能
(2) 溶酶体　　　　　　　b. 参与细胞代谢、氧化分解脂肪酸
(3) 微体　　　　　　　　c. 与菌丝顶端生长有关
(4) 几丁质酶体　　　　　d. 具有维持细胞渗透压、贮存营养物质的功能
(5) 液泡　　　　　　　　e. 具有合成磷脂的功能

第五节　病毒

一、名词解释

1. 病毒
2. 噬菌体
3. 烈性噬菌体
4. 温和噬菌体
5. 溶原性细菌
6. 亚病毒
7. 心髓
8. 衣壳
9. 传染性核酸
10. 水平传播
11. 垂直传播

二、填空题

1. 亚病毒包括类_____、_____和_____，是一种非寻常的致病因子。

2. 病毒多数呈_____或_____,少数呈_____、_____或_____。
3. 大多数病毒的结构只有_____和_____两部分,有些病毒在衣壳外面还有一层_____。
4. 病毒的增殖过程分为五步,即_____、_____、_____、_____与_____五个连续的过程。
5. 病毒的传播方式有_____和_____。
6. 水平传播常见的传播途径包括通过_____、_____和_____。

三、单项选择题

1. 带温和噬菌体的细菌称为(　　)。
   A. 烈性噬菌体　　　　　　　　B. 传染性核酸
   C. 温和噬菌体　　　　　　　　D. 溶原性细菌
2. 噬菌体不能裂解细菌细胞称为(　　)。
   A. 烈性噬菌体　　B. 传染性核酸　　C. 温和噬菌体　　D. 溶原性细菌
3. 最小的病毒如细小病毒,其直径仅为(　　)。
   A. 20 nm 左右　　B. 100 nm 左右　　C. 200 nm 左右　　D. 300 nm 左右
4. 病毒可遗传,一般具有(　　)。
   A. 一种核酸,不能同时具备 DNA 和 RNA
   B. 一种蛋白质,不能同时具备 DNA 和 RNA
   C. 一种核酸,同时具备 DNA 和 RNA
   D. 一种蛋白质,同时具备 DNA 和 RNA
5. 病毒表面蛋白质与宿主细胞的特异接受位点发生特异性结合的过程是(　　)。
   A. 吸附　　　　　B. 侵入　　　　　C. 生物合成　　　　D. 装配
6. 借助宿主细胞的细胞器和宿主细胞的酶来复制病毒的核酸的过程是(　　)。
   A. 吸附　　　　　B. 侵入　　　　　C. 生物合成　　　　D. 释放
7. 流行性感冒病毒引起呼吸道疾病的传播方式是(　　)。
   A. 通过消化道黏膜传播　　　　B. 通过泌尿生殖道黏膜传播
   C. 通过肠黏膜传播　　　　　　D. 通过呼吸道黏膜传播
8. 人类免疫缺陷病毒、乙肝病毒、丙肝病毒等的传播方式是(　　)。
   A. 通过黏膜表面的传播　　　　B. 医源性传播
   C. 通过皮肤传播　　　　　　　D. 通过胎盘或产道传播

四、多项选择题

1. 病毒的分类一般采用的分类法有(　　)。
   A. 非系统　　　　　　　　　　B. 多原则
   C. 分等级　　　　　　　　　　D. 随机性
2. 亚病毒包括(　　)。
   A. 类病毒　　　　　　　　　　B. 卫星病毒
   C. 朊病毒　　　　　　　　　　D. 乙肝病毒

3. 组成囊膜的化学成分有（　　　）。
   A. 核酸　　　　　　B. 类脂　　　　　　C. 蛋白质　　　　　　D. 糖类
4. 下列病毒可经医源性传播的有（　　　）。
   A. 人类免疫缺陷病毒　　　　　　　　B. 乙肝病毒
   C. 流行性感冒病毒　　　　　　　　　D. 丙肝病毒
5. 下列病毒可经垂直传播引起子代病毒感染的有（　　　）。
   A. 风疹病毒　　　　　　　　　　　　B. 巨细胞病毒
   C. 乙型肝炎病毒　　　　　　　　　　D. 人类免疫缺陷病毒

五、判断题

1. 病毒是形体最小的微生物，单个病毒在光学显微镜下能看到。（　　　）
2. 核酸心髓携带着基因，决定着病毒的遗传、变异等特性。（　　　）
3. 核衣壳有利于病毒进入细胞内部营寄生生活。（　　　）
4. 病毒不易于被乙醚、氯仿和胆盐等脂溶性溶剂所破坏。（　　　）
5. 病毒对抗生素和干扰素都敏感。（　　　）
6. 囊膜能保护衣壳，并与病毒的吸附和致病性有关。（　　　）
7. 皮肤是最好的屏障，泪液、黏液、纤毛上皮、胃酸、胆汁等均具有保护作用。（　　　）
8. 水平传播可致流产、早产、死胎或先天畸形等严重后果。（　　　）

六、连线题

将下列左侧的病毒的增殖过程步骤与右侧相对应的描述用直线连接起来。

(1) 吸附　　　　　　　　　a. 病毒借助宿主细胞的细胞器和酶复制核酸和蛋白质
(2) 侵入　　　　　　　　　b. 病毒进入宿主细胞内
(3) 生物合成　　　　　　　c. 病毒表面蛋白质与宿主细胞的发生特异性结合
(4) 装配　　　　　　　　　d. 从被感染细胞内转移到细胞外
(5) 释放　　　　　　　　　e. 将已合成的核酸和蛋白质组装成新的病毒粒子

七、简答题

1. 简述病毒的分类依据。

2. 叙述病毒的增殖过程。

第六节 常用的微生物

一、名词解释

1. 乳酸菌
2. 微生物群体连携作用
3. 枯草芽孢杆菌
4. 苏云金杆菌
5. 光合细菌
6. 白僵菌
7. 醋酸菌
8. 黄色短杆菌

二、单项选择题

1. 乳酸菌在生物体内正常发挥代谢活性,就能直接为宿主提供可利用的（   ）。
   A. 必需氨基酸和各种维生素　　　　　　B. 非必需氨基酸和各种维生素
   C. 代谢所需能量和乳酸　　　　　　　　D. 必需氨基酸和各种矿物质

2. 乳酸菌能促进水产动物幼体的变态和蜕壳生长的原因是其代谢物乳酸形成（   ）。
   A. CO_2 和 H_2O　　　B. 酒精　　　C. 乳酸钾　　　D. 乳酸钙

3. 枯草芽孢杆菌在繁殖过程中产生类似于植物生长激素和细胞分裂素的物质是（   ）。
   A. 生长素和细胞分裂素　　　　　　　　B. 赤霉素和细胞分裂素
   C. 赤霉素和吲哚乙酸　　　　　　　　　D. 生长素和吲哚乙酸

4. 被称为"绿色农药"的是（   ）。
   A. 乳酸菌　　　　　　　　　　　　　　B. 苏云金杆菌
   C. 光合细菌　　　　　　　　　　　　　D. 枯草芽孢杆菌

5. 光合细菌可以把硝酸盐还原成（   ）。
   A. 氨基酸　　　B. NO_2　　　C. 蛋白质　　　D. 亚硝酸

6. 酵母菌是一种（   ）。
   A. 细菌　　　B. 放线菌　　　C. 单细胞真菌　　　D. 多细胞真菌

7. 被称为"地下害虫专杀"真菌的是（   ）。
   A. 酵母菌　　　B. 白僵菌　　　C. 绿僵菌　　　D. 苏云金杆菌

8. 下列属于发酵食品中常用的细菌的是（   ）。
   A. 酵母菌　　　B. 乳酸菌　　　C. 红曲霉　　　D. 毛霉

9. 下列属于发酵食品中常用的真菌的是（   ）。
   A. 酵母菌　　　B. 乳酸菌　　　C. 醋酸菌　　　D. 黄色短杆菌

10. 能解除苏氨酸等对天冬氨酸激酶的抑制作用的是（   ）。
    A. 乳酸菌　　　B. 醋酸菌　　　C. 酵母菌　　　D. 黄色短杆菌

11. 酿造啤酒、葡萄酒等酒类的基础过程是酵母菌能够将糖分转化为（　　）。
    A. 酒精和二氧化碳　　　　　　　　　B. 乳酸
    C. 丙酮　　　　　　　　　　　　　　D. 二氧化碳和水
12. 我国民间酿制米酒用的米曲中主要含有（　　）。
    A. 毛霉　　　　B. 曲霉　　　　C. 根霉　　　　D. 酵母菌
13. 下列属于放线菌的是（　　）。
    A. 产黄青霉菌　　B. 顶头孢霉　　C. 荨麻青霉　　D. 链霉菌属
14. 下列属于真菌的是（　　）。
    A. 顶头孢霉　　B. 链霉菌属　　C. 小单胞菌属　　D. 诺卡氏菌属
15. 作为青霉素的生产菌的是（　　）。
    A. 小单胞菌属　　B. 诺卡氏菌属　　C. 产黄青霉菌　　D. 顶头孢霉
16. 临床上常用于抗感染药物头孢类抗生素的重要中间体的是（　　）。
    A. 小单胞菌属　　B. 诺卡氏菌属　　C. 链霉菌属　　D. 顶头孢霉

三、多项选择题

1. 下列关于乳酸菌对植物生长的影响的描述，正确的有（　　）。
    A. 抑制有害生物　　　　　　　　　B. 抑制土壤中的病原菌
    C. 能杀灭有害病虫　　　　　　　　D. 抑制与消除杂草生长
2. 乳酸菌能抑制病原菌的原因是其代谢产物中具有（　　）。
    A. 酸性物质　　B. 乳酸菌素　　C. 过氧化氢　　D. CO_2
3. 枯草芽孢杆菌能产生的活性物质有（　　）。
    A. 枯草菌素　　B. 多黏菌素　　C. 制霉菌素　　D. 短杆菌肽
4. 苏云金杆菌是一种高效的微生物杀虫剂是在于（　　）。
    A. 其产生内毒素和外毒素
    B. 会使害虫停止取食
    C. 虫体因饥饿、血液败坏和中毒而死亡
    D. 药剂通过血淋巴扩散到肌肉组织而死亡
5. 酵母菌在农业生产中有多种应用，主要包括（　　）。
    A. 能进行光合作用　　　　　　　　B. 提高农作物产量
    C. 改善土壤质量　　　　　　　　　D. 促进植物生长
6. 绿僵菌在农业生产中主要用于（　　）。
    A. 防治害虫　　B. 促进作物生长　　C. 提高作物产量　　D. 提高作物质量
7. 下列属于发酵食品中常用的真菌的有（　　）。
    A. 酵母菌　　B. 乳酸菌　　C. 红曲霉　　D. 毛霉
8. 下列属于发酵食品中常用的细菌的有（　　）。
    A. 酵母菌　　B. 根霉　　C. 醋酸菌　　D. 黄色短杆菌
9. 黄色短杆菌能够利用天冬氨酸合成多种重要的氨基酸，如（　　）。
    A. 赖氨酸　　B. 苏氨酸　　C. 甲硫氨酸　　D. 组氨酸

10. 利用酵母菌在发酵过程中分解淀粉并产生二氧化碳的有（　　）。
    A. 制作面包　　　　B. 酿造啤酒　　　　C. 制作馒头　　　　D. 葡萄酒
11. 毛霉在食品工业中的应用有（　　）。
    A. 制造豆腐乳　　　B. 制造豆豉　　　　C. 酿酒工业　　　　D. 制作面包
12. 酿酒工业中常用的糖化菌有（　　）。
    A. 乳酸菌　　　　　B. 根霉　　　　　　C. 红曲霉　　　　　D. 毛霉
13. 由链霉菌产生的抗生素有（　　）。
    A. 链霉素　　　　　B. 卡那霉素　　　　C. 丝裂霉素　　　　D. 土霉素
14. 由小单胞菌属产生的抗生素有（　　）。
    A. 庆大霉素　　　　B. 青霉素　　　　　C. 利福霉素　　　　D. 卤霉素
15. 由诺卡氏菌属产生的抗生素有（　　）。
    A. 利福霉素　　　　B. 间型霉素　　　　C. 土霉素　　　　　D. 瑞斯托菌素

四、判断题

1. 乳酸具有很强的杀菌能力，能有效抑制有害微生物的活动和有机物的急剧腐败分解。
（　　）
2. 乳酸菌能够分解木质素和纤维素，并使有机物发酵分解。（　　）
3. 微生物群体连携作用会增强微生物群体的整体效能，抑制微生物的生存和繁殖能力。
（　　）
4. 乳酸菌能降解碳水化合物，生成酒精，抑制肠道不耐酸的厌氧病原菌生长和繁殖。
（　　）
5. 枯草芽孢杆菌可以伴随病原菌的菌丝一起生长，消耗和分解病原菌。（　　）
6. 苏云金杆菌在农业上主要用于害虫防治，是一种高效的微生物杀虫剂。（　　）
7. 光合细菌能抑制土壤中固氮菌、放线菌、根瘤菌、细菌的生长，促进丝状真菌的生长。
（　　）
8. 饲料酵母可以分解饲料中的纤维素和半纤维素。（　　）
9. 白僵菌是一类致病性强、寄主范围广的昆虫病原真菌。（　　）
10. 绿僵菌是一种广谱的昆虫病原菌，对人畜有害，会污染环境。（　　）
11. 培养活化后的乳酸菌作为发酵剂对经过巴氏杀菌的原料乳进行发酵。（　　）
12. 乳酸菌发酵食品通常富含对人体有益的微生物。（　　）
13. 通过发酵过程醋酸菌可将醇类转化为乳酸，赋予食醋特有的酸味和香气。（　　）
14. 酵母菌可用于生产各种食品添加剂，如L-苹果酸、柠檬酸、红曲素、高果糖浆等。（　　）
15. 酵母菌在食品工业中的应用对食品的营养价值有着重要影响。（　　）
16. 将亚硝酸发色剂直接加到酱醅中发酵，可提高酱油呈现的红色指数、改善酱油的风味。
（　　）
17. 毛霉在自然界分布很广，是制曲时常见的一种杂菌。（　　）
18. 产黄青霉菌还能够产生多种酶类及有机酸，在工业上也有广泛的应用。（　　）
19. 荨麻青霉是一种植物，而不是一种微生物。（　　）

20. 灵芝的子实体能够作为药材,可发挥益气强身、镇静安神的功效。 （   ）

五、简答题

1. 简述乳酸菌对植物生长的影响。

2. 简述乳酸菌在水产养殖中的作用。

3. 简述枯草芽孢杆菌在农业生产中的应用。

4. 简述光合细菌在农业上的应用。

5. 简述乳酸菌在发酵食品中的应用。

6. 简述黄色短杆菌在发酵食品生产中的应用。

7. 简述酵母菌在发酵食品中的应用。

8. 简述红曲在发酵食品中的应用。

9. 简述荨麻青霉在微生物制药中的作用。

10. 简述猴头药用真菌的主要作用。

11. 简述猪苓药用真菌的主要作用。

12. 简述冬虫夏草药用真菌的主要作用。

13. 简述银耳药用真菌的主要作用。

14. 简述木耳药用真菌的主要作用。

15. 简述红菇药用真菌的主要作用。

第七节　常见病原性细菌

一、名词解释
1. 致病菌
2. 血浆凝固酶
3. 葡萄球菌溶血素

4. 假膜性肠炎

5. 致热外毒素

6. 链球菌溶血素

7. 透明质酸酶

8. 链激酶

9. 链道酶

二、单项选择题

1. 葡萄球菌属中,最常见的化脓性球菌是(　　)。
   A. 金黄色葡萄球菌　　B. 表皮葡萄球菌　　C. 腐生葡萄球菌　　D. 中间型葡萄球菌
2. 鉴别葡萄球菌有无致病性的重要标志是(　　)。
   A. 葡萄球菌溶血素　　B. 杀白细胞素　　C. 血浆凝固酶　　D. 肠毒素
3. 由乙型溶血性链球菌引起的中毒性疾病是(　　)。
   A. 丹毒　　　　　　　　　　　　　　B. 脓疱疮
   C. 败血症　　　　　　　　　　　　　D. 全身弥漫性鲜红色皮疹
4. 下列属于大肠杆菌外源性感染的是(　　)。
   A. 尿道炎　　B. 肠道感染　　C. 膀胱炎　　D. 新生儿脑膜炎
5. 沙门菌目前使用的有效治疗药物是(　　)。
   A. 庆大霉素　　B. 环内沙星　　C. 青霉素　　D. 头孢菌素
6. 结核分枝杆菌的致病物质是(　　)。
   A. 结核菌素　　B. 内毒素　　C. 外毒素　　D. 侵袭性酶类
7. 目前已知霍乱弧菌致泻毒素中最强烈的是(　　)。
   A. 黏附素　　B. 外毒素　　C. 肠毒素　　D. 内毒素
8. 预防结核最有效的措施是(　　)。
   A. 异烟肼　　B. 利福平　　C. 链霉素　　D. 接种卡介苗

三、多项选择题

1. 葡萄球菌的致病物质包括(　　)。
   A. 血浆凝固酶　　B. 葡萄球菌溶血素　　C. 杀白细胞素　　D. 肠毒素
2. 金黄色葡萄球菌可引起的侵袭性疾病有(　　)。
   A. 食物中毒　　B. 败血症　　C. 脓毒血症　　D. 假膜性肠炎
3. 由乙型溶血性链球菌引起的化脓性感染有(　　)。
   A. 淋巴管炎　　B. 淋巴结炎　　C. 咽炎　　D. 中耳炎
4. 致病性大肠杆菌的致病物质有(　　)。
   A. 致热外毒素　　B. 黏附素　　C. K抗原　　D. 肠毒素
5. 治疗致病性大肠杆菌可选择的药物有(　　)。
   A. 庆大霉素　　B. 诺氟沙星　　C. 新生霉素　　D. 青霉素
6. 沙门菌可引起人类致病的有(　　)。
   A. 甲型副伤寒沙门菌　　B. 鼠伤寒沙门菌　　C. 肠炎沙门菌　　D. 伤寒沙门菌

7. 由沙门菌所致的疾病有（　　）。
   A. 肠热病　　　　　B. 猩红热　　　　　C. 败血症　　　　　D. 食物中毒
8. 下列属于结核分枝杆菌原发复合征的有（　　）。
   A. 开放性肺结核　　B. 淋巴管炎　　　　C. 粟粒性结核　　　D. 结核性脑膜炎

四、判断题

1. 葡萄球菌可通过多种途径侵入机体、引起化脓性炎症的称为毒素性疾病。　　　　（　　）
2. 假膜性肠炎的病理特点是肠黏膜被炎性假膜覆盖。　　　　　　　　　　　　　　（　　）
3. 霍乱弧菌是人类肠道中的正常菌群，是机会致病菌。　　　　　　　　　　　　　（　　）
4. 在症状消失后1年或更长时间内，仍可在其粪便中检出相应沙门菌。　　　　　　（　　）
5. 人是霍乱弧菌唯一易感者，传染源是患者和带菌者。　　　　　　　　　　　　　（　　）
6. 霍乱弧菌的埃托生物型所致疾病较古典生物型严重。　　　　　　　　　　　　　（　　）
7. 结核分枝杆菌是引起结核病的病原体，对人致病的主要有人型和猪型。　　　　　（　　）
8. 结核分枝杆菌引起多种器官的结核病，以肺结核最为多见。　　　　　　　　　　（　　）

五、简答题

1. 简述葡萄球菌血浆凝固酶的作用及其与致病性的关系。

2. 简述葡萄球菌病的防治原则。

3. 简述链球菌病的防治原则。

4. 简述大肠杆菌肠道感染的主要类型。

5. 简述由沙门菌引起的疾病的防治原则。

6. 简述由霍乱弧菌引起的疾病的防治原则。

7. 简述由结核分枝杆菌引起的疾病的防治原则。

第八节 常见病原性真菌

一、名词解释
1. 浅部真菌
2. 皮下组织真菌
3. 深部真菌
4. 皮肤癣菌病
5. 新型隐球菌病
6. 镰刀菌病
7. 黄曲霉毒素

二、单项选择题
1. 下列属于浅部真菌的是（   ）。
   A. 镰刀菌 B. 皮肤癣菌 C. 新型隐球菌 D. 黄曲霉
2. 下列属于皮下组织真菌的是（   ）。
   A. 镰刀菌 B. 白假丝酵母菌 C. 新型隐球菌 D. 黄曲霉
3. 下列属于深部真菌的是（   ）。
   A. 皮肤癣菌 B. 白假丝酵母菌 C. 镰刀菌 D. 黄曲霉
4. 体癣和股癣最常见的是（   ）。
   A. 絮状表皮癣菌 B. 念珠菌属 C. 红色毛癣菌 D. 柱顶孢霉属
5. 自然环境中最常见的新型隐球菌来源是（   ）。
   A. 鸽子粪便 B. 人的唾液 C. 性传播 D. 空气传播
6. 新型隐球菌病最常见和最危险的临床类型是（   ）。
   A. 肺新型隐球菌病 B. 皮肤新型隐球菌病
   C. 全身性新型隐球菌病 D. 新型隐球菌脑膜炎
7. 下列属于条件致病性真菌的是（   ）。
   A. 皮肤癣菌 B. 白念珠菌 C. 新型隐球菌 D. 镰刀菌
8. 治疗黄曲霉菌感染的主要方法是（   ）。
   A. 使用抗病毒药物 B. 使用抗细菌药物 C. 使用抗真菌药物 D. 增强免疫力

三、多项选择题
1. 致病性真菌可分为（   ）。
   A. 皮肤真菌 B. 浅部真菌 C. 皮下组织真菌 D. 深部真菌
2. 皮肤癣菌病的主要临床症状为瘙痒，可伴有的症状有（   ）。
   A. 红斑 B. 水疱 C. 丘疹 D. 脱屑
3. 白念珠菌广泛存在于自然界，也存在于正常人的（   ）。
   A. 口腔 B. 上呼吸道 C. 肠道 D. 阴道

4. 黄曲霉多见于( )。

   A. 新鲜蔬菜　　　　B. 粮制品　　　　C. 霉腐的有机物　　　D. 发霉的粮食

四、判断题

1. 皮肤癣菌包括红色毛癣菌、须癣毛癣菌、絮状表皮癣菌,其中须癣毛癣菌占首位。（　）
2. 正常人体对新型隐球菌一般具有防御能力。（　）
3. 白念珠菌广泛存在于自然界,易引起疾病。（　）
4. 镰刀菌病致病菌为镰刀菌,常见的为念珠样镰刀菌、茄病镰刀菌。（　）
5. 黄曲霉毒素还可能导致急性肝炎、出血性坏死、脂肪变性和胆管增生等肝脏疾病。

（　）

五、简答题

1. 简述皮肤癣菌病的防治原则。

2. 简述新型隐球菌疾病的防治原则。

3. 简述白念珠菌疾病的防治原则。

4. 简述镰刀菌病的防治原则。

5. 简述黄曲霉菌感染的防治原则。

第九节　人类疾病中常见病毒

一、名词解释
1. 流行性感冒
2. 肝炎病毒
3. 人类免疫缺陷病毒（HIV）
4. 狂犬病
5. 流行性乙型脑炎病毒

二、单项选择题
1. 甲型流感病毒可感染（　　）。
   A. 人、禽、猪、马　　B. 人和猪　　C. 人类　　D. 猪、牛
2. 甲型肝炎病毒主要的传播方式是（　　）。
   A. 呼吸道传播　　B. 粪口传播　　C. 接触传播　　D. 血液传播
3. 乙型肝炎病毒潜伏期为（　　）。
   A. 30～160 天　　B. 200～300 天　　C. 1 年　　D. 长期
4. 人类免疫缺陷病毒（HIV）潜伏期可达（　　）。
   A. 1 年　　B. 2 年　　C. 5 年　　D. 10 年
5. 人类免疫缺陷病毒（HIV）感染的细胞是（　　）。
   A. B 细胞　　B. CD2　　C. $CD4^+$ T 细胞　　D. $CD8^+$ T 细胞
6. 狂犬病的传染源主要是（　　）。
   A. 人　　B. 犬　　C. 猫　　D. 狼
7. 流行性乙型脑炎病毒随血流播散至肝、脾等处的单核巨噬细胞内增殖，会形成（　　）。
   A. 第一次病毒血症　　B. 第二次病毒血症　　C. 第三次病毒血症　　D. 第四次病毒血症

三、多项选择题
1. 根据病毒的核蛋白及基质蛋白的抗原性，流行性感冒病毒可分为（　　）。
   A. 甲型　　B. 乙型　　C. 丙型　　D. 丁型
2. 甲型肝炎病毒侵入机体后，初步增殖的部位有（　　）。
   A. 口咽部　　B. 肠黏膜　　C. 局部淋巴组织　　D. 唾液腺
3. 乙型肝炎病毒的传播途径主要有（　　）。
   A. 血液传播　　B. 母婴传播　　C. 接触传播　　D. 医源性传播
4. 人类免疫缺陷病毒（HIV）的主要传播途径包括（　　）。
   A. 性传播　　B. 血液传播　　C. 呼吸道传播　　D. 垂直传播
5. 人类免疫缺陷病毒（HIV）感染过程分为（　　）。
   A. 急性感染期　　B. 无症状潜伏期
   C. AIDS 相关综合征期　　D. 免疫缺损期

6. 狂犬病麻痹期的临床表现为( )。
   A. 昏迷 B. 神经兴奋性增高 C. 呼吸循环衰竭 D. 恐水症
7. 流行性乙型脑炎的传染源主要是携带病毒的( )。
   A. 家畜 B. 家禽 C. 各种鸟类 D. 人

四、判断题
1. 流感病毒通常引起呼吸道局部感染,可引起病毒血症。 ( )
2. 患甲型肝炎病后体内产生抗-HAV IgG,对病毒再感染有保护作用。 ( )
3. 甲型肝炎比乙型肝炎危害大,可演变为肝硬化或肝癌。 ( )
4. HIV感染者的特异性免疫应答难以终止疾病的进程,其终生携带病毒。 ( )
5. 狂犬病发作期症状为咬伤部位有蚁行感、痛感,继而出现发热、头痛、焦虑、流涎等。
 ( )
6. 流行性乙型脑炎病毒的传播途径主要以蚊虫作传播媒介。 ( )

五、简答题
1. 简述流感的防治原则。

2. 简述甲型肝炎的防治原则。

3. 简述乙型肝炎的防治原则。

4. 简述获得性免疫缺陷综合征的防治原则。

5. 简述狂犬病的防治原则。

第八章 微生物的控制

第一节 微生物的分布

一、名词解释
1. 水中细菌总数
2. 水中大肠菌群数
3. 人体的正常菌群

二、填空题
1. 土壤具备大多数微生物生长所必需的一切条件,有"＿＿＿＿＿＿＿＿＿＿"之称。
2. 土壤中的微生物以＿＿＿＿＿为最多,还有放线菌、真菌、螺旋体、噬菌体等,土壤中的微生物大多数是＿＿＿＿＿,但也有一些病原微生物,病原性微生物主要来自患病动物的尸体、粪便及各种排泄物。
3. 直接检查水中的病原菌以判断饮水是否安全是比较困难的,一般采用测定＿＿＿＿＿和＿＿＿＿＿作为指标,来判断水的污染程度。
4. 空气中的＿＿＿＿＿微生物常污染培养基、生物制品和药物制剂,病原微生物如化脓性细菌、破伤风梭菌易造成手术感染。
5. 人体胃内由于胃酸的杀菌作用,微生物较少,仅有＿＿＿＿＿、＿＿＿＿＿。
6. 长期口服广谱抗生素,能使人体肠道中＿＿＿＿＿被抑制而引起菌群失调,导致维生素缺乏、肠炎等症状。

三、单项选择题
1. 土壤中的微生物最多的是(　　)。
   A. 病毒　　　　　B. 细菌　　　　　C. 放线菌　　　　　D. 真菌
2. 土壤中的微生物大多数是(　　)。
   A. 患病动物尸体微生物　　　　　B. 患病动物粪便微生物
   C. 土壤自身产生微生物　　　　　D. 有益微生物
3. 我国生活饮用水卫生标准规定,细菌总数是每毫升水中含菌数不得超过(　　)。
   A. 50 个　　　　　　　　　　　B. 100 个
   C. 200 个　　　　　　　　　　D. 300 个
4. 我国生活饮用水卫生标准规定,大肠菌群数是每 100 mL 水中不得(　　)。
   A. 检出　　　　B. 超过 10 个　　　C. 超过 20 个　　　D. 超过 50 个

5. 人体消化道的正常菌群能分解(　　)。
   A. 维生素 B　　　B. 维生素 K　　　C. 纤维素　　　D. 大肠菌素
6. 健康人体的细支气管末梢和肺泡内含有(　　)。
   A. 葡萄球菌　　　B. 链球菌　　　C. 肺炎球菌　　　D. 无菌
7. 在正常情况下,女性阴道内有(　　)。
   A. 乳酸杆菌　　　B. 葡萄球菌　　　C. 链球菌　　　D. 螺旋体
8. 在正常情况下,子宫和膀胱含有(　　)。
   A. 无菌　　　B. 大肠杆菌　　　C. 葡萄球菌　　　D. 化脓性细菌

四、多项选择题

1. 在土壤中能存活数年或数十年之久的微生物有(　　)。
   A. 破伤风梭菌　　　B. 气肿疽梭菌
   C. 炭疽杆菌　　　D. 大肠杆菌
2. 下列借水传播的疫病有(　　)。
   A. 炭疽　　　B. 霍乱　　　C. 痢疾　　　D. 布鲁菌病
3. 空气中的病原微生物易造成手术感染的有(　　)。
   A. 放线菌　　　B. 大肠杆菌　　　C. 化脓性细菌　　　D. 破伤风梭菌
4. 正常人体的肠道中的部分细菌能合成(　　)。
   A. B族维生素　　　B. 维生素 K　　　C. 纤维素　　　D. 淀粉
5. 人体的上呼吸道中经常存在一定数量的(　　)。
   A. 葡萄球菌　　　B. 链球菌　　　C. 肺炎球菌　　　D. 巴氏杆菌

五、判断题

1. 土壤中的微生物随着土层不断深入逐渐减少,因此在土层最表面微生物最多。(　　)
2. 一般地下水比地表水含菌量多。(　　)
3. 空气中的微生物一般通过飞沫或尘埃传播,可引起呼吸道传染病或伤口感染。(　　)
4. 人体的口腔中有唾液,不利于微生物的繁殖。(　　)
5. 人体皮肤上有葡萄球菌、链球菌及绿脓杆菌等,皮肤受到损伤,能造成感染或化脓。(　　)
6. 人体肠道内正常栖居的大肠杆菌产生大肠菌素,可抑制其他致病性大肠杆菌的生长。(　　)

六、简答题

健康人体中的微生物有哪些?

第二节 药品生产中的微生物控制

一、名词解释

1. 灭菌药物
2. 药源性疾病

二、填空题

1. 污染药物制剂的微生物主要来源于药品的_____、_____、_____、_____、_____和_____等。
2. 微生物污染对药物的影响有_____和_____。
3. 微生物引起药物变质的影响因素有_____、_____、_____、_____、_____。

三、单项选择题

1. 以动物脏器作为原辅料生产的药品要特别注意的是（　　）。
   A. 细菌　　　　B. 葡萄糖　　　　C. 氨基酸　　　　D. 含水量
2. 下列不属于药物生产中需要特别关注的微生物是（　　）。
   A. 细菌　　　　B. 霉菌　　　　C. 病毒　　　　D. 原生动物
3. 眼科用药不得检出的微生物是（　　）。
   A. 枯草芽孢杆菌　　B. 大肠埃希菌　　C. 铜绿假单胞菌　　D. 酵母菌
4. 口服药不得检出的微生物是（　　）。
   A. 枯草芽孢杆菌　　B. 大肠埃希菌　　C. 铜绿假单胞菌　　D. 酵母菌
5. 下列属于药物物理性状的改变的是（　　）。
   A. 药物出现微生物色素
   B. 以药物为底物进行各种降解作用
   C. 药物的化学结构改变
   D. 药物有效成分遭破坏而失效
6. 浸出制剂（不含糖）含水量应（　　）。
   A. ≤3%　　　B. ≤12%　　　C. ≤15%　　　D. ≤20%
7. 对阳光、高温敏感的药物储藏的温度范围为（　　）。
   A. -20 ℃以下　　B. 0 ℃以下　　C. 2~8 ℃　　D. 20 ℃以上
8. 常温储存的药品相对湿度控制的范围是（　　）。
   A. 15%~20%　　B. 20%~30%　　C. 30%~60%　　D. 60%~80%

四、多项选择题

1. 药物发生质量变化的原因有（　　）。
   A. 药物本身性质不稳定　　　　B. 药物被微生物污染
   C. 药物成分不符要求　　　　　D. 非药品冒充药品

2. 被微生物污染的药物产生的后果有（　　）。
   A. 使药物变质失效、造成经济损失　　　B. 直接影响病人用药的安全性
   C. 引起病人不良反应或病原生物感染　　D. 危及用药病人的生命
3. 下列选项中，存在由微生物引起药物变质的有（　　）。
   A. 发现规定不得检出的特定菌种
   B. 灭菌药物中存在活的微生物
   C. 药品发生可被觉察的物理或化学变化
   D. 非灭菌药物的微生物总数不超过规定的数量
4. 下列选项中，属于药物有效成分的破坏的有（　　）。
   A. 以药物为底物进行各种降解作用
   B. 黏稠剂和悬浮剂的解聚使黏度下降
   C. 微生物产生的多种代谢产物
   D. 药物的化学结构改变
5. 下列选项中，可引起药源性疾病的有（　　）。
   A. 鲜奶中含有乳酸菌素　　　　　　　B. 输液剂不合格或使用时受污染
   C. 局部外用药污染破伤风梭菌　　　　D. 非灭菌制剂的口服药污染沙门菌
6. 微生物引起药物变质的影响因素有（　　）。
   A. 微生物污染量　　B. 营养因素　　C. 温度和湿度　　D. pH

五、判断题

1. 以植物原料生产药品往往会带真菌，如曲霉、青霉、链孢霉、酵母菌等。　　（　　）
2. 药物生产环境湿度较高时，可促使环境中颗粒沉降，含菌量增加。　　（　　）
3. 人是药物生产过程中最大的污染源之一。　　（　　）
4. 药物中的微生物已死亡或排除可判断药物不存在变质的可能。　　（　　）
5. 金霉素眼膏可引起严重眼部感染或使病情加重甚至失明。　　（　　）

六、简答题

1. 如何判断微生物引起药物变质？

2. 简述药物变质对人体的危害。

第三节 消毒与灭菌

一、名词解释

1. 灭菌
2. 消毒
3. 无菌
4. 无菌操作
5. 生物安全
6. 消毒剂
7. 防腐剂
8. 过滤除菌
9. 巴氏消毒法
10. 细菌滤器

二、填空题

1. 巴氏消毒法消毒牛奶用 61～63 ℃经_____或 85～90 ℃经_____,然后迅速冷却到 10 ℃左右,可使细菌总数减少 90％以上,并杀灭其中常见的病原菌。
2. 细菌、酵母菌、霉菌的培养物常在_____℃保存,细菌的长期保存温度为_____℃,病毒等微生物常在_____℃以下保存。
3. 保存菌种、疫苗的良好方法是_____。
4. 乙醇用于皮肤、体温计、小件医疗器械及术者手的消毒浓度为_____。
5. 高压蒸汽灭菌锅的使用步骤:_____、_____、_____、_____、_____、_____、_____。
6. 高压蒸汽灭菌法常用于耐高温的物品灭菌,温度应达到_____时,压力为_____kPa,维持_____,可达到灭菌效果。

三、单项选择题

1. 下列属于干热灭菌法的是( )。
   A. 高压蒸汽灭菌法　　B. 煮沸法　　　　C. 巴氏消毒法　　D. 火焰灭菌法
2. 下列属于湿热消毒灭菌法的是( )。
   A. 流通蒸汽消毒法　　B. 火焰灭菌法　　C. 过滤除菌　　　D. 熏蒸消毒
3. 主要用于接种环、接种针、试管口的灭菌方法是( )。
   A. 高锰酸钾　　　　　B. 火焰灭菌法　　C. 酒精　　　　　D. 巴氏消毒法
4. 多用于外科手术器械、注射器及针头的消毒方法是( )。
   A. 干热空气灭菌法　　B. 巴氏消毒法　　C. 煮沸法　　　　D. 过滤除菌
5. 主要用于试管、吸管、烧杯、离心管及培养皿等实验室器材的灭菌方法是( )。
   A. 煮沸法　　　　　　B. 巴氏消毒法　　C. 流通蒸汽消毒法　D. 干热空气灭菌法

6. 常用于牛奶、葡萄酒及啤酒的消毒方法是（　　）。
   A. 干热空气灭菌法　　　　　　　　B. 巴氏消毒法
   C. 熏蒸消毒　　　　　　　　　　　D. 过滤除菌
7. 高压蒸汽灭菌法灭菌温度通常达到（　　）。
   A. 115 ℃　　　　B. 120 ℃　　　　C. 121.3 ℃　　　　D. 125.3 ℃
8. 耐高温除菌滤芯灭菌时，常在 115 ℃ 持续（　　）。
   A. 5 min　　　　B. 10 min　　　　C. 20 min　　　　D. 30 min
9. 煮沸法能杀灭绝大多数细菌繁殖体的灭菌时间是（　　）。
   A. 1～2 min　　　B. 2～5 min　　　C. 5～10 min　　　D. 10～20 min
10. 结核分枝杆菌在常温干燥环境中能存活（　　）。
    A. 10 d　　　　B. 30 d　　　　C. 90 d　　　　D. 1 年
11. 超净工作台制成的原理是（　　）。
    A. 过滤除菌　　　B. 紫外线消毒　　　C. 干燥灭菌　　　D. 低温灭菌
12. 用于消毒手术部位的消毒剂是（　　）。
    A. 5％碘酊　　　　　　　　　　　B. 0.1％新洁尔灭
    C. 0.5％过氧乙酸溶液　　　　　　D. 75％乙醇

四、多项选择题

1. 下列属于干热灭菌法的有（　　）。
   A. 巴氏消毒法　　　　　　　　　　B. 紫外线消毒法
   C. 火焰灭菌法　　　　　　　　　　D. 干热空气灭菌法
2. 下列属于湿热消毒灭菌法的有（　　）。
   A. 过滤除菌　　　　　　　　　　　B. 高压蒸汽灭菌法
   C. 流通蒸汽消毒法　　　　　　　　D. 煮沸法
3. 下列用于外科器械消毒的消毒剂有（　　）。
   A. 苯酚（石炭酸）　B. 来苏儿　　　C. 乙醇（酒精）　　D. 氢氧化钠溶液
4. 下列可用于场地等环境消毒的消毒剂有（　　）。
   A. 甲醛溶液　　　B. 氢氧化钠　　　C. 生石灰　　　D. 过氧乙酸
5. 下列用于人的皮肤和手消毒的消毒剂有（　　）。
   A. 升汞　　　　　B. 新洁尔灭　　　C. 生石灰　　　D. 来苏儿

五、判断题

1. 低温能使菌体蛋白质变性或凝固，酶失去活性。（　　）
2. 紫外线杀菌主要使菌体 DNA 受到破坏，导致细菌变异或死亡。（　　）
3. 炭疽杆菌和破伤风梭菌的芽孢在干燥环境中抵抗力弱。（　　）
4. 微生物不适宜在干燥条件下生长繁殖，因此饲料、食品等常用干燥的方法保存。（　　）
5. 日光杀菌的主要成分是紫外线，以波长 250～265 nm 杀菌效力最强。（　　）
6. 一般来说消毒剂在高浓度时具有防腐作用。（　　）
7. 2％来苏儿用于消毒器械、畜禽舍及其他物品；3％～5％用于洗手和消毒皮肤。（　　）

六、简答题

1. 简述消毒与灭菌的联系与区别。

2. 简述高压蒸汽灭菌法排除灭菌锅内空气的方法。

第四节　无菌检查与微生物限度检查

一、名词解释

1. 无菌检查法
2. 食品微生物限度检查
3. 菌落总数
4. 大肠菌群
5. 药品微生物限度检查
6. 染菌量检查
7. 控制菌检查

二、填空题

1. 需要进行无菌检查的品种包括药典要求无菌的_____、_____、_____、_____及其他要求无菌的品种。

2. 食品微生物限度检查的微生物包括_____、_____、_____等,也是评价生产企业的_____、_____、_____、_____、_____和操作者的_____的重要手段和依据。

3. 2021年修订的《食品安全国家标准》,将标准名称由原来的《食品中致病菌限量》修改为《_____》和《_____》,整合了乳制品和特殊膳食用食品中的致病菌限量要求,增加了食品类别(名称)说明的附录等。

4. 新标准对食品中的_____、_____、_____、_____、_____等六种致病菌指标和限量进行了调整。

5. _____是CAC的通用法典委员会,负责制定食品卫生的一般原则、操作规范、指南以及食品微生物标准。

三、单项选择题

1. 新中国第一部药典的颁布时间是(　　)。
   A. 1949 年　　　　　　B. 1950 年　　　　　　C. 1953 年　　　　　　D. 1954 年

2. 《中国药典》(2005 年版)一、二、三部微生物限度标准,分别适用于无菌检查(　　)。
   A. 中药、化学药品、生物制品　　　　　　B. 化学药品、生物制品、中药
   C. 生物制品、化学药品、中药　　　　　　D. 中药、生物制品、化学药品

3. 作为评判粪便污染食品的卫生指标是(　　)。
   A. 副溶血性弧菌　　B. 变形杆菌　　　　C. 沙门菌　　　　D. 大肠菌群

4. 海产品检验的参考菌群是(　　)。
   A. 耐热性芽孢菌　　　　　　　　　　　B. 金黄色葡萄球菌
   C. 副溶血性弧菌　　　　　　　　　　　D. 蜡样芽孢杆菌

5. 罐头食品检验的参考菌群是(　　)。
   A. 耐热性芽孢菌　　　　　　　　　　　B. 金黄色葡萄球菌
   C. 副溶血性弧菌　　　　　　　　　　　D. 蜡样芽孢杆菌

6. 我国散装即食食品中沙门菌指标(2021 年)的限量要求是(　　)。
   A. 每 g(mL)样品中不得检出
   B. 每 25 g(mL)样品中不得检出
   C. 每 g(mL)样品中小于或等于 1000 CFU
   D. 每 25 g(mL)样品中小于或等于 1000 CFU

7. 我国散装即食食品中金黄色葡萄球菌指标(2021 年)的限量要求是(　　)。
   A. 每 g(mL)样品中不得检出
   B. 每 25 g(mL)样品中不得检出
   C. 每 g(mL)样品中小于或等于 1000 CFU
   D. 每 25 g(mL)样品中小于或等于 1000 CFU

8. 我国散装即食食品中单核细胞增生李斯特氏菌指标(2021 年)的限量要求是(　　)。
   A. 每 g(mL)样品中不得检出
   B. 每 25 g(mL)样品中不得检出
   C. 每 g(mL)样品中小于或等于 10000 CFU
   D. 每 25 g(mL)样品中小于或等于 10000 CFU

9. 我国散装即食食品中蜡样芽孢杆菌指标(2021 年)的限量要求是(　　)。
   A. 每 g(mL)样品中不得检出
   B. 每 25 g(mL)样品中不得检出
   C. 每 g(mL)样品中小于或等于 10000 CFU
   D. 每 25 g(mL)样品中小于或等于 10000 CFU

10. 我国散装即食食品中副溶血性弧菌指标(2021 年)的限量要求是(　　)。
    A. 每 g(mL)样品中不得检出
    B. 每 25 g(mL)样品中不得检出

C. 每 g(mL)样品中小于或等于 1000 MPN

D. 每 25 g(mL)样品中小于或等于 1000 MPN

11. 《中国药典》(2005 年版)一部微生物限度标准,对中药不含药材原粉的制剂细菌数限量要求是(　　)。

A. 1 g 不得过 10 个,1 mL 不得过 10^2 个

B. 1 g 不得过 10^2 个,1 mL 不得过 10^2 个

C. 1 g 不得过 10^3 个,1 mL 不得过 10^3 个

D. 1 g 不得过 10^3 个,1 mL 不得过 10^2 个

12. 《中国药典》(2025 年版)一部微生物限度标准,对中药含豆豉、神曲等发酵原粉的制剂大肠埃希菌限量要求是(　　)。

A. 1 g 或 1 mL 不得检出

B. 1 g 小于 10^2 个,1 mL 小于 10^2 个

C. 1 g 不得过 $5×10^2$ 个,1 mL 不得过 10^2 个

D. 1 g 不得过 10^5 个,1 mL 不得过 10^3 个

13. 《中国药典》(2025 年版)二部微生物限度标准,对药品直肠给药制剂霉菌和酵母菌数限量要求是(　　)。

A. 1 g 或 1 mL 不得检出

B. 1 g 或 1 mL 不得过 10 个

C. 1 g 不得过 10^3 个,1 mL 不得过 10^2 个

D. 1 g、1 mL 或 10 cm^2 不得过 10^2 个

14. 《中国药典》(2025 年版)二部微生物限度标准,对药品眼部给药制剂金黄色葡萄球菌、铜绿假单胞菌、大肠埃希菌限量要求是(　　)。

A. 1 g 或 1 mL 不得检出

B. 1 g 或 1 mL 不得过 10 个

C. 1 g 不得过 10^3 个,1 mL 不得过 10^2 个

D. 1 g、1 mL 或 10 cm^2 不得过 10^2 个

15. 《中国药典》(2025 年版)二部微生物限度标准,对药品含动物组织来源(包括提取物)的口服制剂限量要求是(　　)。

A. 1 g 或 1 mL 不得检出沙门菌

B. 10 g 或 10 mL 不得检出沙门菌

C. 20 g 或 20 mL 不得检出沙门菌

D. 25 g 或 25 mL 不得检出沙门菌

四、多项选择题

1. 按无菌检查法规定,无菌检查的各类制剂均不得检出活菌的包括(　　)。

A. 病毒　　　　B. 需气菌　　　　C. 厌气菌　　　　D. 真菌

2. 从微生物类型的角度看无菌检查,不得检出的活菌包括(　　)。

A. 细菌　　　　B. 放线菌　　　　C. 酵母菌　　　　D. 霉菌

3. 食品微生物限度检查的重要意义在于（　　）。
   A. 保障食品安全　　　　　　　　　　B. 提升食品质量管理水平
   C. 维护消费者权益　　　　　　　　　D. 支持国际贸易
4. 下列属于我国食品微生物限度检查内容的有（　　）。
   A. 菌落总数　　　　　　　　　　　　B. 大肠菌群
   C. 致病菌　　　　　　　　　　　　　D. 霉菌及其毒素
5. 菌落总数检查的意义有（　　）。
   A. 可以反映食品的新鲜度
   B. 反映食品被细菌污染的程度
   C. 生产过程中食品是否变质
   D. 食品生产的一般卫生状况
6. 蛋与蛋制品检验的参考菌群有（　　）。
   A. 沙门菌　　　　　　　　　　　　　B. 金黄色葡萄球菌
   C. 变形杆菌　　　　　　　　　　　　D. 耐热性芽孢菌
7. 米、面类食品检验的参考菌群有（　　）。
   A. 毒菌　　　　　　　　　　　　　　B. 副溶血性弧菌
   C. 变形杆菌　　　　　　　　　　　　D. 蜡样芽孢杆菌
8. 我国对多种重要的"食品-病原"组合进行风险评估的科学结论被 CCFH 采纳的有（　　）。
   A. 即食食品中单核细胞增生李斯特氏菌的风险评估报告（2004）
   B. 粉状婴幼儿配方食品中沙门菌和阪崎肠杆菌的风险评估报告（2004、2006）
   C. 婴幼儿粉状配方食品卫生操作规范（2009）
   D. 应用食品卫生一般原则控制食品中单核细胞增生李斯特氏菌的指南（2009）

五、判断题

1. 中国第一部药典的无菌检查法与 ICH 无菌查法的主要内容是一致的。　　（　　）
2. 菌落总数是判断食品卫生质量的重要依据之一。　　（　　）
3. 食品中大肠菌群数越多，说明食品受粪便污染的程度越大。　　（　　）
4. 金黄色葡萄球菌风险较高的散装即食食品为散装蛋糕、熟肉制品、果汁和蔬菜色拉。
   （　　）
5. 单核细胞增生李斯特氏菌是机会致病菌，常见的污染食品有生牛奶、生肉、水产品等。
   （　　）
6. 蜡样芽孢杆菌的致病性与受污染食品的带菌量以及该菌是否携带致病基因密切相关。
   （　　）
7. 《中国药典》（2005 年版）一、二部微生物限度标准，对药物霉变、长螨者，以不合格论。
   （　　）
8. 《中国药典》（2005 年版）二部规定用于手术、烧伤或严重创伤的局部给药制剂，应符合无菌检查法要求。　　（　　）

9. 病原微生物的危害等级是根据它们对人体、动植物或环境的潜在危害程度来划分的。
（　　）

六、简答题

1. 简述无菌检查的范围。

2. 简述药品微生物限度检查的意义及内容。

3. 简述不同病原微生物的危害等级及其适用的实验室。

第九章 微生物的培养与保藏

第一节 微生物的营养

一、名词解释
1. 微生物的营养
2. 碳源
3. 氮源
4. 生长素
5. 能源
6. 光能无机自养型微生物
7. 光能有机异养型微生物
8. 化能无机自养型微生物
9. 化能有机异养型微生物

二、填空题
1. 微生物细胞由有机物和无机物组成,有机物主要包括_____、_____、_____、_____、维生素及其降解产物等物质,无机物主要指_____等物质。
2. 依据营养物质在微生物体内的存在形式以及生理功能的不同,把微生物的营养来源分为_____、_____、_____、_____、_____、_____六大类。
3. 微生物碳源分为有机碳源和无机碳源,有机碳源以_____为主,另外还有有机酸、醇类、脂类等,它是异养型微生物的碳素来源,无机碳源以_____为主,此外还有$NaHCO_3$、$CaCO_3$等一些无机盐。
4. 微生物氮源分为有机氮源和无机氮源,有机氮源以_____为主,另外还有蛋白胨、氨基酸、嘌呤、嘧啶等;无机氮源主要是_____,另外还有氨、硝酸盐、分子态氮等。大部分微生物都以_____作为氮源,极少数固氮微生物(如放线菌、蓝细菌、根瘤菌等)能利用_____作为氮源。
5. 微生物的生长素以_____为主,另外还有_____、_____等。
6. 微生物的营养类型分为_____、_____、_____和_____。

三、单项选择题
1. 下列属于微生物无机物的是(   )。
   A. 蛋白质　　　　　B. 脂质　　　　　C. 核酸　　　　　D. 无机盐

2. 下列可以作为微生物能源物质的是( )。
   A. 碳源　　　　　　B. 氮源　　　　　　C. 水　　　　　　D. 生长素
3. 当碳源中同时存在蔗糖与葡萄糖时,优先利用葡萄糖的微生物是( )。
   A. 青霉　　　　　　B. 曲霉　　　　　　C. 大肠杆菌　　　　　　D. 酵母菌
4. 以铵盐作为氮源的微生物是( )。
   A. 大肠杆菌　　　　　　　　　　　B. 放线菌
   C. 蓝细菌　　　　　　　　　　　　D. 根瘤菌
5. 在实验室培养微生物时,常用作氮源物质的是( )。
   A. 黄豆饼粉　　　B. $(NH_4)_2SO_4$　　　C. 花生饼粉　　　D. 玉米浆
6. 作为金黄色葡萄球菌生长素的是( )。
   A. 嘌呤和嘧啶　　B. 氨基酸　　　　　C. 胆碱　　　　　D. 硫胺素
7. 光合细菌直接利用的能源是( )。
   A. 光能　　　　　B. 化学能　　　　　C. 有机物　　　　D. 无机物
8. 下列属于光能自养型微生物的是( )。
   A. 红螺细菌　　　B. 蓝细菌　　　　　C. 硫细菌　　　　D. 酵母菌
9. 在光能无机自养型微生物总反应式中,氢供体是( )。
   A. CO_2　　　　　B. H_2A　　　　　C. (CH_2O)　　　D. H_2O
10. 红螺细菌的氢供体是( )。
    A. 乳酸　　　　　B. 乙酸　　　　　　C. 甲酸　　　　　D. 甲醇
11. 能直接以 H_2 为能源和电子供体、无须 O_2 的参与的化能无机自养型微生物是( )。
    A. 硝化细菌　　　B. 铁细菌　　　　　C. 产甲烷菌　　　D. 硫细菌
12. 下列属于化能异养型微生物的是( )。
    A. 铁细菌　　　　B. 硝化细菌　　　　C. 霉菌　　　　　D. 藻类

四、多项选择题

1. 下列属于无机碳源的有( )。
   A. CO_2　　　　　B. $NaHCO_3$　　　　C. $CaCO_3$　　　　D. 醇类
2. 下列属于有机氮源的有( )。
   A. 蛋白质类　　　B. 氨基酸　　　　　C. 硝酸盐　　　　D. 铵盐
3. 能被微生物直接利用的能源有( )。
   A. 生长素　　　　B. 光能　　　　　　C. 化学能　　　　D. 有机物
4. 下列属于化能无机自养型微生物的有( )。
   A. 绿硫细菌　　　B. 蓝细菌　　　　　C. 硝化细菌　　　D. 铁细菌
5. 下列属于化能异养型微生物的有( )。
   A. 烟草花叶病毒　B. 结核分枝杆菌　　C. 酵母菌　　　　D. 霉菌

五、判断题

1. 水是微生物细胞的重要组分,约占细胞重量的70%~90%。　　　　　　　　　　( )
2. 氮源是微生物细胞自身物质和代谢产物的主要营养来源。　　　　　　　　　　( )

3. 有机碳源以醇类为主,另外还有有机酸、糖类、脂类等。　　　　　　　(　　)
4. 少数固氮微生物(如放线菌、蓝细菌、根瘤菌等)能利用分子态氮作为氮源。(　　)
5. 在含有氨基酸和黄豆饼粉的培养基中,微生物优先利用铵盐。　　　　　(　　)
6. 培养基中无机盐的添加量不宜过大,否则会导致所培养微生物的死亡。　(　　)
7. 葡萄糖就是一种常见的双重营养物。　　　　　　　　　　　　　　　　(　　)
8. 大部分化能无机自养型微生物在无氧条件下氧化获得能量来参与自身代谢。(　　)
9. 微生物的营养类型并不是绝对的,大部分微生物都对环境有一定的适应能力。(　　)
10. 氢单胞菌在完全是无机物的环境下为化能自养型,在有有机物存在时为化能异养型。
　　　　　　　　　　　　　　　　　　　　　　　　　　　　　　　　(　　)

六、简答题

1. 简述水在微生物中的作用。

2. 简述无机盐在微生物中的作用。

3. 如何划分微生物的营养类型?请分别举例说明。

第二节　微生物的培养基

一、名词解释

1. 培养基
2. 天然培养基
3. 合成培养基
4. 半合成培养基
5. 基础培养基
6. 选择培养基

7. 鉴别培养基

8. 活体培养基

9. 液体培养基

10. 固体培养基

11. 半固体培养基

二、填空题

1. 在培养基的制备中,必要的营养物质包括_____、_____、_____、_____、_____、_____等。

2. 按培养基中营养物质的来源划分,可分为_____、_____和_____。

3. 按培养基的用途划分,培养基可分为_____、_____和_____。

4. 按制备好的培养基的物理状态划分,培养基可分为_____、_____和_____。

三、单项选择题

1. 牛肉膏蛋白胨培养基用于培养的微生物是（　　）。
   A. 细菌　　　　　B. 霉菌　　　　　C. 酵母菌　　　　　D. 病毒

2. 下列属于天然培养基的是（　　）。
   A. 柠檬酸盐培养基　　　　　B. S·S琼脂培养基
   C. 伊红亚甲蓝琼脂培养基　　D. 麦芽汁培养基

3. 合成培养基的优点是（　　）。
   A. 方便快捷、营养丰富、成本低廉　　B. 成分稳定、实验重复性高
   C. 增加培养基的营养,降低了成本　　D. 配制过程烦琐、成本较高

4. 按培养基的用途划分,牛肉膏蛋白胨培养基属于（　　）。
   A. 基础培养基　　　　　B. 选择培养基
   C. 鉴别培养基　　　　　D. 活体培养基

5. 用糖发酵培养基鉴别肠道细菌选用的指示剂是（　　）。
   A. 淀粉　　　　　B. 醋酸铅　　　　　C. 溴钾酚紫　　　　　D. 食用油

6. 伊红亚甲蓝培养基鉴别大肠菌群选用伊红亚甲蓝指示剂指示的现象是（　　）。
   A. 出现透明圈　　　　　B. 带金属光泽的深紫色菌落
   C. 由紫色变黄色　　　　D. 出现黑色沉淀

7. 用天然的固态物质直接制成的培养基是（　　）。
   A. 营养琼脂培养基　　　　　B. 伊红亚甲蓝琼脂培养基
   C. 用于制酒的酒曲　　　　　D. S·S琼脂培养基

8. 电子天平操作关键步骤的正确顺序是（　　）。
   A. 接通电源→预热→校正→称量→调水平
   B. 接通电源→调水平→预热→校正→称量

C. 预热→调水平→接通电源→校正→称量

D. 调水平→接通电源→预热→校正→称量

9. 在调培养基 pH 时，若酸性过强，选择的试剂是（　　）。

　　A. 5％的盐酸　　　　B. 5％的氢氧化钠　　C. 10％的硫酸　　D. 2％的石灰水

10. 培养基分装在锥形瓶时，一般不超过（　　）。

　　A. 1/5　　　　　　B. 1/4　　　　　　C. 1/3　　　　　　D. 1/2

四、多项选择题

1. 对于培养基营养物质的选择与利用，要做到的有（　　）。

　　A. 对症下药　　　B. 营养协调　　　C. 经济节约　　　D. 讲究时尚

2. 活体培养基用于培养的微生物有（　　）。

　　A. 细菌　　　　　B. 病毒　　　　　C. 支原体　　　　D. 衣原体

3. 常用琼脂作为凝固剂的原因有（　　）。

　　A. 具有适宜的凝固温度、透明度和黏合力　　B. 不易被微生物分解利用

　　C. 虽然价格昂贵，但易于采购　　　　　　　D. 琼脂的营养价值几乎为零

4. 固体培养基常用于（　　）。

　　A. 微生物的分离、鉴定　　　　　　　　　　B. 大规模的工业生产

　　C. 微生物细胞运动特性的观察与研究　　　　D. 活菌计数及菌种保藏

5. 下列关于培养基配制中混合溶解步骤的描述，正确的有（　　）。

　　A. 在烧杯或其他容器中进行混合溶解

　　B. 混合溶解过程常用的加热工具是电炉

　　C. 在溶解时不要用玻璃棒不停搅拌

　　D. 控制火力大小，以防止琼脂溶解后溢出

五、判断题

1. 天然培养基能够用于遗传育种、生物测定、微生物鉴定等精细研究。　　　　（　　）

2. 合成培养基综合了天然培养基和半合成培养基的优点。　　　　　　　　　（　　）

3. 基础培养基既可以单独使用，又可以作为其他培养基的基础物质。　　　　（　　）

4. 鉴别培养基不仅能用于微生物的快速鉴定，还能用于微生物菌种的分离、筛选。（　　）

5. 选择培养基也可能是鉴别培养基，鉴别培养基还可能是选择培养基。　　　（　　）

6. 原料的称量需要很高的精密度，一般选用分析天平。　　　　　　　　　　（　　）

7. 培养基配制时，可在烧杯或其他容器中进行混合溶解并定容。　　　　　　（　　）

8. 为了验证灭菌是否完全，将灭菌后的培养基放入 37 ℃环境中一天。　　　（　　）

六、简答题

1. 简述培养基的配制原则。

2. 简述利用选择培养基来分离纯化目的菌的机制。

3. 简述培养基配制的具体流程。

第三节　细菌培养基的制备和灭菌

一、填空题

1. 不同微生物对 pH 的要求不一样,霉菌和酵母菌喜好在_____的环境,而细菌和放线菌的培养基 pH 为_____。
2. 配制培养基时,都要根据不同微生物对象用_____或_____将培养基的 pH 调到合适的范围。
3. 已配制好的培养基必须立即_____,以防止其中的微生物生长繁殖而_____和改变培养基的_____而带来不利影响。
4. 试管或锥形瓶加塞后,要用记号笔在试管或锥形瓶上注明_____。
5. 培养基冷却至_____左右,根据需要摆斜面、倒平板。

二、单项选择题

1. 固体培养基是在液体培养基中加入(　　)琼脂的量。
   A. 0.5%～1%　　　B. 1.5%～2%　　　C. 2.5%～3%　　　D. 3.5%～4%
2. 半固体培养基是在液体培养基中加入(　　)琼脂的量。
   A. 0.5%～1%　　　B. 1.5%～2%　　　C. 2.5%～3%　　　D. 3.5%～4%
3. 溶解培养基原料应选择的器具是(　　)。
   A. 容量瓶　　　B. 量筒　　　C. 试剂瓶　　　D. 烧杯
4. 下列关于牛肉膏蛋白胨培养基配制中溶化步骤的描述,不正确的是(　　)。
   A. 在烧杯中先加入少量的水量溶解　　　B. 在电炉上垫以陶土网加热使其溶解
   C. 琼脂与原料全部称量后一并溶解　　　D. 在琼脂溶化的过程中需不断搅拌
5. 下列关于培养基配制中调 pH 步骤的描述,不正确的是(　　)。
   A. 若偏酸,滴加入 1 mol/L NaOH　　　B. 若偏碱,滴加入 1 mol/L HCl
   C. 缓慢滴加试剂,边滴加边搅拌　　　D. 若 pH 调过头,可反复回调

6. 对有特殊要求的培养基进行过滤,过滤时一般用(　　)。
   A. 过滤纸　　　　　B. 餐巾纸　　　　　C. 一层纱布　　　　　D. 八层纱布
7. 液体培养基分装高度一般为试管高度的(　　)。
   A. 1/2 左右　　　　B. 1/3 左右　　　　C. 1/4 左右　　　　D. 1/5 左右
8. 牛肉膏蛋白胨培养基高压蒸汽灭菌的压力、温度要求是(　　)。
   A. 0.105 MPa、10 min　　　　　　　　B. 0.105 MPa、20 min
   C. 0.15 MPa、10 min　　　　　　　　D. 0.15 MPa、20 min
9. 牛肉膏蛋白胨培养基搁置的斜面长度不超过试管总长的(　　)。
   A. 1/2　　　　　　B. 1/3　　　　　　C. 1/4　　　　　　D. 1/5
10. 将灭菌后的培养基放入 37 ℃的温室中培养(　　)。
    A. 6～12 h　　　　B. 12～24 h　　　　C. 24～48 h　　　　D. 48～72 h
11. LB 培养基培养的微生物是(　　)。
    A. 细菌　　　　　B. 霉菌　　　　　C. 酵母菌　　　　　D. 病毒
12. LB 培养基的 pH 为(　　)。
    A. 6.5～7.0　　　　B. 7.2～7.4　　　　C. 7.5～8.0　　　　D. 8.0～9.0

三、多项选择题

1. 下列关于牛肉膏称量方法的描述,正确的有(　　)。
   A. 牛肉膏用玻棒挑取,放在小烧杯或表面皿中称量,用热水溶化后倒入烧杯
   B. 牛肉膏用玻棒挑取,放在称量纸上称量后直接放入水中加热,然后立即取出纸片
   C. 牛肉膏用玻棒挑取,可直接放在电子天平上称量后倒入烧杯中溶解
   D. 牛肉膏用玻棒挑取,放在吸水纸上称量后倒入烧杯中溶解
2. 下列关于 LB 培养基的描述,正确的有(　　)。
   A. LB 培养基既可以是液体培养基,也可以是固体培养基
   B. LB 培养基高压灭菌后,应立即加入抗生素培养
   C. 培养基倒入培养皿后,打开盖子,在紫外下照 10～15 min
   D. 保存 LB 培养基时,要用封口胶封边,并倒置放于 4 ℃保存
3. 调整培养基 pH 接近终点时,采用半滴操作方法正确的有(　　)。
   A. 滴管嘴部悬有溶液,用瓶壁与滴管嘴部接触,摇晃瓶内液体使之混合均匀
   B. 将滴管液体滴到瓶壁,摇晃瓶内液体使之混合均匀
   C. 微微转动滴定管活塞,使溶液悬挂在出口嘴上,形成半滴,用瓶内壁将其刮落
   D. 微微转动滴定管活塞,将溶液滴滴到瓶壁,再摇动瓶内液体

四、判断题

1. 蛋白胨很易吸潮,应用分析天平称量。　　　　　　　　　　　　　　　　　　(　　)
2. 培养基原料的称量不需要很高的精密度,取不同原料时可用同一把药匙。　　　(　　)
3. 培养基分装完毕后,在试管口或锥形瓶上塞上棉塞,并保证有良好的通气性。　(　　)
4. 高压灭菌时,在试管棉塞外包一层牛皮纸,以防止灭菌时冷凝水润湿棉塞。　　(　　)
5. LB 培养基用于培养酵母菌。　　　　　　　　　　　　　　　　　　　　　　(　　)

五、简答题

1. 简述牛肉膏蛋白胨培养基的配制步骤。

2. 简述 LB 培养基的配制步骤。

第四节　微生物的分离、接种与培养

一、名词解释

1. 微生物的分离与纯化
2. 接种

二、填空题

1. 分离、纯化微生物的方法有 _____、_____、_____
   _____ 等。
2. 接种和培养的微生物都是纯种，所以必须采用 _____，以防止杂菌污染。
3. 在接种、分离、培养过程中，所用的器具必须经过 _____，接种工具无论使用前后都要经过火焰灭菌，且在 _____ 中进行。
4. 划线分离法在平板培养基上做第一次平行划线 _____ 条，转动平皿约 _____，做第二次平行划线，再转动约 _____，以同样方式划线，划线完毕后盖上皿盖。
5. 将接种分离后的酵母菌及霉菌放于 _____ 的恒温培养箱内，酵母菌培养 _____、霉菌培养 _____ 进行观察。

三、单项选择题

1. 根据实验的要求贴好标签，标签应贴在（　　）。
   A. 试管底部　　　　B. 培养皿底　　　　C. 试管中部　　　　D. 培养皿盖
2. 接种前进行的环境消毒，下列叙述不正确的是（　　）。
   A. 为确保环境消毒范围，消毒前要打开实验室门窗
   B. 用5％的石炭酸溶液进行喷雾空气消毒
   C. 用3％的来苏尔溶液擦拭实验室台面
   D. 接种前用消毒酒精棉将双手消毒
3. 下列关于接种方法的描述，不正确的是（　　）。
   A. 左手拿菌种与待接种斜面的试管，菌种管在前，右手拿接种工具
   B. 用右手小指和手掌边先后拔出菌种管和待接种试管的棉塞，置试管口于酒精灯火焰附近

C. 将接种工具垂直插入酒精灯火焰烧红,再放入有菌试管壁内直接取菌种

D. 用接种工具将取出的菌种置于另一支试管中,按一定的接种方式接种到新的培养基上

4. 接种工具垂直插入酒精灯火焰烧红,再横过火焰(　　)。

　　A. 1次　　　　　　B. 2次　　　　　　C. 3次　　　　　　D. 4次

5. 试管菌种接种到平板培养基中的步骤有:①用右手小指与食指取下棉塞,取菌,打开平皿;②酒精灯火焰上烧接种工具灭菌;③左手持平板和试管菌种,右手松动试管棉塞,烧接种工具;④棉塞快速通过火焰,重新塞上试管;⑤将菌种接种到平皿上,立即盖上平皿。正确的顺序是(　　)。

　　A. ③②①⑤④　　　B. ①⑤③②④　　　C. ⑤③①②④　　　D. ③①⑤②④

6. 接种的细菌培养基放在恒温培养箱内,温度为(　　)。

　　A. 12～17 ℃　　　B. 20～30 ℃　　　C. 32～37 ℃　　　D. 37～50 ℃

7. 接种分离后的酵母菌及霉菌放在恒温培养箱内,温度为(　　)。

　　A. 20～25 ℃　　　B. 25～28 ℃　　　C. 30～35 ℃　　　D. 35～40 ℃

四、多项选择题

1. 为了获得某种微生物的纯培养,采用的方法有(　　)。

　　A. 提供该菌种适宜的培养条件

　　B. 加入某种抑制剂,抑制其他菌生长

　　C. 分离、纯化该菌种,得到纯菌株

　　D. 让菌种自然生长繁殖,然后提取菌种

2. 下列属于接种前的准备工作的有(　　)。

　　A. 接种工具灭菌　　B. 接种菌种　　C. 培养基灭菌检查　　D. 试管贴好标签

3. 在接种的培养基的容器中,标签应注明的内容有(　　)。

　　A. 接种的菌名　　B. 操作者　　C. 指导教师　　D. 接种日期

4. 下列关于微生物培养的描述,正确的有(　　)。

　　A. 细菌培养48 h后观察　　　　　　B. 酵母菌培养48 h进行观察

　　C. 霉菌培养24 h进行观察　　　　　D. 平板培养基在培养箱内倒置培养

五、判断题

1. 试管棉塞取下后,将试管口置于酒精灯火焰附近操作。　　　　　　　　(　　)

2. 试管棉塞取下放置在实验台面上,完成操作任务后重新塞上。　　　　　(　　)

3. 如果接种环上带菌太少,可在平皿的一点处辐射划线。　　　　　　　　(　　)

4. 分离接种微生物不需要无菌操作。　　　　　　　　　　　　　　　　　(　　)

六、简答题

1. 简述微生物试管接种方法。

2. 简述试管菌种接种到平板培养基中的方法。

3. 简述划线分离法。

第五节　微生物的生长

一、名词解释

1. 好氧微生物
2. 兼性好氧微生物
3. 厌氧微生物
4. 兼性厌氧微生物
5. 水的活度
6. 微波
7. 紫外线
8. X射线
9. γ射线
10. 嗜酸微生物
11. 嗜中性微生物
12. 嗜碱微生物
13. 氧化剂
14. 表面活性剂
15. 抗微生物剂
16. 迟缓期
17. 对数期
18. 稳定期
19. 衰亡期

二、填空题

1. 影响微生物生长的环境因素多种多样，依据各种因素的性质可分为_____、_____和_____三大类。

2. 影响微生物生长的物理因素主要有_____、_____、_____、_____等。

3. 根据微生物生长温度的差别,可以把微生物分为_____、_____、_____、_____和_____。

4. 根据微生物对氧的需要程度的不同,可以将微生物分为_____、_____、_____和_____四种类型。

5. 一般来说,自然界的辐射作用对于微生物是有害的,其中最主要的是_____、_____、_____和_____。

6. 影响微生物生长的化学因素主要来自各类化学物质的作用,包括_____、_____、_____、_____和_____。

7. 影响微生物生长的生物因素主要是微生物与微生物、动物、植物之间的相互作用,主要有_____、_____、_____、_____和_____。

8. 微生物的培养条件主要包括以下几个方面:_____、_____、_____、_____。

9. 依据不同时间段里微生物生长速率的不同,可以把单细胞微生物的生长曲线分为_____、_____、_____、_____四个主要时期。

三、单项选择题

1. 当温度过低时,将导致微生物出现的生命活动现象是(　　)。
   A. 原生质膜处于凝固状态　　　　B. 酶的活性增加
   C. 蛋白质发生变性　　　　　　　D. 生物化学反应速度加快

2. 大肠杆菌的最低生长温度是(　　)。
   A. 1~3 ℃　　　　　　　　　　B. 10 ℃
   C. 15 ℃　　　　　　　　　　　D. 21~23 ℃

3. 枯草芽孢杆菌的最高生长温度是(　　)。
   A. 40 ℃　　B. 45 ℃　　C. 55 ℃　　D. 58 ℃

4. 根据微生物生长温度的差别,大肠杆菌属于(　　)。
   A. 嗜冷微生物　　　　　　　　B. 嗜热微生物
   C. 兼性嗜冷微生物　　　　　　D. 嗜温微生物

5. 嗜热微生物的最适生长温度为(　　)。
   A. 10~20 ℃　　B. 20~30 ℃　　C. 55~65 ℃　　D. 80~90 ℃

6. 当环境中的 a_w 高于微生物所要求的 a_w 时,微生物将出现的现象是(　　)。
   A. 吸水膨胀　　B. 细胞失水　　C. 细胞质变稀　　D. 正常生长

7. 常生长于液体培养基试管的表层的微生物是(　　)。
   A. 好氧微生物　　　　　　　　B. 兼性好氧微生物
   C. 厌氧微生物　　　　　　　　D. 兼性厌氧微生物

8. 通常用于空气与物体表面的杀菌的辐射是(　　)。
   A. 微波　　B. 紫外线　　C. X 射线　　D. γ 射线

9. 细菌生长的最适 pH 是（　　）。
   A. 4.5～5.5　　　　　B. 5.5～6.5　　　　　C. 6.5～7.5　　　　　D. 7.5～8.5
10. 嗜碱微生物主要是（　　）。
    A. 酵母菌　　　　　B. 霉菌　　　　　C. 结核分枝杆菌　　　　　D. 古生菌
11. 对微生物有害的有机物是（　　）。
    A. 醇类　　　　　B. 醛类　　　　　C. 酚类　　　　　D. 酮类
12. 下列关于微生物的生长曲线迟缓期的描述，错误的是（　　）。
    A. 细胞的生长速率为零　　　　　B. 是细胞生长的休眠期
    C. 能吸收各种营养物质　　　　　D. 积极合成细胞分裂所需的组分
13. 下列关于微生物的生长曲线对数期的描述，错误的是（　　）。
    A. 以最大的速率开始生长、分裂
    B. 微生物细胞的代谢活动最旺盛
    C. 微生物繁殖一代所需的时间最长
    D. 生产实践中以对数期的菌体为接种材料
14. 下列关于微生物的生长曲线稳定期的描述，正确的是（　　）。
    A. 细胞因生长活跃而消耗了大量的营养物质
    B. 细胞在培养液中高速率无限生长繁殖
    C. 新增殖的细胞数大于死亡的细胞数
    D. 活菌数与代谢产物都达到了最高量
15. 下列关于微生物的生长曲线衰亡期的描述，错误的是（　　）。
    A. 死亡速率已超过其生长速率　　　　　B. 菌体代谢活性降低
    C. 细胞逐渐出现自溶现象　　　　　D. 可以作为接种材料

四、多项选择题

1. 下列属于影响微生物生长的物理因素的有（　　）。
   A. 温度　　　　　B. 辐射　　　　　C. 氧化剂　　　　　D. 表面活性剂
2. 下列属于影响微生物生长的化学因素的有（　　）。
   A. 有机物　　　　　B. 水的活度　　　　　C. 抗微生物剂　　　　　D. 超声波
3. 下列属于影响微生物生长的生物因素的有（　　）。
   A. 捕食关系　　　　　B. 共生关系　　　　　C. 竞争关系　　　　　D. 拮抗关系
4. 下列属于微生物的培养条件的有（　　）。
   A. 营养物质　　　　　B. pH　　　　　C. 辐射　　　　　D. 无菌技术
5. 细菌的个体生长过程主要包括（　　）。
   A. DNA 的复制与分离　　　　　B. 细胞壁的裂解与闭合
   C. 细胞质膜开始内陷　　　　　D. 细胞裂解与死亡
6. 酵母菌的个体生长过程主要包括（　　）。
   A. 细胞体积连续增加　　　　　B. 形成鞭毛和菌毛
   C. DNA 的复制与分离　　　　　D. 隔膜的形成与断裂

7. 丝状微生物的个体生长过程主要包括( )。
   A. 形成萌发管,发育成菌丝　　　　　　B. 形成新的细胞壁与细胞膜
   C. 丝状微生物进入休眠状态　　　　　　D. 横隔膜的生成与断裂
8. 下列对微生物有害的有机物有( )。
   A. 醇类　　　　　B. 醛类　　　　　C. 酚类　　　　　D. 酮类

五、判断题

1. 当温度超过最高生长温度时,微生物停止生长,甚至死亡。　　　　　　　　　　( )
2. 嗜冷微生物体内的酶在低温下活性较低。　　　　　　　　　　　　　　　　　( )
3. 兼性嗜冷微生物多见于冷水或土壤中。　　　　　　　　　　　　　　　　　　( )
4. 保藏食品通常有冷藏(0～7 ℃)和冻藏(−20～−15 ℃)两种。　　　　　　　　( )
5. 高温能导致微生物体内的蛋白质失活,致使微生物细胞进入休眠状态。　　　　( )
6. 兼性好氧微生物通常布满液体培养基试管,但表层较多。　　　　　　　　　　( )
7. 在实验室和工业上,通常采用搅拌的方式补充氧气来培养兼性厌氧微生物。　　( )
8. 微波主要通过强烈的振荡和产生的热效应来破坏微生物细胞,导致微生物细胞的死亡。
   　　　　　　　　　　　　　　　　　　　　　　　　　　　　　　　　　　　( )
9. pH 不仅能影响细胞膜的通透性和稳定性,还能影响物质的溶解度。　　　　　　( )
10. 一般情况下,分子量越大的盐类,毒性也越小;二价阳离子毒性小于一价阳离子。
    　　　　　　　　　　　　　　　　　　　　　　　　　　　　　　　　　　　( )
11. 最常见的人工合成抗微生物剂是抗生素,最常见的天然抗微生物剂是磺胺类药物。
    　　　　　　　　　　　　　　　　　　　　　　　　　　　　　　　　　　　( )
12. 拮抗关系对微生物的生长是不利的,严重时会导致微生物细胞的死亡。　　　　( )
13. 接种处于对数生长期的菌种,适应能力更强。　　　　　　　　　　　　　　　( )
14. 较长的延迟期对生产是有利的,可提高菌种适应能力。　　　　　　　　　　　( )
15. 单细胞微生物生长曲线的四个时期不能作为它们的个体生长规律。　　　　　　( )

六、简答题

1. 根据微生物生长温度的差别,简述微生物的分类。

2. 根据微生物对氧的需要程度的不同,简述微生物的分类。

3. 简述主要的辐射类型。

4. 根据微生物生长所要求的 pH 的差别,简述微生物的分类。

5. 简述微生物的培养条件。

6. 简述细菌、放线菌、酵母菌和霉菌的菌落特征。

第六节 微生物数量的测定方法

一、名词解释

1. 微生物数量的测定
2. 细菌计数
3. 平板计数法
4. 薄膜过滤法
5. 试管法(MPN 法)
6. 平板涂抹法
7. 滴种平板法
8. 计数板法

二、填空题

1. 细菌计数是指在一定条件下每 1 g、1 mL、10 cm² 供试品液经培养后所生长的菌落数,其中 1 g 是_____,1 mL 是_____,10 cm² 是_____。

2. 细菌常用的计数方法有_____、_____、_____、_____、_____、_____。

3. 细菌数测定全过程应严格遵守无菌操作,在环境洁净度_____和局部洁净度_____单向流空气区域内进行,以防止再污染。

4. 细菌计数使用的培养基,一般使用_____,可按处方配制亦可采用干燥脱水培养基。细菌计数使用的主要稀释剂有_____(供试品稀释用),_____(对照菌液稀释用)。

5. 计数板法是计算总数(包括_____和_____)的方法,是按形态特征计数,也可用1%亚甲蓝乙醇溶液染色法区分_____与_____,加以计数。但染色活菌不一定是具有繁殖力的菌细胞。

6. 霉菌和酵母菌常用的计数方法有_____、_____、_____、_____。

7. 霉菌及酵母菌计数使用的培养基为_____和_____。霉菌及酵母菌计数使用的稀释剂为_____和_____。

三、单项选择题

1. 细菌计数中涉及的"在一定条件下"所指的培养温度和时间是( )。
   A. 温度为 20～25 ℃,培养时间为 24 h
   B. 温度为 30～35 ℃,培养时间为 24 h
   C. 温度为 20～25 ℃,培养时间为 48 h
   D. 温度为 30～35 ℃,培养时间为 48 h

2. 药品细菌数测定最常用的方法是( )。
   A. 平板菌落计数法   B. 薄膜过滤法
   C. 平板涂抹法   D. 计数板法

3. 细菌数测定全过程应严格遵守无菌操作,环境洁净度和局部洁净度分别为( )。
   A. 100 级、100 级   B. 100 级、10000 级
   C. 10000 级、100 级   D. 10000 级、10000 级

4. 细菌计数方法一般使用的培养基是( )。
   A. 牛肉膏蛋白胨培养基   B. 营养肉汤琼脂培养基
   C. LB 培养基   D. 柠檬酸盐培养基

5. 平板菌落计数法的阴性对照试验不包括( )。
   A. 培养基对照   B. 试剂对照   C. 操作过程对照   D. 样品对照

6. 每张滤膜每次冲洗量约为 100 mL,一般冲洗次数为( )。
   A. 1 次   B. 2 次   C. 3 次   D. 4 次

7. 原液供试品为 1 g,则 1∶100 稀释液相当于( )。
   A．0.001 g　　　　　B．0.01 g　　　　　C．0.1 g　　　　　D．1 g
8. 平板涂抹法是将供试液均匀涂布在琼脂平板的表面,下列描述错误的是( )。
   A．计数准确　　　B．菌落易于观察　　　C．接种量较小　　　D．易于好氧菌生长
9. 用滴种平板法计数,每滴液自然扩散的斑点直径为( )。
   A．0.5～1.0 cm　　B．1.5～2.0 cm　　C．2.5～3.0 cm　　D．3.5～4.0 cm
10. 真菌细胞的渗透压比一般细菌细胞高( )。
    A．1～2 倍　　　　B．2～5 倍　　　　C．5～8 倍　　　　D．8～10 倍
11. 致病真菌的生长温度多为( )。
    A．0 ℃以下　　　B．10～20 ℃　　　C．20～30 ℃　　　D．35 ℃以上
12. 国内外微生物限度检验中最常用的方法是( )。
    A．薄膜过滤法　　B．平板涂抹法　　C．计数板法　　　D．平板菌落计数法

四、多项选择题

1. 下列试验操作中,影响平板法菌落计数的有( )。
   A．供试液未均质　　　　　　　　B．供试液中的细菌未充分分散
   C．培养的温度和时间　　　　　　D．培养基的颜色
2. 下列关于平板涂抹法的操作注意事项的描述,正确的有( )。
   A．涂抹时勿划破琼脂,以免影响计数结果
   B．每一个平板分别用 1 支"L"棒
   C．涂布是否均匀、有无划破培养基表面,不影响计数
   D．制备好的平板在加入供试液前应放置培养箱至少 30 min
3. 计数板法因操作技术的原因可引起的计数误差有( )。
   A．滴加样方法　　　　　　　　　B．供试液的均匀程度
   C．统计人员视线误差　　　　　　D．细菌运动
4. 下列关于霉菌和酵母菌培养特性的描述,正确的有( )。
   A．为需氧菌,营养要求不高　　　　B．葡萄糖是最好的碳源
   C．能够充分利用无机氮元素　　　　D．不需要微量元素
5. 霉菌及酵母菌计数的培养基可为( )。
   A．玫瑰红钠琼脂培养基
   B．牛肉膏蛋白胨培养基
   C．营养肉汤琼脂培养基
   D．酵母浸出粉胨葡萄糖(YPD)琼脂培养基

五、判断题

1. 相同释级的两个平板的菌落数平均数不小于15,则两平板菌落数不能相差1倍及以上。
   (　　)
2. 计数板法适用于染菌量较小的供试品计数。　　　　　　　　　　　　　　(　　)
3. 定点计数对于压线菌细胞,可按计数上与左,不计数右与下的原则,以免重复计数。　(　　)

4. 霉菌和酵母菌的生长速度较慢,一般需要培养一周以上。 （　　）
5. 当供试品具有抑菌作用时,可考虑采用薄膜过滤法进行菌落计数。 （　　）
6. 平板涂抹法对于细菌计数比霉菌更能显示较好的效果。 （　　）
7. 实数法可直接计数 400 个小格（0.1 mm³）内的所有酵母菌。 （　　）
8. 出芽生殖的酵母菌细胞应作为两个细胞计数。 （　　）

六、简答题

1. 简述平板计数法的测定步骤。

2. 简述薄膜过滤法的测定步骤。

3. 简述试管法（MPN 法）的测定步骤。

4. 简述平板涂抹法的注意事项。

5. 简述计数板法的计数方法。

6. 简述真菌培养的特性。

第七节　微生物菌种的选育和保藏

一、名词解释

1. 菌种选育
2. 选种

3. 育种

4. 自然选育

5. 诱变育种

6. 基因重组育种

7. 原生质体融合育种

8. 低温保藏方法

9. 液状石蜡低温保藏法

10. 干燥保藏方法

11. 真空干燥冷冻法

12. 活体保藏法

13. 菌种衰退

二、填空题

1. 菌种选育方法有_____、_____、_____、_____、_____、_____等。

2. 菌种选育可以现有的菌种为基础,运用_____、_____、_____、_____、_____等技术使菌种发生变异,从而从中选取所需的新的菌种。

3. 菌种的自发突变往往存在两种可能性:一种是_____,生产性能下降;另一种是_____,生产性能提高。

4. 常用的菌种保藏方法有_____、_____、_____、_____。

5. 在菌种还未表现出衰退现象以前,要积极采取措施加防止,防止措施有_____、_____、_____、_____。

三、单项选择题

1. 在抗生素发酵生产中,从某一批次高产的发酵液取样进行分离出高产菌株的方法是(　　)。
   A. 自然选育　　　　　　　　　　B. 诱变育种
   C. 基因重组育种　　　　　　　　D. 基因工程育种

2. 下列关于诱变育种的描述,错误的是(　　)。
   A. 利用物理化学因素对微生物群体进行处理
   B. 促使某些菌体的 DNA 分子结构发生变化
   C. 利用菌种的自发突变选育出优良菌种的过程
   D. 诱发菌株变异从中筛选出所需要的菌株

3. 下列关于基因重组的叙述,正确的是(　　)。
   A. 非同源染色体的自由组合能导致基因重组
   B. 姐妹染色单体间相同片段的交换导致基因重组
   C. 基因重组导致纯合体自交后代出现性状分离
   D. 同卵双生兄弟间的性状差异是基因重组导致的

4. 下列属于原生质体融合育种的优势的是（　　）。
   A. 遗传不稳定性　　　　　　　　　　B. 操作技术难度大
   C. 生态安全风险高　　　　　　　　　D. 打破物种间的生殖隔离
5. 基因工程中常用的运载体是（　　）。
   A. 病毒　　　　　B. 质粒　　　　　C. 噬菌体　　　　　D. 细菌
6. CCCCM 是指（　　）。
   A. 中国科学院微生物研究所　　　　　B. 中国普通微生物菌种保藏管理中心
   C. 中国医学微生物菌种保藏管理中心　D. 中国微生物菌种保藏管理委员会
7. 采用 4 ℃左右低温保藏菌种的条件是（　　）。
   A. 干冰　　　　　B. 液氮　　　　　C. 一般的冰箱　　　D. 低温冰箱
8. 液状石蜡低温保藏法的温度要求在（　　）。
   A. －20 ℃　　　　B. －20～－4 ℃　　C. －4～4 ℃　　　　D. 4～10 ℃
9. 干燥保藏方法可保藏菌种的年限为（　　）。
   A. 10 年　　　　　B. 20 年　　　　　C. 30 年　　　　　　D. 长期
10. 目前最好的一类综合性的保藏方法是（　　）。
    A. 液状石蜡低温保藏法　　　　　　　B. 真空干燥冷冻法
    C. 干燥保藏方法　　　　　　　　　　D. 低温保藏方法
11. 下列属于菌种形态和生理上变异的是（　　）。
    A. 抗逆性降低　　B. 产量下降　　　C. 繁殖能力减弱　　D. 基因突变
12. 下列选项中，不属于菌种衰退现象的是（　　）。
    A. 目标性状劣化　B. 目标性状优化　C. 生产性能下降　　D. 菌落发生变异

四、多项选择题

1. 下列属于菌种育种的程序的有（　　）。
   A. 选好材料菌　　B. 育种技术选择　C. 使目标菌变异　　D. 分离出目标菌
2. 作为基因工程中常用的运载体，必须具备的条件包括（　　）。
   A. 能够在宿主细胞中复制　　　　　　B. 具有多个限制酶切位点
   C. 具有筛选标记　　　　　　　　　　D. 不需要宿主细胞也能自我复制
3. 采用 4 ℃左右低温保藏菌种的形式有（　　）。
   A. 冷冻保藏　　　B. 固体培养　　　C. 半固体穿刺培养　D. 液体培养
4. 菌种衰退的主要原因有（　　）。
   A. 非自发突变　　　　　　　　　　　B. 自发突变
   C. 菌种不纯　　　　　　　　　　　　D. 培养条件的不当
5. 下列属于防止菌种衰退措施的有（　　）。
   A. 避免不必要的移种和传代　　　　　B. 提高菌种突变频率
   C. 采用有效的保藏方法　　　　　　　D. 让菌种处于旺盛生长状态
6. 对菌种保藏的要求有（　　）。
   A. 不死　　　　　B. 不衰　　　　　C. 不乱　　　　　　D. 不休眠

五、判断题

1. 基因重组可获得两个菌种的优良性状。（　　）
2. 原生质体融合育种克服了远缘杂交不亲和的障碍。（　　）
3. 菌种保藏的目的是更好地利用微生物资源。（　　）
4. 选用菌种保藏方法，除应能长期保持菌种不发生变异外，还要考虑简便和经济。（　　）
5. 菌种保藏应设法控制细胞保藏的环境，使细胞处于生长旺盛状态，减少菌种的衰退。（　　）

六、简答题

1. 简述基因工程育种的方法。

2. 简述微生物菌种保藏技术的原理。

3. 简述常见的菌种衰退现象。

4. 如何防止菌种衰退？

第十章 免疫学基础知识

第一节 抗原

一、名词解释
1. 免疫
2. 免疫防御
3. 免疫稳定
4. 免疫监视
5. 抗原
6. 免疫原性
7. 免疫反应性
8. 抗原的特异性
9. 抗原决定簇
10. 共同抗原
11. 交叉反应
12. 免疫系统

二、填空题
1. 免疫具有_____、_____、_____三大功能。
2. 抗原具有_____、_____两个基本特性。
3. 完全抗原多为一些复杂的有机分子,如_____、_____、_____、_____等。不完全抗原一般分子量小,如_____、_____及_____等。
4. _____是决定抗原特异性的基础,是抗原与抗体、效应淋巴细胞表面的抗原受体特异性结合的部位。
5. 天然的抗原物质,如_____、_____和_____等,都含有多个抗原决定簇,每个决定簇都能刺激机体产生一种特异性抗体。

三、单项选择题
1. 免疫是指( )。
   A. 机体排除病原微生物的功能
   B. 机体清除损伤和衰老细胞的功能
   C. 机体抗感染的防御功能
   D. 机体识别和排除抗原性异物的功能

2. 下列关于免疫概念的描述,不包括( )。
   A. 识别"自身"与"非己"抗原　　　　　　B. 对"自身"抗原形成免疫耐受
   C. 对"非己"抗原产生免疫应答　　　　　　D. 促进机体"自身"新陈代谢
3. 机体抗御和排除病原体等抗原性异物的是( )。
   A. 免疫　　　　　B. 免疫防御　　　　　C. 免疫稳定　　　　　D. 免疫监视
4. 免疫反应过低可导致( )。
   A. 超敏反应　　　B. 自身免疫病　　　　C. 肿瘤发生　　　　　D. 免疫缺陷病
5. 免疫反应过高会造成( )。
   A. 组织损伤　　　　　　　　　　　　　　B. 识别自身衰老残损的细胞
   C. 肿瘤发生　　　　　　　　　　　　　　D. 清除自身衰老残损的细胞
6. 抗原具有的基本特性是( )。
   A. 免疫原性和免疫反应性　　　　　　　　B. 免疫原性和吻合性
   C. 免疫反应性和专一性　　　　　　　　　D. 吻合性和专一性
7. 抗原的特异性取决于( )。
   A. 抗原的分子量　　　　　　　　　　　　B. 抗原的化学结构
   C. 抗原的化学组成　　　　　　　　　　　D. 抗原决定簇

四、判断题

1. 免疫是机体识别"自我"、排除"异己"物质,维持机体平衡和稳定的功能。　　　( )
2. 病原微生物侵入机体时,只能通过特异性防御,才能将入侵者及其产物消灭、清除。
   　　　　　　　　　　　　　　　　　　　　　　　　　　　　　　　　　　　　( )
3. 免疫防御是机体识别和清除自身衰老残损的细胞。　　　　　　　　　　　　　( )
4. 免疫稳定功能失调,可引发自身免疫病。　　　　　　　　　　　　　　　　　( )
5. 免疫稳定是机体识别和清除体内突变细胞、被病原体感染细胞的一种生理功能。( )
6. 抗原是能刺激机体产生的免疫应答产物,并在体内或体外发生特异性结合的物质。
   　　　　　　　　　　　　　　　　　　　　　　　　　　　　　　　　　　　　( )
7. 免疫原性是指抗原刺激机体发生免疫应答、产生免疫应答产物的特性。　　　　( )
8. 大多数的蛋白质、外毒素可称为不完全抗原。　　　　　　　　　　　　　　　( )
9. 半抗原能单独诱导机体产生抗体。　　　　　　　　　　　　　　　　　　　　( )
10. 表位是抗原分子中决定抗原特异性的特殊化学基团。　　　　　　　　　　　( )

五、简答题

1. 简述免疫的功能。

2. 简述抗原的特性。

第二节　免疫系统

一、名词解释
1. 免疫系统
2. 中枢免疫器官
3. 外周免疫器官
4. 免疫活性细胞
5. 免疫分子
6. 淋巴因子
7. 白细胞介素
8. 补体

二、填空题
1. 免疫系统是机体执行免疫功能的物质基础,由＿＿＿＿＿＿＿、＿＿＿＿＿＿和＿＿＿＿＿＿组成。
2. 免疫器官可分为中枢免疫器官和外周免疫器官。中枢免疫器官包括＿＿＿＿＿和＿＿＿＿＿；外周免疫器官包括＿＿＿＿＿、＿＿＿＿＿和＿＿＿＿＿＿＿。
3. T细胞和B细胞是最主要的免疫活性细胞,＿＿＿＿＿＿来自骨髓,在胸腺成熟；＿＿＿＿＿＿受到抗原刺激后,大部分分化为浆细胞,合成和分泌大量的抗体参与免疫应答；＿＿＿＿＿＿具有非特异性杀伤功能；＿＿＿＿＿＿又称自然杀伤细胞,属于先天性免疫反应；细胞质中含有颗粒的白细胞称为粒细胞,有＿＿＿＿＿＿、＿＿＿＿＿＿、＿＿＿＿＿＿。＿＿＿＿＿＿是分散在许多器官组织中的具有强大吞噬能力的细胞。
4. 免疫分子包括＿＿＿＿＿＿、＿＿＿＿＿＿和＿＿＿＿＿等多种参加免疫应答的生物活性物质。

三、单项选择题
1. 免疫应答最基本的特点是(　　)。
   A. 免疫原性　　　B. 免疫特异性　　　C. 免疫反应性　　　D. 交叉反应
2. 下列物质中,能成为完全抗原的是(　　)。
   A. 多糖　　　　　B. 细菌　　　　　　C. 脂类　　　　　　D. 青霉素
3. 下列物质中,为不完全抗原的是(　　)。
   A. 细菌　　　　　B. 病毒　　　　　　C. 多糖　　　　　　D. 外毒素

4. 下列选项中,属于中枢免疫器官的是(　　)。
   A. 胸腺　　　　　　　　　　　　　　B. 淋巴结
   C. 脾脏　　　　　　　　　　　　　　D. 黏膜相关淋巴组织
5. 下列选项中,属于外周免疫器官的是(　　)。
   A. 骨髓　　　　B. 胸腺　　　　C. 心脏　　　　D. 脾脏
6. 免疫细胞的"发源地"是(　　)。
   A. 胸腺　　　　B. 骨髓　　　　C. 淋巴结　　　D. 脾脏
7. T 细胞发育成熟的器官是(　　)。
   A. 骨髓　　　　B. 胸腺　　　　C. 心脏　　　　D. 脾脏
8. 机体最大的外周免疫器官是(　　)。
   A. 胸腺　　　　　　　　　　　　　　B. 淋巴结
   C. 脾脏　　　　　　　　　　　　　　D. 黏膜相关淋巴组织
9. 机体最主要的免疫活性细胞是(　　)。
   A. 单核巨噬细胞、粒细胞　　　　　　B. 淋巴细胞系、红细胞
   C. 粒细胞、红细胞　　　　　　　　　D. T 细胞、B 细胞
10. 能分化为浆细胞,合成和分泌大量的抗体参与免疫应答的免疫细胞是(　　)。
    A. B 细胞　　　B. T 细胞　　　C. K 细胞　　　D. NK 细胞
11. 下列属于细胞免疫的免疫细胞是(　　)。
    A. B 细胞　　　B. T 细胞　　　C. K 细胞　　　D. 单核巨噬细胞
12. 下列属于体液免疫的免疫细胞是(　　)。
    A. B 细胞　　　B. T 细胞　　　C. 粒细胞　　　D. NK 细胞
13. 具有非特异性杀伤功能的免疫细胞是(　　)。
    A. B 细胞　　　B. 粒细胞　　　C. K 细胞　　　D. 单核巨噬细胞
14. 对肿瘤细胞具有明显的杀伤作用的免疫细胞是(　　)。
    A. B 细胞　　　B. T 细胞　　　C. K 细胞　　　D. NK 细胞
15. 参与体内的过敏反应和变态反应的免疫细胞是(　　)。
    A. 嗜碱性粒细胞　B. 嗜酸性粒细胞　C. 嗜中性粒细胞　D. 单核巨噬细胞
16. 下列不属于免疫分子的是(　　)。
    A. 抗体　　　　B. 白细胞介素　　C. 补体　　　　D. 外毒素

四、判断题

1. 免疫系统由免疫器官和组织、免疫细胞和免疫分子组成。　　　　　　　　(　　)
2. 免疫细胞发育和成熟的场所是在外周淋巴器官。　　　　　　　　　　　　(　　)
3. 胸腺中的多能干细胞分化为髓样干细胞和淋巴干细胞。　　　　　　　　　(　　)
4. B 细胞是淋巴干细胞在骨髓中发育的。　　　　　　　　　　　　　　　　(　　)
5. 淋巴干细胞进入胸腺(人、畜)或腔上囊(禽)分化成 T 细胞或 B 细胞。　　(　　)
6. 青春期后,胸腺逐渐退化,老年期胸腺萎缩、功能衰退。　　　　　　　　　(　　)
7. 淋巴结的主要功能是清除各个组织器官中的抗原物质。　　　　　　　　　(　　)

8. 扁桃体是机体最大的外周免疫器官。（　）
9. T细胞来自骨髓,在胸腺成熟。（　）
10. B细胞不产生抗体,而是直接起作用。（　）
11. T细胞有抑制B细胞的作用,可能产生大量自身抗体,并引起各种自身免疫病。（　）
12. K细胞不依赖抗体,不需要抗原刺激即可杀伤靶细胞。（　）
13. NK细胞主要依赖于适应性免疫反应。（　）
14. 酸性粒细胞与抗体、抗原结合,加大对抗原的吞噬作用,参与机体的免疫过程。（　）
15. 由白细胞和成纤维细胞产生的干扰素,具有抗病毒作用。（　）
16. 补体可介导免疫应答和炎症反应。（　）

五、简答题

1. 简述中枢免疫器官的构成及其功能。

2. 简述外周免疫器官的功能。

第三节　抗体

一、名词解释

1. 抗体
2. 免疫球蛋白
3. 中和作用
4. 调理作用
5. 抗体依赖性细胞介导的细胞毒作用

二、填空题

1. 一个免疫球蛋白单体由两条相同的_____和两条相同的_____共4条肽链构成。氨基端轻链的1/2和重链的1/4的区域内氨基酸的组成和排列顺序高度可变,称为_____,能与抗原特异性结合;羧基端轻链的1/2和重链的3/4的区域氨基酸数量、种类和排列顺序都相对稳定,称为_____,其中重链的三个恒定区从氨基端向羧基端排列为_____、_____、_____,分别具有不同的功能。
2. 用_____水解IgG单体,可在铰链区二硫键的氨基侧切断,得两个相同的抗原结合片段(Fab 段)和一个可结晶片段(Fc 段)，_____包含了轻链和重链的可变区，是与抗原分子结合的片段，_____具有激活补体、结合细胞、通过胎盘和黏膜的功能。

3. 根据重链恒定区结构的差别，将免疫球蛋白分为_____、_____、_____、_____和_____五类。_____是机体抗感染的主要抗体；_____是初次体液免疫应答最早出现的抗体；_____分为血清型和分泌型两种，血清型主要为单体，分泌型由呼吸道、消化道、泌尿生殖道等处黏膜中的浆细胞产生，广泛分布于黏膜和外分泌液中，是机体局部黏膜抗感染的主要抗体；_____是 B 淋巴细胞的重要抗原受体；在过敏性疾病或寄生虫感染时，特异性_____含量显著增高。

4. 免疫球蛋白 Fab 段能够特异性结合抗原，其结合部位在_____，_____与相应抗原特异性结合后所发挥的生物学效应因抗原的性质而不同。

5. 有些抗原在与相应抗体结合后，其生物学性质并不能改变，需要 Fc 段结合_____、_____和_____等，才能将抗原破坏清除。在单核巨噬细胞、NK 细胞膜上有 IgG 的_____，在肥大细胞或嗜碱性粒细胞膜上有 IgE 的_____，抗体与其相应受体结合发挥不同的作用。

三、单项选择题

1. 能与抗原特异性结合的免疫球蛋白的结构区域是(　　)。
   A. 可变区　　　　　B. 恒定区　　　　　C. 铰链区　　　　　D. 二硫键
2. 能结合补体的免疫球蛋白的结构区域是(　　)。
   A. 可变区　　　　　B. 恒定区　　　　　C. 铰链区　　　　　D. 二硫键
3. 下列属于免疫球蛋白 Fab 段功能的是(　　)。
   A. 抑制细菌吸附　　B. 激活补体　　　　C. 调理作用　　　　D. ADCC
4. 下列属于免疫球蛋白 Fc 段功能的是(　　)。
   A. 中和作用　　　　　　　　　　　　　B. 封闭受体结合位点
   C. 调理作用　　　　　　　　　　　　　D. 抑制细菌吸附
5. 由五聚体构成的免疫球蛋白是(　　)。
   A. IgG　　　　　　B. IgM　　　　　　C. IgA　　　　　　D. IgE
6. 能介导 I 型超敏反应、抗寄生虫感染的免疫球蛋白是(　　)。
   A. IgG　　　　　　B. IgM　　　　　　C. IgA　　　　　　D. IgE
7. 唯一能穿过胎盘的免疫球蛋白是(　　)。
   A. IgG　　　　　　B. IgM　　　　　　C. IgA　　　　　　D. IgE
8. 能与肥大细胞结合的免疫球蛋白是(　　)。
   A. IgG　　　　　　B. IgM　　　　　　C. IgA　　　　　　D. IgE
9. 血清中含量最高的免疫球蛋白是(　　)。
   A. IgG　　　　　　B. IgM　　　　　　C. IgA　　　　　　D. IgE

四、判断题

1. 抗体只存在于血液及组织液中。　　　　　　　　　　　　　　　　　　　　(　　)
2. 抗体属于生物学功能概念，免疫球蛋白属于化学结构概念，所以免疫球蛋白就是抗体。(　　)

3. 一个免疫球蛋白单体由两条相同的重链（H 链）和两条相同的轻链（L 链）构成。（   ）
4. H 链和 L 链、两条 L 链通过二硫键互相连接成"Y"形。（   ）
5. 可变区（V 区）能与抗原特异性结合。（   ）
6. 恒定区（C 区）CH2 可结合补体。（   ）
7. 用木瓜蛋白酶水解 IgG 单体，可在铰链区二硫键处切断。（   ）
8. 用木瓜蛋白酶水解 IgG 单体，可抗原结合片段（Fab 段）和一个可结晶片段（Fc 段）。

（   ）
9. Fab 段具有激活补体、结合细胞、通过胎盘和黏膜的功能。（   ）
10. 病毒与易感细胞受体结合的位点被抗体封闭，丧失了感染细胞的作用。（   ）
11. 黏膜表面的 sIgA 与细菌特异性结合，可以阻止细菌与黏膜细胞的结合。（   ）
12. 抗病毒抗体、抗细菌抗体及抗毒素主要为 IgA。（   ）
13. IgM 分子量最大，可称为巨球蛋白。（   ）
14. 血清型 IgA 存在于黏膜和外分泌液中，是机体局部黏膜抗感染的主要抗体。（   ）
15. 分泌型 IgA（sIgA）由呼吸道等处黏膜中的浆细胞产生，广泛分布于血清中。（   ）
16. 在过敏性疾病或寄生虫感染时，特异性 IgE 含量显著增高。（   ）

五、简答题

1. 简述免疫球蛋白 Fab 段的功能。

2. 简述五类免疫球蛋白的主要特性。

第四节　免疫应答

一、名词解释

1. 免疫应答
2. 体液免疫应答
3. 细胞免疫应答
4. 正免疫应答
5. 负免疫应答
6. 生理性免疫应答

7. 病理性免疫应答
8. 抗原识别阶段
9. 活化增殖与分化阶段
10. 效应阶段

二、填空题

1. 根据参与免疫应答细胞种类及其效应机制的不同,可将适应性免疫应答分为T细胞介导的_____和B细胞介导的_____。根据免疫活性细胞对抗原异物刺激的反应结果不同,免疫应答可分为_____和_____。根据免应结果是否对机体造成损伤,分为_____和_____。

2. 根据免疫应答的基本规律,适应性免疫应答可以划分为紧密相关、不可分割的三个阶段,即_____、_____和_____。

三、单项选择题

1. 受抗原刺激后发生免疫应答的部位是( )。
   A. 胸腺　　　B. 骨髓　　　C. 法氏囊　　　D. 淋巴结
2. 免疫细胞活化、增殖与分化的阶段是( )。
   A. 提呈抗原　　B. 识别抗原　　C. 反应阶段　　D. 效应阶段
3. 免疫耐受也称为( )。
   A. 正免疫应答　B. 负免疫应答　C. 体液免疫应答　D. 细胞免疫应答
4. 能分化成记忆细胞的免疫细胞是( )。
   A. T细胞　　　B. B细胞　　　C. 巨噬细胞　　　D. 粒细胞

四、判断题

1. 免疫应答主要发生在中枢淋巴器官。　　　　　　　　　　　　　　( )
2. 免疫应答对机体是有利的,对机体不会造成伤害。　　　　　　　　( )
3. 适应性免疫应答可分为细胞免疫应答和体液免疫应答。　　　　　　( )
4. 体液免疫应答是在抗原刺激下活化、增殖,B细胞分化为浆细胞,产生抗体参与免疫。　　　　　　　　　　　　　　　　　　　　　　　　　( )
5. 细胞免疫应答的主要作用是抗细胞内寄生微生物的感染、抗肿瘤。　( )
6. 外源性抗原的抗原肽与自身的MHC Ⅱ分子结合,供 $CD8^+$ Th细胞识别。( )
7. T细胞也可分化为浆细胞并产生抗体。　　　　　　　　　　　　　( )

五、简答题

简述免疫应答的基本过程。

第十一章 生物技术及其应用

第一节 生物技术的形成与发展

一、名词解释
1. 生物技术
2. PCR 技术

二、填空题
1. 1982 年国际合作及发展组织定义生物技术为应用自然科学及工程学的原理,依靠_____、动物、植物体作为反应器,将物料进行加工以提供产品来为社会服务的技术。
2. 伴随着_____、细胞工程、酶工程、发酵工程和蛋白质工程等的形成与发展,构成了现代生物技术这一内涵。
3. 1943 年,大规模工业生产青霉素,以及后来多种抗生素的生产与利用,标志着_____发展的鼎盛时期,为生物技术的发展起到了划时代的作用。
4. 1944 年,美国著名微生物学家 Avery 首先证明_____就是基因,是生物的遗传物质。
5. 1953 年,美国科学家沃森和克里克发现了_____,奠定了现代分子生物学的基础。
6. 生物技术已成为 21 世纪发展最快的学科之一,其发展趋势主要体现在基因操作技术更加成熟与完善,使得_____植物和动物取得重大突破。
7. 生物技术已成为 21 世纪发展最快的学科之一,其发展趋势主要体现在_____生物学技术的研究与应用,使治疗性器官移植成为可能。
8. 生物技术已成为 21 世纪发展最快的学科之一,其发展趋势主要体现在利用计算机技术对生物信息进行处理、贮存、分析和解释,形成新的_____学科。
9. PCR 也叫_____,是 DNA 片段体外扩增的一种技术。
10. _____又称 DNA 重组技术,是在基因水平上进行的遗传操作。
11. 基因工程主要是通过有机合成,或者以 mRNA 为模板,利用反转录酶合成碱基互补的 DNA,按照人们的需要对 DNA 序列进行设计、剪接、修饰加工,再和载体 DNA(质粒)连接在一起重新导入_____,大量繁殖,生产所需要的蛋白质、激素、疫苗、酶等,培育出具有某些特殊性能的转基因动、植物新品种。
12. 基因工程包括提取供体生物的目的基因(外源基因),用限制性内切酶切开,将含所需性状的目的基因连接到另一 DNA 分子上(常用大肠杆菌),形成新的_____。

13. 基因工程包括将_____转入受体细胞,并在受体细胞中复制保存。
14. 基因工程包括对受体细胞进行筛选和鉴定,以保存并复制含有目的基因的细胞,一般通过特殊培养基进行_____,淘汰没有转化的细胞,筛选出那些带有目的基因的外源 DNA 重组质粒。
15. 基因工程包括对含有_____的细胞进行大量培养,并检测外源基因是否表达。

三、单项选择题

1. 以下不属于生物技术范畴的是( )。
   A. 基因工程　　　B. 细胞工程　　　C. 发酵工程　　　D. 化学工程
2. 以下技术不属于细胞工程范畴的是( )。
   A. 动物细胞培养　B. 植物组织培养　C. 酶工程　　　　D. 核移植技术
3. 发酵工程中,用于生产青霉素的微生物是( )。
   A. 曲霉　　　　　B. 酵母菌　　　　C. 链霉菌　　　　D. 乳酸菌
4. 下列不属于生物技术可以用于生产可再生能源的是( )。
   A. 基因工程　　　B. 酶工程　　　　C. 发酵工程　　　D. 化石能源
5. 1943 年,大规模工业生产( ),标志着传统生物技术发展的鼎盛时期。
   A. 酒精　　　　　B. 青霉素　　　　C. 酶　　　　　　D. 疫苗
6. 1953 年,( )发现了 DNA 双螺旋结构,奠定了现代分子生物学的基础。
   A. 艾弗里　　　　B. 沃森和克里克　C. 孟德尔　　　　D. 巴斯德
7. 基因工程又称( )。
   A. DNA 剪切技术　B. DNA 复制技术　C. DNA 重组技术　D. DNA 翻译技术
8. 克隆是指( )。
   A. 生物体通过体细胞进行的无性繁殖　　B. 生物体通过生殖细胞进行的繁殖
   B. 生物体通过杂交进行的繁殖　　　　　D. 生物体通过基因突变进行的繁殖
9. 生物技术应用的重要领域不包括( )。
   A. 医药　　　　　B. 农业　　　　　C. 能源　　　　　D. 航天
10. 基因工程的主要步骤不包括( )。
    A. 目的基因的获取　　　　　　　　　　B. 基因表达载体的构建
    B. 目的基因的检测与鉴定　　　　　　　D. 细胞的癌变处理
11. 发酵工程在食品工业中不包括( )。
    A. 生产酒精饮料　B. 生产面包和馒头　C. 生产塑料制品　D. 生产酱油和醋
12. 生物技术在环境保护中的应用不包括( )。
    A. 利用微生物降解污染物　　　　　　　B. 生物修复技术
    C. 生产生物可降解塑料　　　　　　　　D. 生产转基因食品

四、判断题

1. 1943 年,大规模工业生产青霉素标志着传统生物技术发展的鼎盛时期。( )
2. 1944 年,美国著名微生物学家 Avery 证明基因就是 RNA 分子。( )

3. 1953年,美国科学家沃森和克里克发现了DNA单螺旋结构。　　　　　　（　）
4. 生物技术是应用自然科学及工程学的原理,依靠微生物、动物、植物体作为反应器,将物料进行加工以提供产品来为社会服务的技术。　　　　　　　　　　　（　）
5. 转基因动物是通过自然方法将外源基因导入动物体内。　　　　　　　（　）
6. 克隆是指生物体通过生殖细胞进行的无性繁殖。　　　　　　　　　　（　）
7. 基因工程又称DNA重组技术,是在蛋白质水平上进行的遗传操作。　　（　）
8. 发酵工程是生物技术的一个重要组成部分,它主要利用微生物的发酵作用来生产各种产品。　　　　　　　　　　　　　　　　　　　　　　　　　　　（　）
9. 细胞工程是通过细胞培养、细胞融合等技术手段,对细胞进行改造和利用的工程。（　）
10. 酶工程主要是利用酶的催化作用,将一种物质转化为另一种物质的过程。（　）
11. 蛋白质工程是通过改变蛋白质的氨基酸序列,从而改变蛋白质的性质和功能。（　）
12. 生物技术的发展趋势不包括基因操作技术的完善与成熟。　　　　　　（　）
13. 医学生物技术对人类疾病治疗和健康没有发挥巨大作用。　　　　　　（　）
14. 基因组及编码蛋白质的结构与功能研究不是今后生物技术的热点问题。（　）
15. 利用计算机技术对生物信息进行处理、贮存、分析和解释,不属于生物技术的内容。（　）

五、简答题

1. PCR技术的原理是什么?

2. PCR技术有何用途?

3. PCR技术如何进行核酸定量检测?

第二节 生物技术的基本内容

一、名词解释
1. DNA 重组技术
2. 发酵工程
3. 细胞工程
4. 细胞融合技术
5. 固定化酶

二、填空题
1. DNA 的基本组成单位是_____，RNA 的基本组成单位是_____。
2. 细胞工程的基本操作有无菌操作技术、细胞培养技术和_____技术。
3. 目前常用的转基因动物制作方法有受精卵雄原核显微注射法、胚胎干细胞（ES 细胞）法、逆转录病毒感染法、_____、精子载体法、YAC 法。
4. 限制性内切酶是一类由细菌产生的能专一识别双链 DNA 中的特定碱基序列，并水解该点_____的核酸内切酶。
5. 干细胞是一种具有多项分化潜能和_____、更新能力的原始未分化细胞。
6. PCR 也叫_____，是 DNA 片段体外扩增的一种技术。
7. 基因克隆（DNA 重组技术）的基本过程包括提取外源目的基因、酶解连接到另一 DNA 分子上形成重组 DNA 分子、将这个重组 DNA 分子转入受体细胞并在受体细胞中复制保存，这个过程称为_____。
8. 发酵工程是利用微生物的某些特定功能，为人类生产有用的产品，或直接把微生物应用于生产过程的一种新技术，包括以菌体为产品的发酵、以微生物的酶为产品的发酵、以微生物的代谢产物为产品的发酵和_____。

三、单项选择题
1. 生物技术的核心是（　　）。
   A. 发酵工程　　　B. 基因工程　　　C. 细胞工程　　　D. 酶工程
2. 基因工程中常用的工具酶不包括（　　）。
   A. 限制酶　　　B. DNA 连接酶　　　C. 逆转录酶　　　D. DNA 聚合酶
3. 不可作为基因工程的受体细胞的是（　　）。
   A. 细菌细胞　　　B. 植物细胞　　　C. 动物细胞　　　D. 支原体
4. 基因工程中常用的运载体不包括（　　）。
   A. 质粒　　　B. 噬菌体　　　C. 动植物病毒　　　D. 细菌拟核
5. 细胞工程的技术不包括（　　）。
   A. 植物组织培养　　　　　　　B. 动物细胞融合
   C. 基因突变　　　　　　　　　D. 胚胎移植

6. 单克隆抗体的制备过程中,用到的细胞不包括(　　)。
   A. B 淋巴细胞　　　B. 骨髓瘤细胞　　　C. T 淋巴细胞　　　D. 杂交瘤细胞
7. 下列关于生态工程原理的叙述,错误的是(　　)。
   A. 物质循环再生原理　B. 物种多样性原理　C. 协调与平衡原理　D. 基因突变原理
8. 蛋白质工程的基本流程是(　　)。
   A. 基因修饰—蛋白质结构分析—新蛋白质设计—新蛋白质合成
   B. 蛋白质结构分析—基因修饰—新蛋白质设计—新蛋白质合成
   C. 蛋白质结构分析—新蛋白质设计—基因修饰—新蛋白质合成
   D. 新蛋白质设计—蛋白质结构分析—基因修饰—新蛋白质合成
9. 下列关于生物技术安全性和伦理问题的叙述,错误的是(　　)。
   A. 转基因生物可能会对生态系统的稳定性和人类生活环境造成破坏
   B. 克隆人违反了人类的伦理道德,我国禁止一切克隆技术
   C. 生物技术引发的伦理问题是可以通过一定的措施和手段解决的
   D. 设计试管婴儿涉及胚胎的选择,可能会引发伦理问题
10. PCR 技术扩增 DNA 时,需要的条件不包括(　　)。
    A. 模板 DNA　　　　　　　　　　　B. 引物
    C. RNA 聚合酶　　　　　　　　　　D. 热稳定 DNA 聚合酶
11. 下列关于生物技术应用的叙述,正确的是(　　)。
    A. 在制革工业中可以使用固定化酶来处理皮草
    B. 加酶洗衣粉中添加的酶通常是蛋白酶、脂肪酶、淀粉酶和纤维素酶
    C. 利用基因工程生产的乙肝疫苗属于减毒活疫苗
    D. 利用发酵工程生产的乳酸可以用于生产味精
12. 下列关于细胞融合的叙述,错误的是(　　)。
    A. 细胞融合可以克服远缘杂交不亲和的障碍
    B. 植物体细胞杂交过程中会发生细胞融合
    C. 动物细胞融合常用灭活的病毒作为诱导剂
    D. 细胞融合过程中,细胞膜的成分和结构不会发生改变
13. 生物技术的核心领域不包括(　　)。
    A. 基因工程　　　B. 细胞工程　　　C. 发酵工程　　　D. 计算机工程
14. 下列不属于基因工程的主要技术手段的是(　　)。
    A. 基因扩增　　　B. 基因编辑　　　C. 基因表达　　　D. 基因克隆
15. 下列不属于细胞工程的主要技术手段的是(　　)。
    A. 有性杂交　　　B. 细胞融合　　　C. 细胞筛选　　　D. 细胞培养
16. 下列不属于发酵工程的主要技术手段的是(　　)。
    A. 人缺氧产生乳酸　B. 酶工程　　　C. 生物反应器　　　D. 微生物发酵

四、判断题

1. 生物技术是以现代生命科学为基础的一系列技术。　　　　　　　　　　(　　)

2. 生物技术只包括基因工程和细胞工程两个方面。（　　）
3. 基因工程是通过直接操作生物体的基因来改变其遗传特性的技术。（　　）
4. 细胞工程是通过培养、增殖和分化细胞来生产有用物质或创造新品种的技术。（　　）
5. 蛋白质工程是通过改变蛋白质的氨基酸序列来改变其功能的技术。（　　）
6. 酶工程是通过利用酶的催化作用来生产有用物质的技术。（　　）
7. 发酵工程是通过微生物的发酵作用来生产有用物质的技术。（　　）
8. 生物材料技术不属于生物技术的范畴。（　　）
9. 生物技术只能用于生产人类所需的产品，不能用于环境保护。（　　）
10. 所有生物技术都是基于现代生命科学和先进的工程技术手段。（　　）

五、简答题

1. 发酵工程有何特点？

2. 常用的发酵菌种类型有哪些？

3. 细胞工程的研究内容有哪些？

第三节　生物技术的应用

一、填空题

1. 目前常用的转基因动物制作方法有受精卵雄原核显微注射法、胚胎干细胞（ES 细胞）法、逆转录病毒感染法、体细胞核移植法、精子载体法、_____等。
2. 按照分化潜能大小来分类，干细胞可分为全能干细胞、多能干细胞和_____三类。
3. 发酵工程指采用现代工程技术手段，利用_____的某些特定功能，为人类生产有用的产品。
4. 利用基因工程技术不但可以成倍地提高酶的活力，而且可以将生物酶基因克隆到微生物中，构建基因工程菌来生产酶。据 1995 年统计，已有 50% 的工业用酶是用_____生产的。
5. 转基因微生物生产酶的优点有产量高、品质均一、稳定性好、_____等。

二、单项选择题

1. 生物技术在农业中的应用不包括（   ）。
   A. 转基因作物　　　B. 生物农药　　　C. 生物肥料　　　D. 生物计算机
2. 生物技术在医药中的应用不包括（   ）。
   A. 基因治疗　　　　B. 生物制药　　　C. 生物芯片　　　D. 生物计算机
3. （   ）是生物技术在环境治理中的应用。
   A. 生物修复　　　　B. 生物能源　　　C. 生物监测　　　D. 生物发酵
4. （   ）是生物技术在食品工业中的应用。
   A. 发酵　　　　　　B. 基因编辑　　　C. 细胞培养　　　D. 蛋白质工程
5. 生物技术中的"生物反应器"主要用于（   ）。
   A. 化学合成　　　　B. 生物合成　　　C. 物理处理　　　D. 数据分析

三、多项选择题

1. （   ）是生物技术在能源领域的应用。
   A. 生物柴油　　　　B. 生物乙醇　　　C. 生物氢　　　　D. 生物监测
2. （   ）是生物技术在生物信息学中的应用。
   A. 基因组学　　　　B. 生物修复　　　C. 代谢组学　　　D. 蛋白质组学
3. 生物技术中的"生物传感器"主要用于（   ）。
   A. 生物模拟　　　　B. 医疗诊断　　　C. 食品安全　　　D. 环境监测
4. （   ）是生物技术在军事领域的应用。
   A. 生物武器　　　　B. 生物防御　　　C. 生物合成　　　D. 生物侦察
5. （   ）是生物技术在教育领域的应用。
   A. 生物实验　　　　B. 生物模拟　　　C. 生物教学　　　D. 药物筛选

四、判断题

1. 克隆技术是通过有性繁殖的方式产生遗传上完全相同的生物个体。（   ）
2. 转基因技术只能应用于植物，不能应用于动物。（   ）
3. 发酵工程是生产生物燃料的一种生物技术。（   ）
4. 酶工程不能用于治疗遗传性疾病。（   ）
5. 组织工程可以修复或替换受损的组织和器官。（   ）
6. 基因枪法是一种基因测序技术。（   ）
7. 核磁共振成像（MRI）是生物技术的一种应用。（   ）
8. 生物反应器只能用于生产药物和疫苗。（   ）

五、简答题

谈谈你对转基因食品的认识。

附录一 综合模拟试卷

综合模拟试卷一

(考试时间 150 分钟,满分 150 分)

一、单项选择题(本大题共 40 小题,每小题 1 分,共 40 分)

1. ( )不是生物。
 A. 微生物　　　　　B. 土壤　　　　　C. 植物　　　　　D. 动物
2. 在生物六界分类系统中,( )包括了多细胞的绿色植物。
 A. 原核生物界　　　B. 原生生物界　　　C. 植物界　　　　D. 病毒界
3. 形成叶绿素的离子是( )。
 A. Mg^{2+}　　　　　B. Fe^{3+}　　　　　C. Co^+　　　　　D. PO_4^{3-}
4. 大分子和颗粒性物质进入细胞的主要方式是( )。
 A. 自由扩散　　　　B. 协助扩散　　　　C. 主动运输　　　　D. 内吞作用
5. 参与机体防御功能的血细胞是( )。
 A. 红细胞　　　　　B. 白细胞　　　　　C. 血浆　　　　　　D. 血小板
6. 下列不属于植物基本系统的是( )。
 A. 薄壁组织　　　　B. 表皮　　　　　　C. 厚角组织　　　　D. 厚壁组织
7. 骨在运动中( )作用。
 A. 杠杆　　　　　　B. 调节　　　　　　C. 支点　　　　　　D. 动力
8. 厌氧型生物的主要特征是( )。
 A. 营养方式为寄生　　　　　　　　　　B. 营养方式为腐生
 C. 体型小、结构简单　　　　　　　　　D. 缺氧条件下仍能进行异化作用
9. 绿色植物吸收水分的主要器官是( )。
 A. 根　　　　　　　B. 茎　　　　　　　C. 叶　　　　　　　D. 种子
10. 下列关于能量的表述,错误的是( )。
 A. 动物体内贮存的能量,归根到底是来自光能
 B. 绿色植物通过光能作用将光能转化为化学能
 C. 三大营养物质在细胞内被氧化分解时,是能量贮存的过程
 D. 人体在一般情况下,所需要的能量约 70% 是由糖类供给的
11. 动物体内甲种氨基酸通过转氨基作用生成乙种氨基酸,可以肯定的是( )。
 A. 甲种氨基酸是必需氨基酸　　　　　　B. 甲种氨基酸是非必需氨基酸
 C. 乙种氨基酸是必需氨基酸　　　　　　D. 乙种氨基酸是非必需氨基酸

12. 遗传物质的主要载体是（　　）。
    A. 染色体　　　　　B. 中心体　　　　　C. 内质网　　　　　D. 核糖体
13. 每一条染色体只含有 1 个 DNA 分子，每个 DNA 分子上的基因有（　　）。
    A. 1 个　　　　　　B. 2 个　　　　　　C. 3 个　　　　　　D. 很多
14. 隐性基因是指（　　）。
    A. 任何情况下都不能表现出来的基因
    B. 任何情况下都能表现出来的基因
    C. 在显性基因存在时，不能表现出来的基因
    D. 在显性基因存在时，才能表现出来的基因
15. 下列生物中，能够出芽生殖的真核生物是（　　）。
    A. 酵母菌　　　　　B. 蓝藻　　　　　　C. 竹　　　　　　　D. 马铃薯
16. 减数分裂过程中，染色体数目减半发生在（　　）。
    A. 初级精母细胞形成时　　　　　　　　B. 次级精母细胞形成时
    C. 精子细胞形成时　　　　　　　　　　D. 精子形成时
17. 蛙卵的受精和受精卵的发育分别是（　　）。
    A. 体内受精和体内发育　　　　　　　　B. 体内受精和体外发育
    C. 体外受精和体内发育　　　　　　　　D. 体外受精和体外发育
18. 顶端优势是由于（　　）。
    A. 顶芽生长素浓度过高　　　　　　　　B. 侧芽生长素浓度过高
    C. 顶芽、侧芽生长素浓度相等　　　　　D. 顶芽生长素浓度大于侧芽浓度
19. 下列属于由神经垂体分泌，具有调节人体内水平衡作用的激素是（　　）。
    A. 抗利尿激素　　　B. 生长激素　　　　C. 促甲状腺激素　　D. 黄体生成素
20. 下列关于生态因素对生物群落结构影响的说法，正确的是（　　）。
    A. 生态因素只影响生物群落的种类组成
    B. 生态因素只影响生物群落的空间配置
    C. 生态因素可以影响生物群落的种类组成和空间配置
    D. 生态因素对生物群落结构没有影响
21. （　　）不是生态系统的一个基本组成部分。
    A. 生物群落　　　　B. 非生物环境　　　C. 能量流动　　　　D. 食物链
22. （　　）过程不属于生态系统的物质循环。
    A. 碳循环　　　　　B. 氮循环　　　　　C. 磷循环　　　　　D. 能量循环
23. 环境污染对生物的影响主要包括（　　）。
    A. 光合作用增强　　　　　　　　　　　B. 增加基因多样性
    C. 引发基因突变　　　　　　　　　　　D. 提高生物生长速度
24. 温室效应加剧的主要原因是（　　）。
    A. 火山喷发　　　　　　　　　　　　　B. 森林砍伐
    C. 大量燃烧化石燃料　　　　　　　　　D. 自然灾害

25. 下列属于真核细胞型微生物的是（　　）。
    A. 病毒　　　　　B. 支原体　　　　　C. 衣原体　　　　　D. 真菌
26. 细菌的繁殖方式是（　　）。
    A. 二分裂法　　　B. 有丝分裂　　　　C. 减数分裂　　　　D. 孢子生殖
27. 下列属于霉菌有性孢子的是（　　）。
    A. 孢囊孢子　　　B. 接合孢子　　　　C. 分生孢子　　　　D. 节孢子
28. 真菌细胞膜的主要功能是（　　）。
    A. 含有遗传物质DNA，以及与DNA相关的蛋白质
    B. 含有许多代谢酶和蛋白质，参与物质的合成和代谢
    C. 真菌细胞的控制中心，负责细胞的遗传信息的传递和调控
    D. 维持细胞内外的物质平衡，并起到选择性通透的作用
29. 组成病毒衣壳的化学成分是（　　）。
    A. DNA或RNA　　　　　　　　　　B. 蛋白质或多肽
    C. 类脂、蛋白质和糖类　　　　　　D. 脂质和蛋白质
30. 眼科用药不得检出的微生物是（　　）。
    A. 枯草芽孢杆菌　　　　　　　　　B. 大肠埃希菌
    C. 铜绿假单胞菌　　　　　　　　　D. 酵母菌
31. 用75%的酒精涂擦皮肤属于（　　）。
    A. 抑菌　　　　　B. 杀菌　　　　　　C. 消毒　　　　　　D. 灭菌
32. 用于皮肤和手的消毒（手术前泡手）的消毒剂是（　　）。
    A. 0.1%新洁尔灭　　　　　　　　　B. 5%~20%漂白粉
    C. 0.1%高锰酸钾溶液　　　　　　　D. 5%苯酚
33. 微生物细胞中的碳素含量大约占细胞干重的（　　）。
    A. 10%　　　　　B. 30%　　　　　　C. 50%　　　　　　D. 70%
34. 硝化细菌的营养类型是（　　）。
    A. 光能无机自养　　　　　　　　　B. 光能有机异养
    C. 化能无机自养　　　　　　　　　D. 化能有机异养
35. 免疫是指（　　）。
    A. 机体免疫系统识别和排出抗原性异物的过程
    B. 机体对病原微生物的防御过程
    C. 机体清除自身衰老、死亡细胞的过程
    D. 机体清除自身突变细胞的能力
36. 免疫细胞发生、分化、发育和成熟的场所是（　　）。
    A. 淋巴结　　　　B. 脾脏　　　　　　C. 淋巴组织　　　　D. 骨髓和胸腺
37. 决定Ig类别的是Ig分子的（　　）。
    A. 轻链可变区　　B. 轻链恒定区　　　C. 重链可变区　　　D. 重链恒定区
38. 发酵工程在食品工业中的应用不包括（　　）。

A. 生产酒精饮料 B. 生产面包和馒头
C. 生产塑料制品 D. 生产酱油和醋

39. 生物技术的核心是( )。
A. 发酵工程 B. 基因工程 C. 细胞工程 D. 酶工程

40. ( )是生物技术在食品工业中的应用。
A. 发酵 B. 基因编辑
C. 细胞培养 D. 蛋白质工程

二、多项选择题(本大题共 5 小题,每小题 2 分,共 10 分)

41. 下列属于DNA分子复制需要的基本条件的有( )。
A. 模板 B. 原料 C. 能量 D. 酶

42. 下列关于被子植物个体发育的叙述中,错误的有( )。
A. 个体发育的起点是种子的萌发
B. 多数双子叶植物无胚乳的发育,形成无胚乳的种子
C. 胚乳的发育先于胚的发育
D. 花芽的形成标志着生殖生长的开始和营养生长的停止

43. 下列关于苏云金杆菌的描述,正确的有( )。
A. 是一种革兰氏阳性菌,有芽孢,兼性厌氧菌
B. 在农业上主要用于害虫防治,是一种高效的微生物杀虫剂
C. 可以分解饲料中的纤维素和半纤维素,可以提高畜禽的生产性能和免疫力
D. 是微生物中一类可利用太阳能生长繁殖的特殊生物类群

44. 下列关于培养基配制中混合溶解步骤的描述,正确的有( )。
A. 在烧杯或其他容器中进行混合溶解
B. 混合溶解过程常用的加热工具是电炉
C. 在溶解时不要用玻璃棒不停搅拌
D. 控制火力大小,以防止琼脂溶解后溢出

45. 下列关于微生物培养的描述,正确的有( )。
A. 细菌培养 48 h 后观察 B. 酵母菌培养 48 h 进行观察
C. 霉菌培养 24 h 进行观察 D. 平板培养基在培养箱内倒置培养

三、判断选择题(本大题共 50 小题,每小题 1 分,共 50 分)

46. 生物对外界刺激做出的反应称为应激性。 ( )
A. 正确 B. 错误

47. 生物进化的总体趋势是由水生到陆生、由简单到复杂、由低等到高等。 ( )
A. 正确 B. 错误

48. 节肢动物包括昆虫、蜘蛛、甲壳动物等。 ( )
A. 正确 B. 错误

49. 生物六界分类系统中,真核生物包括植物界、动物界和真菌界。 ( )
A. 正确 B. 错误

50. 自由水不能蒸发、不能析离,失去了流动性和溶解性,是生物体的构成物。（ ）
    A. 正确   B. 错误
51. 细胞核是生物遗传物质 DNA 存在与复制的主要场所。（ ）
    A. 正确   B. 错误
52. 神经元有高度发达的感受机体内外传导冲动的能力。（ ）
    A. 正确   B. 错误
53. 具有花萼、花冠、雄蕊、雌蕊的花称完全花,缺少其中一部分或几部分的花称不完全花。（ ）
    A. 正确   B. 错误
54. 卵巢能产生卵并分泌雄性激素。（ ）
    A. 正确   B. 错误
55. 咽为消化管起始部。（ ）
    A. 正确   B. 错误
56. 同化作用是贮存能量的过程,异化作用是释放能量的过程。（ ）
    A. 正确   B. 错误
57. ATP 是生物体内能量的流通"货币"。（ ）
    A. 正确   B. 错误
58. 绿叶从外界吸收来的二氧化碳,可以直接被氢还原。（ ）
    A. 正确   B. 错误
59. 一般来说,植物体维持各项生命活动所需要的能量,绝大部分来自无氧呼吸。（ ）
    A. 正确   B. 错误
60. 亮氨酸属于人体的必需氨基酸。（ ）
    A. 正确   B. 错误
61. DNA 的复制是一个边解旋边复制的过程。（ ）
    A. 正确   B. 错误
62. 不同基因的脱氧核糖核苷酸排列顺序不同,所以不同的基因就含有不同的遗传信息。（ ）
    A. 正确   B. 错误
63. 基因连锁和互换定律与基因自由组合定律相矛盾。（ ）
    A. 正确   B. 错误
64. 基因重组是指生物体在进行有性生殖的过程中,控制相同性状的基因的重新组合。（ ）
    A. 正确   B. 错误
65. 达尔文的用进废退学说被恩格斯誉为 19 世纪自然科学三大发现之一。（ ）
    A. 正确   B. 错误
66. 有性繁殖对快速繁殖品质优异的种群极为有利。（ ）
    A. 正确   B. 错误
67. 减数分裂过程中有联会现象,有丝分裂过程中没有联会现象。（ ）
    A. 正确   B. 错误

68. 高等动物的骨髓是由内胚层发育而来的。( )
   A. 正确　　　　　　　　　　　　B. 错误
69. 乙烯能促进黄瓜雌花分化。( )
   A. 正确　　　　　　　　　　　　B. 错误
70. 催产素对子宫有较强的促进收缩作用,有利于分娩。( )
   A. 正确　　　　　　　　　　　　B. 错误
71. 生物对生态因素的适应是绝对的,不会发生变化。( )
   A. 正确　　　　　　　　　　　　B. 错误
72. 生态系统的稳定性是指生态系统所具有的保持或恢复自身结构和功能相对稳定的能力。( )
   A. 正确　　　　　　　　　　　　B. 错误
73. 生态系统中的生产者主要是指绿色植物,它们通过光合作用将无机物转化为有机物。( )
   A. 正确　　　　　　　　　　　　B. 错误
74. 酸雨会使河流湖泊酸化,但不会影响鱼虾的生长。( )
   A. 正确　　　　　　　　　　　　B. 错误
75. 人类是食物链的顶端捕食者,对生态系统的影响可以忽略不计。( )
   A. 正确　　　　　　　　　　　　B. 错误
76. 原核细胞型微生物细胞无核膜和核仁、无 DNA 和染色体。( )
   A. 正确　　　　　　　　　　　　B. 错误
77. 一般球状细菌以直径来表示,杆状细菌与螺旋状细菌以"长度×直径"来表示。( )
   A. 正确　　　　　　　　　　　　B. 错误
78. 在涂片薄膜上滴加革兰氏染色碘液一滴,使染色液覆盖涂片,染色约 1 min。( )
   A. 正确　　　　　　　　　　　　B. 错误
79. 多数真菌对人类有益,如用于生产抗生素、酿酒、制酱等。( )
   A. 正确　　　　　　　　　　　　B. 错误
80. 酵母菌是一种细菌,有芽孢,是兼性厌氧菌,革兰氏染色呈阳性。( )
   A. 正确　　　　　　　　　　　　B. 错误
81. 较深的土层由于缺氧、养料不足等因素,微生物较少。( )
   A. 正确　　　　　　　　　　　　B. 错误
82. 湿度较高时,可促使环境中颗粒沉降,含菌量随之下降,故高湿度抑制菌生长。( )
   A. 正确　　　　　　　　　　　　B. 错误
83. 消毒和灭菌是两个不同的概念,其共性是杀灭微生物以控制其污染和防止传播。( )
   A. 正确　　　　　　　　　　　　B. 错误
84. 染菌量检查是测定单位重量(体积或面积)药品中粪便污染指示菌和某些特定菌。( )
   A. 正确　　　　　　　　　　　　B. 错误
85. 鉴别培养基是在基础培养基中添加了一些指示剂,能够有效鉴别不同微生物的培养基。( )
   A. 正确　　　　　　　　　　　　B. 错误

86. 分离培养微生物时,可以不考虑培养基、pH、温度、好氧性或厌氧性培养方法等。（　）
    A. 正确　　　　　　　　　　　　　　B. 错误

87. 菌种衰退的主要原因是有关基因的非自发突变。（　）
    A. 正确　　　　　　　　　　　　　　B. 错误

88. 只要是化合物都能单独引起抗体的生成。（　）
    A. 正确　　　　　　　　　　　　　　B. 错误

89. 淋巴结的主要功能是清除各个组织器官中的抗原物质。（　）
    A. 正确　　　　　　　　　　　　　　B. 错误

90. IgD 是人体内五类免疫球蛋白中含量最高的。（　）
    A. 正确　　　　　　　　　　　　　　B. 错误

91. 机体免疫应答过强,可发生超敏反应甚至导致超敏反应性疾病的发生。（　）
    A. 正确　　　　　　　　　　　　　　B. 错误

92. 1953 年,美国科学家沃森和克里克发现了 DNA 单螺旋结构。（　）
    A. 正确　　　　　　　　　　　　　　B. 错误

93. 基因工程又称 DNA 重组技术,是在蛋白质水平上进行的遗传操作。（　）
    A. 正确　　　　　　　　　　　　　　B. 错误

94. 所有生物技术都是基于现代生命科学和先进的工程技术手段。（　）
    A. 正确　　　　　　　　　　　　　　B. 错误

95. 转基因技术只能应用于植物,不能应用于动物。（　）
    A. 正确　　　　　　　　　　　　　　B. 错误

四、填空题(本大题共 16 小题,每空 1 分,共 20 分)

96. 保护生物多样性的根本措施是保护_____的多样性。

97. 藻类植物大多生活在水中,并且结构相对简单,没有_____的分化。

98. 生物可分为_____和_____,其主要区别就在于其细胞结构不同。

99. _____是构成生物体结构与功能的基本单位。

100. 水分子(或其他溶剂分子)从低浓度的溶液一侧透过半透膜进入高浓度溶液一侧的现象,叫作_____。

101. 基因控制蛋白质合成的过程包括两个阶段,即_____和_____。

102. 胚乳的发育形式一般有_____、_____和_____三种方式。

103. 对生物起作用的诸多因素中,其中必有一个或两个是对生物起决定性作用的生态因素,称为_____。

104. 生态系统的结构主要包括生态系统的组成成分、食物链和_____。

105. 杆菌分裂后菌体相连成链状,称为_____。

106. 在适宜的环境中,由孢子生出芽管,逐渐延长呈丝状,称为_____。

107. 存在于健康人体的体表或体内,对人体的正常代谢有益的微生物群称为人体的_____。

108. 光能无机自养型微生物以光能作为其能最来源,以 CO_2 为碳源,_____为氢供体,还

原 CO_2 合成细胞内的有机物质。

109. 影响微生物生长的生物因素有_____、互生关系、竞争关系、寄生关系和拮抗关系。

110. 免疫分子包括抗体、细胞因子和_____等多种参加免疫应答的生物活性物质。

111. 发酵工程指采用现代工程技术手段,利用_____的某些特定功能,为人类生产有用的产品。

五、简答题(本大题共 5 小题,第 112 小题、第 115 小题各 4 分,第 113 小题、第 114 小题各 6 分,第 116 小题 10 分,共 30 分)

112. 简述无机盐在生物体和细胞中的作用。

113. 简述 DNA 分子双螺旋结构的主要特点。

114. 简述荚膜的概念及意义。

115. 根据微生物对氧的需要程度的不同,简述微生物的类型。

116. 什么是光合作用?光合作用有什么意义?

综合模拟试卷二

(考试时间150分钟,满分150分)

一、单项选择题(本大题共40小题,每小题1分,共40分)

1. 林奈的"双名法"中,每个物种的名称由( )两部分组成。
   A. 属名和种加词　　　　　　　　B. 种加词和亚种名
   C. 属名和亚种名　　　　　　　　D. 种加词和变种名
2. 原核生物界的特点包括( )。
   A. 有真正的细胞核　　　　　　　B. 有核膜和核仁
   C. 无核膜和核仁　　　　　　　　D. 有线粒体等细胞器
3. 核酸的基本单位是( )。
   A. 核苷酸　　　　B. 葡萄糖　　　　C. 氨基酸　　　　D. 核酸
4. 细胞有氧呼吸的主要场所是( )。
   A. 线粒体　　　　B. 叶绿体　　　　C. 高尔基体　　　D. 中心体
5. 动物组织分化程度最高的一种组织是( )。
   A. 上皮组织　　　B. 结缔组织　　　C. 肌肉组织　　　D. 神经组织
6. 下列不属于木质部组成的是( )。
   A. 导管　　　　　B. 管胞　　　　　C. 木纤维　　　　D. 韧皮纤维
7. 牛、羊、鹿的胃为( )。
   A. 单室胃　　　　B. 二室胃　　　　C. 三室胃　　　　D. 四室胃
8. 化能合成作用与光合作用的主要区别是( )。
   A. 化能合成作用不制造有机物
   B. 化能合成作用不需要 CO_2 和 H_2O
   C. 化能合成作用不贮存能量,而是释放能量
   D. 化能合成作用以周围物质氧化释放能量来制造有机物
9. 三磷酸腺苷的分子简式为( )。
   A. A—P—P—P　　B. A—P—P~P　　C. A—P~P~P　　D. A~P~P~P
10. 植物吸收矿质营养的主要器官是( )。
    A. 根　　　　　　B. 茎　　　　　　C. 叶　　　　　　D. 种子
11. 小肠绒毛的上皮细胞通过主动运输的方式吸收的是( )。
    A. 胆固醇　　　　B. 水　　　　　　C. 氨基酸　　　　D. 甘油
12. DNA 是主要的遗传物质,这是因为( )。
    A. 全部生物的遗传物质是 DNA

B. 绝大多数生物的遗传物质是 DNA
C. 少数生物的遗传物质是 DNA
D. 绝大多数生物的遗传物质是 RNA

13. 合成蛋白质时,转运 RNA 上三个碱基是 UAC,那么,转录出信使 RNA 的一条 DNA 模板链上对应的三个碱基是( )。
    A. AUG   B. TAC   C. TUC   D. ATC

14. 生物体通过减数分裂形成配子时,基因的交换发生在( )。
    A. 一条染色体的姐妹染色单体之间
    B. 两条非同源染色体之间
    C. 一对同源染色体的非姐妹染色单体之间
    D. 两对同源染色体之间

15. 菊花的根能生芽,由芽生成新植株,这属于( )。
    A. 出芽生殖   B. 分裂生殖   C. 有性生殖   D. 营养生殖

16. 初级卵母细胞经过减数分裂后得到的卵细胞个数是( )。
    A. 4   B. 3   C. 2   D. 1

17. 下列关于蛙胚发育的表述,错误的是( )。
    A. 第三次卵裂时,分裂面与卵轴垂直,但偏向植物极一方
    B. 受精卵经过 3 次卵裂,得到 8 个细胞的胚
    C. 皮肤的表皮是由外胚层发育而来
    D. 肠腺是由内胚层发育而来

18. 摘除植物的顶芽后,侧芽将会因生长素浓度的变更而影响生长,具体变更是( )。
    A. 生长素浓度提升,生长受抑制   B. 生长素浓度提升,侧芽发育成侧枝
    C. 生长素浓度降低,侧芽发育成侧枝   D. 生长素浓度降低,生长受抑制

19. 下列不属于非生物因素的是( )。
    A. 温度   B. 湿度   C. 捕食关系   D. 日照

20. ( )不是生态系统中的生产者。
    A. 绿色植物   B. 蓝藻   C. 硝化细菌   D. 蚯蚓

21. 下列描述中,不属于生态系统中的能量流动的是( )。
    A. 生产者通过光合作用制造有机物   B. 分解者将有机物分解为无机物
    C. 消费者通过捕食获取能量   D. 能量从分解者流向生产者

22. 酸雨对农作物有严重影响,其主要是由于以下哪种气体的大量排放( )。
    A. 二氧化碳   B. 氮气   C. 二氧化硫   D. 氧气

23. 下列措施有助于减少城市热岛效应的是( )。
    A. 增加城市绿化面积   B. 减少城市建筑密度
    C. 使用高效节能的交通工具   D. 使用隔热性能好的装饰材料

24. 很多细菌 20 min 即可繁殖一代,这说明微生物具有的特征是( )。
    A. 个体微小   B. 结构简单   C. 繁殖迅速   D. 容易变异

25. 酵母菌细胞壁的主要成分是（　　）。
    A. 肽聚糖和磷壁酸　　　　　　　　B. 纤维素和蛋白质
    C. 葡聚糖和甘露聚糖　　　　　　　D. 几丁质和脂多糖

26. 革兰氏阴性细菌（G⁻菌）的细胞壁中缺乏的化学成分是（　　）。
    A. 类脂质　　　B. 肽聚糖　　　C. 蛋白质　　　D. 磷壁酸

27. 真菌几丁质酶体的主要功能是（　　）。
    A. 具有维持细胞渗透压、贮存营养物质的功能
    B. 参与细胞分化、信息传递和细胞凋亡等过程，并能调控细胞生长和细胞周期
    C. 是细胞内的消化器官，有消化、营养、防御和保护的功能
    D. 与菌丝顶端生长有关，具有吸收染料和杀菌剂的功能，并能释放胞外酶

28. 口服药不得检出的微生物是（　　）。
    A. 枯草芽孢杆菌　　B. 大肠埃希菌　　C. 铜绿假单胞菌　　D. 酵母菌

29. 对金属制品和玻璃器皿通常采用的灭菌方法是（　　）。
    A. 干热灭菌　　B. 流通蒸汽消毒法　　C. 巴氏消毒法　　D. 紫外线照射

30. 对罐头食品微生物限度检查的参考菌群是（　　）。
    A. 副溶血性弧菌　　B. 沙门菌　　C. 金黄色葡萄球菌　　D. 耐热性芽孢菌

31. 在微生物的营养中，其中微生物最广泛利用的碳源是（　　）。
    A. 蛋白质　　B. 糖类　　C. 核酸　　D. 脂类

32. 能用分子氮作氮源的微生物是（　　）。
    A. 蓝细菌　　B. 酵母菌　　C. 苏云金杆菌　　D. 枯草芽孢杆菌

33. 实验室培养细菌常用的培养基是（　　）。
    A. 查氏培养基　　　　　　　　　　B. S·S琼脂培养基
    C. 伊红亚甲蓝琼脂培养基　　　　　D. 牛肉膏蛋白胨培养基

34. 适用于染菌量大的供试品计数方法是（　　）。
    A. 平板涂抹法　　B. 试管法（MPN法）　　C. 滴种平板法　　D. 计数板法

35. 免疫监视功能低下时易发生（　　）。
    A. 自身免疫病　　B. 超敏反应　　C. 肿瘤　　D. 免疫缺陷病

36. T细胞区别于B细胞的重要标志是（　　）。
    A. CD4⁺　　B. CD2　　C. CD4　　D. CD8

37. 下列属于免疫球蛋白Fab段的功能的是（　　）。
    A. 抑制细菌吸附　　　　　　　　　B. 激活补体
    C. 调理作用　　　　　　　　　　　D. 介导Ⅰ型超敏反应

38. 下列不是生产可再生能源的是（　　）。
    A. 基因工程　　B. 酶工程　　C. 发酵工程　　D. 化石能源

39. 下列关于细胞融合的叙述，错误的是（　　）。
    A. 细胞融合可以克服远缘杂交不亲和的障碍
    B. 植物体细胞杂交过程中会发生细胞融合

C. 动物细胞融合常用灭活的病毒作为诱导剂
D. 细胞融合过程中,细胞膜的成分和结构不会发生改变

40. 生物技术在医药中的应用不包括(　　)。
   A. 基因治疗　　　B. 生物制药　　　C. 生物芯片　　　D. 生物计算机

二、多项选择题(本大题共5小题,每小题2分,共10分)

41. 下列关于酶的特性的表述,正确的有(　　)。
   A. 酶是活细胞产生的具有催化能力的有机物
   B. 酶的种类很多
   C. 酶的催化效率很高,但易受温度和酸碱度影响
   D. 一旦离开活细胞,酶就失去催化能力

42. 下列关于光合作用的意义的表述,正确的有(　　)。
   A. 光合作用把无机物转变成有机物
   B. 光合作用把有机物转变成无机物
   C. 光合作用把光能转变为化学能
   D. 光合作用使大气中氧气和二氧化碳含量保持相对稳定

43. 下列关于"中心法则"的说法,正确的有(　　)。
   A. 遗传信息可以从 DNA 流向 DNA　　B. 遗传信息可以从 DNA 流向 RNA
   C. 遗传信息可以从 RNA 流向 RNA　　D. 遗传信息可以从蛋白质流向 RNA

44. 下列关于精子形成过程的表述,正确的有(　　)。
   A. 精子是在动物的卵巢中形成的
   B. 每个精原细胞所含有的染色体数是体细胞内染色体数的一半
   C. 初级精母细胞中的同源染色体两两配对叫作联会
   D. 次级精母细胞中染色体的数目只有初级精母细胞的一半

45. 下列关于蛙受精卵的描述,正确的有(　　)。
   A. 动物极朝上,植物极朝下　　　　B. 动物极含色素少,植物极含色素多
   C. 动物极含卵黄少,植物极含卵黄多　　D. 动物极吸收热量多,植物极吸收热量少

三、判断选择题(本大题共50小题,每小题1分,共50分)

46. 生物多样性对人类没有直接利益的部分,不需要保留。(　　)
   A. 正确　　　　　　　　　　　　B. 错误

47. 自然选择的结果是适者生存。(　　)
   A. 正确　　　　　　　　　　　　B. 错误

48. 同一种生物的所有个体都属于同一个物种。(　　)
   A. 正确　　　　　　　　　　　　B. 错误

49. 生物六界分类系统是根据生物的形态结构进行分类的。(　　)
   A. 正确　　　　　　　　　　　　B. 错误

50. 细胞是构成生物体结构与功能的基本单位。(　　)
   A. 正确　　　　　　　　　　　　B. 错误

51. 细胞壁是包围在质膜外的一层坚硬外壳,具有一定的抗张力,对细胞有重要的保护作用。 (   )
    A. 正确　　　　　　　　　　　　B. 错误
52. 上皮组织由细胞和大量细胞间质构成,分布在各个组织或各器官之间。 (   )
    A. 正确　　　　　　　　　　　　B. 错误
53. 种子一般由种皮、胚乳两部分组成。 (   )
    A. 正确　　　　　　　　　　　　B. 错误
54. 肛门是消化管终端的一段短管,粪便经肛门排出体外。 (   )
    A. 正确　　　　　　　　　　　　B. 错误
55. 胰的外分泌部占腺体大部分,分泌胰液,内含多种消化酶。 (   )
    A. 正确　　　　　　　　　　　　B. 错误
56. 新陈代谢是指生物体内物质和能量的交换过程。 (   )
    A. 正确　　　　　　　　　　　　B. 错误
57. ADP与ATP之间相互转化需要的酶是一样的。 (   )
    A. 正确　　　　　　　　　　　　B. 错误
58. 在植物移栽植物时去掉一部分叶,目的是降低蒸腾作用。 (   )
    A. 正确　　　　　　　　　　　　B. 错误
59. 根细胞对矿质元素离子的吸收具有选择性。 (   )
    A. 正确　　　　　　　　　　　　B. 错误
60. 细胞内消化方式比较低等,所以人或高等动物中不存在细胞内消化这种方式。 (   )
    A. 正确　　　　　　　　　　　　B. 错误
61. 细胞中的DNA都存在于细胞核内的染色体上。 (   )
    A. 正确　　　　　　　　　　　　B. 错误
62. 所有基因都是通过控制酶的合成来控制代谢过程,从而控制生物性状的。 (   )
    A. 正确　　　　　　　　　　　　B. 错误
63. 孟德尔最先揭示遗传的基因分离定律和基因自由组合定律。 (   )
    A. 正确　　　　　　　　　　　　B. 错误
64. 单倍体生物高度不育。 (   )
    A. 正确　　　　　　　　　　　　B. 错误
65. 古生物学研究的对象是化石。 (   )
    A. 正确　　　　　　　　　　　　B. 错误
66. 有性生殖对于生物的生存和进化是非常有利的。 (   )
    A. 正确　　　　　　　　　　　　B. 错误
67. 减数分裂细胞分裂两次,染色体也复制两次。 (   )
    A. 正确　　　　　　　　　　　　B. 错误
68. 胚后发育是指受精卵发育成成体。 (   )
    A. 正确　　　　　　　　　　　　B. 错误

69. 细胞分裂素主要是促进细胞分裂,调节细胞质分裂,并导致细胞扩大。( )
   A. 正确　　　　　　　　　　　　B. 错误

70. 生态因素对生物的影响是单向的,即生态因素影响生物,而生物不能影响生态因素。( )
   A. 正确　　　　　　　　　　　　B. 错误

71. 生态系统物质循环是指组成生物体的基本元素在生物群落与无机环境之间的循环过程。( )
   A. 正确　　　　　　　　　　　　B. 错误

72. 生态系统中的生产者主要是指绿色植物,它们通过光合作用将无机物转化为有机物。( )
   A. 正确　　　　　　　　　　　　B. 错误

73. 环境污染只会影响生物的生长发育,不会影响其繁殖。( )
   A. 正确　　　　　　　　　　　　B. 错误

74. 人类可以通过减少碳排放、使用可再生能源等方式来减缓全球变暖。( )
   A. 正确　　　　　　　　　　　　B. 错误

75. 肠道的正常菌群总数可达 100 万亿。( )
   A. 正确　　　　　　　　　　　　B. 错误

76. G^- 菌细胞壁由聚糖骨架、四肽侧链和五肽交联桥三部分形成坚韧牢固的三维立体结构。( )
   A. 正确　　　　　　　　　　　　B. 错误

77. 细菌标本片镜检时,滴香柏油于高倍镜上,在高倍镜上找到细菌。( )
   A. 正确　　　　　　　　　　　　B. 错误

78. 亚病毒包括类病毒、卫星病毒和朊病毒,是一种非寻常的致病因子。( )
   A. 正确　　　　　　　　　　　　B. 错误

79. 水中细菌总数是用每 100 mL 水样中细菌菌落总数表示的。( )
   A. 正确　　　　　　　　　　　　B. 错误

80. 药物中的微生物已死亡或排除,但其毒性代谢产物(热原质)依然存在。( )
   A. 正确　　　　　　　　　　　　B. 错误

81. 干燥是保存菌种、疫苗的良好方法。( )
   A. 正确　　　　　　　　　　　　B. 错误

82. 压力未降到"0"时,打开高压蒸汽灭菌锅排气阀,会造成棉塞沾污培养基而易发生污染。( )
   A. 正确　　　　　　　　　　　　B. 错误

83. 活体培养基通常用于细菌的培养。( )
   A. 正确　　　　　　　　　　　　B. 错误

84. 调 pH 可用 1 mol/L NaOH、1 mol/L HCl 溶液。( )
   A. 正确　　　　　　　　　　　　B. 错误

85. 嗜高热微生物多见于温泉、堆肥及发酵堆料中。( )
   A. 正确　　　　　　　　　　　　B. 错误

86. 超声波会影响微生物的生长。 ( )
    A. 正确　　　　　　　　　　　　　　B. 错误

87. 细菌计数的培养基一般使用玫瑰红钠琼脂培养基。 ( )
    A. 正确　　　　　　　　　　　　　　B. 错误

88. 表位是抗原分子中决定抗原特异性的特殊化学基团。 ( )
    A. 正确　　　　　　　　　　　　　　B. 错误

89. CD4与抗原细胞膜上的MHC Ⅰ类分子结合,参与CD4$^+$T细胞的活化增殖。 ( )
    A. 正确　　　　　　　　　　　　　　B. 错误

90. IgA分为血清型和分泌型两种。 ( )
    A. 正确　　　　　　　　　　　　　　B. 错误

91. IgG可通过其Fc段与肥大细胞和嗜碱性粒细胞表面的Fc受体结合,介导Ⅰ型超敏反应。 ( )
    A. 正确　　　　　　　　　　　　　　B. 错误

92. 生物技术是应用自然科学及工程学的原理,依靠微生物、动物、植物体作为反应器,将物料进行加工以提供产品来为社会服务的技术。 ( )
    A. 正确　　　　　　　　　　　　　　B. 错误

93. 酶工程主要是利用酶的催化作用,将一种物质转化为另一种物质的过程。 ( )
    A. 正确　　　　　　　　　　　　　　B. 错误

94. 生物技术只包括基因工程和细胞工程两个方面。 ( )
    A. 正确　　　　　　　　　　　　　　B. 错误

95. 克隆技术是通过有性繁殖的方式产生遗传上完全相同的生物个体。 ( )
    A. 正确　　　　　　　　　　　　　　B. 错误

四、填空题(本大题共16小题,每空1分,共20分)

96. "一母生九子,连母十个样"这种现象属于生物的_____。

97. 爬行动物与两栖动物相比,主要区别在于爬行动物能终生生活在_____环境中。

98. 质体是植物细胞特有的细胞器,根据所含色素的不同分为_____、_____、_____三种。

99. _____包括胡萝卜素和叶黄素。

100. 性别决定方式主要有两种,一种是_____,另一种是_____。

101. 精子是在动物的_____中形成的,卵细胞是在动物的_____中形成的。

102. _____是被子植物有性生殖所特有的现象。

103. 一般将生态因素分为两大类:_____和生物因素。

104. 生态系统的自动调节能力是有一定限度的,当外界干扰因素的强度超过一定限度时,生态系统就可能遭到严重的破坏,甚至导致_____。

105. 放线菌的菌丝由于形态、功能不同,往往分为_____、气生菌丝和孢子丝三部分。

106. 人类免疫缺陷病毒(HIV)感染过程分为急性感染期、_____、AIDS相关综合征期、免疫缺损期四个阶段。

107. 为了防止微生物污染引起药品变质的不良后果,我国《_____》明确规定了各类药品中微生物的限量。
108. 将一种微生物移接到另一种灭菌的培养基上称为_____。
109. 利用人为的方法,使遗传性状不同的两个细胞的原生质体进行融合,获得兼有双亲遗传性状的稳定重组子的过程,称为_____。
110. 唯一能通过胎盘的免疫球蛋白是_____。
111. PCR 也叫_____,是 DNA 片段体外扩增的一种技术。

五、简答题(本大题共 5 小题,第 112 小题、第 115 小题各 4 分,第 113 小题、第 114 小题各 6 分,第 116 小题 10 分,共 30 分)

112. 什么是细胞周期?细胞分裂方式有哪些?

113. 简述呼吸作用的概念、类型和意义。

114. 什么是基因突变?基因突变有哪些特点?

115. 简述细菌的生长曲线的四个时期。

116. 简述病毒的增殖过程。

综合模拟试卷三

(考试时间150分钟,满分150分)

一、单项选择题(本大题共40小题,每小题1分,共40分)

1. 下列关于生物基本特征的叙述,正确的是( )。
   A. 生物都能进行光合作用　　　　B. 生物都是由细胞构成的
   C. 生物能生长和繁殖　　　　　　D. 生物都能快速运动

2. 动物界与植物界的主要区别是( )。
   A. 动物界没有细胞壁,植物界有细胞壁
   B. 动物界没有叶绿体,植物界有叶绿体
   C. 动物界没有细胞核,植物界有细胞核
   D. 动物界没有线粒体,植物界有线粒体

3. 血红蛋白能够运输氧气,体现了血红蛋白具有( )。
   A. 催化功能　　B. 机械支持功能　　C. 运输功能　　D. 调节功能

4. 植物进行光合作用的场所是( )。
   A. 线粒体　　　B. 叶绿体　　　　C. 高尔基体　　　D. 中心体

5. 下列属于肌肉组织作用的是( )。
   A. 保护和吸收　　　　　　　　B. 分泌排泄
   C. 感受某些物理化学刺激　　　D. 将化学能转变为机械能

6. 种内贮藏营养物质的地方是( )。
   A. 胚乳　　　　B. 胚　　　　　　C. 种皮　　　　　D. 胚轴

7. 动物体内最大的腺体是( )。
   A. 肝　　　　　B. 胃　　　　　　C. 胰腺　　　　　D. 胆

8. 下列生物的代谢类型属于自养、需氧型的是( )。
   A. 人　　　　　B. 蛔虫　　　　　C. 乳酸菌　　　　D. 绿色植物

9. ATP在细胞内的含量及生成是( )。
   A. 很多、很快　B. 很少、很慢　　C. 很多、很慢　　D. 很少、很快

10. 植物对矿质元素的吸收和运输的主要动力分别来自( )。
    A. 蒸腾作用、蒸腾作用　　　　B. 渗透作用、呼吸作用
    C. 呼吸作用、蒸腾作用　　　　D. 渗透作用、蒸腾作用

11. 当人体出现低血糖晚期症状时的有效急救措施是( )。
    A. 吃含糖多的食物　　　　　　B. 喝糖水
    C. 静脉注射葡萄糖　　　　　　D. 静脉注射生理盐水

12. 在DNA分子双螺旋结构的内侧,通过( )形成碱基对使两条脱氧核苷酸长链稳固地并联起来。
    A. 氢键   B. 肽键   C. 二硫键   D. 高能磷酸键
13. 信使RNA的来源是( )。
    A. 由DNA转录而来   B. 由DNA翻译而来
    C. 由DNA转变而来   D. 由DNA复制而来
14. 下列关于基因型和表型表述,错误的是( )。
    A. 在遗传学上,把生物个体表现出来的性状称作表型
    B. 在遗传学上,把与表型有关的基因组成称作基因型
    C. 基因型是性状表现的内在因素,表型是基因型的表现形式
    D. 表型是基因型作用的结果
15. 利用稻种出芽长成秧苗来繁殖水稻的生殖方式属于( )。
    A. 出芽生殖   B. 营养生殖   C. 有性生殖   D. 孢子生殖
16. 精子与卵细胞融合后形成( )。
    A. 多个受精卵   B. 一个受精卵和一个受精极核
    C. 两个受精卵   D. 一个受精卵
17. 蛙胚发育过程中,不均等的细胞分裂是( )。
    A. 第一次卵裂   B. 第二次卵裂   C. 第三次卵裂   D. 变态发育
18. 下列不属于赤霉素生理作用的是( )。
    A. 促进生长   B. 诱导开花   C. 促进分化雄花   D. 促进果实脱落
19. 产生肾上腺素的内分泌腺是( )。
    A. 甲状腺   B. 肾上腺髓质   C. 肾上腺皮质   D. 甲状旁腺
20. 下列关于水分对生物影响的说法,正确的是( )。
    A. 水分对生物没有影响   B. 水分只影响植物的生长
    C. 水分可以影响动物的分布   D. 水分对生物的影响是次要的
21. ( )生态系统最容易受到人类活动的影响。
    A. 热带雨林   B. 深海   C. 高山   D. 极地
22. 描述了生物群落内部生物之间的相互作用过程的是( )。
    A. 竞争   B. 捕食   C. 共生   D. 捕食
23. 外来入侵物种是指( )。
    A. 本地区的有害物种   B. 从一个地区进入另一个地区的物种
    C. 本地区的有益物种   D. 本地区的常见物种
24. ( )不是生物富集作用的结果。
    A. 有毒物质在生物体内积累   B. 生物体内有毒物质浓度逐渐升高
    C. 有毒物质通过食物链传递   D. 生物体内营养物质增加
25. 细菌大小的测量单位是( )。
    A. 毫米   B. 微米   C. 厘米   D. 纳米

26. 放线菌的菌体呈分枝丝状体的原因是（　　）。
    A. 多细胞的真核微生物　　　　　　　　B. 单细胞真核微生物
    C. 多拟核的原核微生物　　　　　　　　D. 无壁的原核微生物

27. 细菌细胞壁的主要成分是（　　）。
    A. 肽聚糖　　　　B. 葡聚糖　　　　C. 几丁质　　　　D. 脂多糖

28. 病毒垂直传播的主要方式是指由宿主的亲代传给子代的传播方式，主要通过（　　）。
    A. 黏膜表面的传播　　　　　　　　　　B. 胎盘或产道传播
    C. 皮肤传播　　　　　　　　　　　　　D. 医源性传播

29. 乳酸菌属于（　　）。
    A. 厌氧菌，无芽孢，G^+菌　　　　　　B. 需氧菌，无芽孢，G^+菌
    C. 厌氧菌，有芽孢，G^+菌　　　　　　D. 需氧菌，有芽孢，G^-菌

30. 灭菌的结果是（　　）。
    A. 不含任何微生物营养体，但含有芽孢　B. 不含任何微生物营养体，也不含芽孢
    C. 只含有微生物营养体　　　　　　　　D. 只含有微生物芽孢

31. 用于熏蒸消毒的消毒剂是（　　）。
    A. 来苏儿　　　　B. 氢氧化钙　　　　C. 氢氧化钠　　　　D. 甲醛

32. 最高防护实验室属于病原微生物的危害等级是（　　）。
    A. P1(BSL-1)　　　B. P2(BSL-2)　　　C. P3(BSL-3)　　　D. P4(BSL-4)

33. 下列物质中，不能作为微生物营养来源的物质是（　　）。
    A. 葡萄糖　　　　B. 琼脂　　　　C. NaCl　　　　D. 酵母粉

34. 细菌群体倍增时间最快的时期是（　　）。
    A. 稳定期　　　　B. 衰亡期　　　　C. 对数期　　　　D. 延滞期

35. 半抗原的特点是（　　）。
    A. 只有与蛋白质载体结合才具有免疫原性
    B. 是大分子物质，通常是多肽
    C. 半抗原本身不具有免疫原性
    D. 仅能刺激 B 细胞活化

36. 在胸腺中发育成熟的细胞是（　　）。
    A. 巨噬细胞　　　B. T 淋巴细胞　　　C. 粒细胞　　　D. B 淋巴细胞

37. 下列属于早期重要的抗感染抗体的是（　　）。
    A. IgG　　　　B. IgA　　　　C. IgM　　　　D. IgD

38. （　　）技术不属于细胞工程的范畴。
    A. 动物细胞培养　　　　　　　　　　　B. 植物组织培养
    C. 酶工程　　　　　　　　　　　　　　D. 核移植技术

39. PCR 技术扩增 DNA 时，需要的条件不包括（　　）。
    A. 模板 DNA　　　　　　　　　　　　　B. 引物
    C. RNA 聚合酶　　　　　　　　　　　　D. 热稳定 DNA 聚合酶

40. 生物技术在农业中的应用不包括（　　）。
   A. 转基因作物　　　B. 生物农药　　　C. 生物肥料　　　D. 生物计算机

二、多项选择题（本大题共 5 小题，每小题 2 分，共 10 分）

41. 下列关于植物矿质代谢的叙述，正确的有（　　）。
   A. 根吸收水分的同时吸收矿质元素
   B. 各种矿质元素都是以离子状态被吸收
   C. 根吸收矿质元素与其呼吸作用密切相关
   D. 根吸收水分和吸收矿质元素是两个相对独立的过程

42. 下列关于有氧呼吸的表述，正确的有（　　）。
   A. 需要氧的参与　　　　　　　　　B. 把糖类彻底氧化分解
   C. 需要酶的催化作用　　　　　　　D. 释放少量能量

43. 下列关于有丝分裂与减数分裂的区别的表述，正确的有（　　）。
   A. 有丝分裂发生在体细胞中，减数分裂发生在原始生殖细胞
   B. 有丝分裂只分裂 1 次，减数分裂分裂了 2 次
   C. 有丝分裂产生 2 个子细胞，减数分裂产生 4 个子细胞
   D. 有丝分裂得到的子细胞为体细胞，减数分裂得到的子细胞为成熟的生殖细胞

44. 乙型肝炎病毒（HBV）的传播途径主要有（　　）。
   A. 血液传播　　　　　　　　　　　B. 母婴传播
   C. 密切接触传播　　　　　　　　　D. 医源性传播

45. 下列关于牛肉膏称量方法的描述，正确的有（　　）。
   A. 牛肉膏用玻棒挑取，放在小烧杯或表面皿中称量，用热水溶化后倒入烧杯
   B. 牛肉膏用玻棒挑取，放在称量纸上称量后直接放入水中加热，然后立即取出纸片
   C. 牛肉膏用玻棒挑取，可直接放在电子天平上称量后倒入烧杯中溶解
   D. 牛肉膏用玻棒挑取，放在吸水纸上称量后倒入烧杯中溶解

三、判断选择题（本大题共 50 小题，每小题 1 分，共 50 分）

46. 生物多样性的丧失会导致生态系统稳定性下降。　　　　　　　　　　　　（　　）
   A. 正确　　　　　　　　　　　　　B. 错误

47. 生物进化的总体趋势是由水生到陆生、由简单到复杂、由低等到高等。　（　　）
   A. 正确　　　　　　　　　　　　　B. 错误

48. 所有的植物都属于植物界，所有的动物都属于动物界。　　　　　　　　（　　）
   A. 正确　　　　　　　　　　　　　B. 错误

49. 生物六界分类系统包括动物界、植物界、真菌界、原生生物界、细菌界和病毒界。（　　）
   A. 正确　　　　　　　　　　　　　B. 错误

50. 核酸是由许多氨基酸连接而成的，连接两个氨基酸分子的键叫肽键。　　（　　）
   A. 正确　　　　　　　　　　　　　B. 错误

51. 支原体在电子显微镜下才能看到。　　　　　　　　　　　　　　　　　（　　）
   A. 正确　　　　　　　　　　　　　B. 错误

52. 血细胞中红细胞的数量最多,白细胞数量最少。 ( )
    A. 正确　　　　　　　　　　　　　B. 错误

53. 禾本科植物的花与一般花的形态不同。 ( )
    A. 正确　　　　　　　　　　　　　B. 错误

54. 肺位于胸腔内,在胸腔纵隔两侧,左右各一,左肺通常较大。 ( )
    A. 正确　　　　　　　　　　　　　B. 错误

55. 甲状旁腺是动物体内最大的内分泌腺。 ( )
    A. 正确　　　　　　　　　　　　　B. 错误

56. 生物体内生命活动的基本特征是新陈代谢。 ( )
    A. 正确　　　　　　　　　　　　　B. 错误

57. 酶是属于有机催化剂,在适宜的温度和其他条件下,能够使生物体内的许多复杂的化学
    反应顺利而迅速地进行,而酶本身却不发生变化。 ( )
    A. 正确　　　　　　　　　　　　　B. 错误

58. 细胞壁、细胞膜和液泡膜都是选择透过性膜。 ( )
    A. 正确　　　　　　　　　　　　　B. 错误

59. 植物体吸收的水分约1％通过蒸腾作用散失掉了,约99％参与植物光合作用等新陈代
    谢活动。 ( )
    A. 正确　　　　　　　　　　　　　B. 错误

60. 食物中的脂肪在人和动物体内经过消化,以甘油和脂肪酸的形式被吸收。 ( )
    A. 正确　　　　　　　　　　　　　B. 错误

61. DNA通过转录和翻译过程,指导蛋白质的合成。 ( )
    A. 正确　　　　　　　　　　　　　B. 错误

62. 一种氨基酸只能由一种转运RNA来转运。 ( )
    A. 正确　　　　　　　　　　　　　B. 错误

63. 遗传的三大定律包括分离定律、自由组合定律、伴性遗传定律。 ( )
    A. 正确　　　　　　　　　　　　　B. 错误

64. 基因突变对于生物的生存大都是有害的,只有少数对生物是有利的。 ( )
    A. 正确　　　　　　　　　　　　　B. 错误

65. 高等动物体最为常见的生殖方式是卵式生殖。 ( )
    A. 正确　　　　　　　　　　　　　B. 错误

66. 高等植物的受精作用特称为双受精,这是裸子植物有性生殖所特有的现象。 ( )
    A. 正确　　　　　　　　　　　　　B. 错误

67. 蝌蚪和蛙都是靠鳃呼吸。 ( )
    A. 正确　　　　　　　　　　　　　B. 错误

68. 赤霉素促进雄花分化。 ( )
    A. 正确　　　　　　　　　　　　　B. 错误

69. 性激素具有促进性器官成熟、副性征发育及维持性功能等作用。 ( )

A. 正确　　　　　　　　　　　　B. 错误

70. 生态因素的综合作用对生物的影响是简单的叠加效应。（　　）
    A. 正确　　　　　　　　　　　　B. 错误

71. 生态系统中的能量流动是单向的，不能循环使用。（　　）
    A. 正确　　　　　　　　　　　　B. 错误

72. 生物富集作用是指生物体通过食物链不断积累某种难以分解的有毒物质的现象。（　　）
    A. 正确　　　　　　　　　　　　B. 错误

73. 重金属会通过食物链积累，最终危害人体健康。（　　）
    A. 正确　　　　　　　　　　　　B. 错误

74. 人类活动不会对自然环境产生影响。（　　）
    A. 正确　　　　　　　　　　　　B. 错误

75. 酵母菌的无性繁殖又分为芽殖和裂殖两种，其中裂殖是最普遍的一种方式。（　　）
    A. 正确　　　　　　　　　　　　B. 错误

76. 细菌细胞膜参与菌体内外物质交换，是细菌生物合成的重要场所。（　　）
    A. 正确　　　　　　　　　　　　B. 错误

77. 芽孢对高温、干燥、化学消毒剂和辐射等理化因素具有很强的抵抗力。（　　）
    A. 正确　　　　　　　　　　　　B. 错误

78. 产黄青霉在微生物制药领域中最为人所知的是作为青霉素的生产菌。（　　）
    A. 正确　　　　　　　　　　　　B. 错误

79. 金黄色葡萄球菌能产生多种外毒素和酶，产生的酶类有透明质酸酶、链激酶和链道酶。（　　）
    A. 正确　　　　　　　　　　　　B. 错误

80. 人体消化道的正常菌群还能分解纤维素等成分。（　　）
    A. 正确　　　　　　　　　　　　B. 错误

81. 碱性条件有利于细菌、霉菌和酵母菌的生长。（　　）
    A. 正确　　　　　　　　　　　　B. 错误

82. 超净工作台是利用过滤除菌的原理制成的。（　　）
    A. 正确　　　　　　　　　　　　B. 错误

83. 以沙门菌作为粪便污染食品的卫生指标来评价食品的质量，具有广泛的意义。（　　）
    A. 正确　　　　　　　　　　　　B. 错误

84. 一般情况下，原料的称量不需要很高的精密度，不需要称量，用直接估计用量就可以了。（　　）
    A. 正确　　　　　　　　　　　　B. 错误

85. 在培养基制备过程中，如无特殊要求，过滤这一步骤可以省去。（　　）
    A. 正确　　　　　　　　　　　　B. 错误

86. 微生物接种前用消毒酒精棉将双手消毒，以无菌操作方式进行接种。（　　）
    A. 正确　　　　　　　　　　　　B. 错误

87. 微生物接种过程中，先后拔出菌种管和待接种试管的棉塞，并放置在实验台面上。（　　）
    A. 正确　　　　　　　　　　　　B. 错误

88. 胸腺是机体重要的中枢免疫器官,也是再次体液免疫应答发生的主要部位。　　(　)
　　A. 正确　　　　　　　　　　　　　　B. 错误
89. 用木瓜蛋白酶水解 IgG 单体,可得两个相同的 Fab 段和一个 Fc 段。　　(　)
　　A. 正确　　　　　　　　　　　　　　B. 错误
90. 免疫应答主要发生在外周免疫器官和黏膜相关淋巴组织。　　(　)
　　A. 正确　　　　　　　　　　　　　　B. 错误
91. T 细胞在抗原刺激下活化、增殖分化为浆细胞,产生抗体并介导特异性免疫应答。(　)
　　A. 正确　　　　　　　　　　　　　　B. 错误
92. 克隆是指生物体通过生殖细胞进行的无性繁殖。　　(　)
　　A. 正确　　　　　　　　　　　　　　B. 错误
93. 医学生物技术对人类疾病治疗和健康没有发挥巨大作用。　　(　)
　　A. 正确　　　　　　　　　　　　　　B. 错误
94. 基因工程是通过直接操作生物体的基因来改变其遗传特性的技术。　　(　)
　　A. 正确　　　　　　　　　　　　　　B. 错误
95. 发酵工程是生产生物燃料的一种生物技术。　　(　)
　　A. 正确　　　　　　　　　　　　　　B. 错误

四、填空题(本大题共 16 小题,每空 1 分,共 20 分)

96. 生物多样性包括物种多样性、遗传多样性和＿＿＿＿＿＿三个层次。

97. 在生物六界分类系统中,动物界包括从简单的多细胞无脊椎动物到复杂的＿＿＿＿＿＿动物。

98. 被子植物主要分为＿＿＿＿、＿＿＿＿和＿＿＿＿三大系统。

99. 机体从外界环境吸入氧和排出二氧化碳的这一过程,称＿＿＿＿。

100. 遗传学上把遗传信息的流动方向称为＿＿＿＿。

101. 配子生殖根据两性配子之间的差异程度,可分为＿＿＿＿、＿＿＿＿与＿＿＿＿三种类型。

102. 生物因素包括同种和异种的生物个体,前者形成＿＿＿＿,后者形成种间关系,如捕食、竞争、寄生、互利共生等。

103. 生物圈包括地球上有生命存在和由生命过程变化和转变的空气、陆地、岩石圈和水,是地球上最大的＿＿＿＿。

104. 革兰氏染色方法的脱色步骤是用＿＿＿＿＿＿脱色,脱色一般 30 s。

105. 黄色短杆菌在发酵食品生产中具有重要应用,它能够利用＿＿＿＿＿＿合成多种重要的氨基酸。

106. 药品微生物限度检查是检查非规定灭菌制剂及其原料、辅料受微生物污染程度的方法,包括活菌数及＿＿＿＿＿＿。

107. 为了验证培养基灭菌是否完全,将灭菌后的培养基放入＿＿＿＿℃环境中一天。

108. 固体培养基分装在试管,其装量不超过管高的＿＿＿＿＿。

109. 国内外微生物限度检验中最常用的方法是＿＿＿＿＿＿。

110. 根据免疫应答的基本规律,适应性免疫应答可以划分三个阶段,即其他微生物所致疾病(抗原提呈与识别阶段)、反应阶段(活化增殖与分化阶段)和_____。
111. 生物技术已成为21世纪发展最快的学科之一,其发展趋势主要体现在基因操作技术更加成熟与完善,使得_____植物和动物取得重大突破。

五、简答题(本大题共5小题,第112小题、第115小题各4分,第113小题、第114小题各6分,第116小题10分,共30分)

112. 简述植物细胞的基本结构和特有结构。

113. 简述酶的概念及酶的特性。

114. 根据杆菌的长短、粗细和菌体两端的形状,简述杆菌的分类。

115. 简述防止菌种衰退的措施。

116. 论述基因分离定律的实质,以及基因分离定律在实践中的应用。

附录二 参考答案

第一章 生物的多样性与分类

第一节 生物的多样性

一、名词解释

1. 生物：是指具有生命活动的物体或有机体。
2. 生物学：是研究生物体及其生命过程的科学。
3. 新陈代谢：指生物体与外界环境之间物质和能量的交换，以及生物体内物质和能量代谢的转变过程。
4. 生物多样性：是指地球上所有生物（动物、植物、微生物等）所包含的基因以及由它们与环境相互作用所构成的生态系统的多样化程度。
5. 遗传多样性：是指地球上生物所携带的各种遗传信息的总和。
6. 物种多样性：是指地球上动物、植物、微生物等生物种类的丰富程度。
7. 生态系统多样性：主要是指地球上生态系统组成、功能的多样性以及各种生态过程的多样性。

二、填空题

1. 新陈代谢
2. 生态系统多样性
3. 生态系统
4. 基因
5. 环境污染
6. 应激
7. 变异

三、单项选择题

1. C　2. B　3. B　4. C　5. C　6. D　7. B　8. B　9. C　10. C

四、判断题

1. √　2. ×　3. ×　4. √　5. ×　6. √　7. ×　8. √　9. √　10. ×

五、简答题

1. 答：(1)完整的结构。除病毒等少数种类以外，都由细胞构成。

(2)新陈代谢。生物体与外界环境之间物质和能量的交换，以及生物体内物质和能量代谢的转变过程，叫作新陈代谢。在新陈代谢过程中，生物体把从外界环境中摄取的营养物质，转变成自身的组成物质，并储存能量，称为同化作用（又称合成作用）；同时，又把自身的物质加以分解，释放出其中的能量，并把分解的终产物如二氧化碳、尿素等排出体外，称为异化作用（又称分解作用）。

(3)生长和发育。生长主要指的是生物体体积和质量的增加，而发育则指的是生物体从受精卵开始,经过一系列形态、结构和功能的变化,最终成为具有特定形态和功能的成熟个体的过程。

(4)应激性。生物体因内外环境变化的刺激产生相应反应的特性,称为应激性。

(5)运动。植物看起来似乎不动,但叶片上的气孔开闭,细胞中原生质的环流,这些也是运动。动物的运动最为显著,其捕食、逃生的本领很大程度上取决于其运动能力;一些较低等的生物,如单细胞生物也在利用它们的鞭毛或纤毛的摆动进行运动。

(6)生殖。生物个体在死亡之前产生的新个体,使种得以延续,这就是生殖。

(7)遗传和变异。每一种生物的后代都和亲代之间有相同的性状,这就是遗传,而不同个体间又存在一定的差异,这就是变异。

(8)适应。生物体能随着环境的逐渐变化而改变自身,以适应生存的需要。

2. 答:生物多样性指的是地球上所有生物(动物、植物、微生物等)所包含的基因以及由它们与环境相互作用所构成的生态系统的多样化程度。

生物多样性是人类社会赖以生存和发展的基础,保护生物多样性是实现人类可持续发展的需要,我们的衣、食、住、行及物质文化生活的许多方面都与生物多样性的维持密切相关。

(1)生物多样性中物种的多样性为我们提供了食物、纤维、木材、药材和多种工业原料。

(2)生物多样性在保持土壤肥力、保证水质以及调节气候等方面发挥了重要作用。

(3)生物多样性在大气层成分、地球表面温度、地表沉积层氧化还原电位以及pH等的调控方面发挥着重要作用。例如,现在地球大气层中的氧气含量为21%,供给我们自由呼吸,这主要应归功于植物的光合作用。

(4)生物多样性的维持,将有益于对一些珍稀濒危物种的保护。保护生物多样性,特别是保护濒危物种,对于人类后代,对科学事业都具有重大的意义。

(5)生物多样性在生态系统中的最重要的作用就是改善生态系统的调节能力,维护生态平衡。

3. 答:生物多样性的主要组成通常包括遗传多样性、物种多样性和生态系统多样性三个部分。

第二节 生命的起源和进化

一、名词解释

1. 同源器官:是指起源相同、结构和部位相似,而形态和功能不同的器官。
2. 适者生存:凡是生存下来的生物都是适应环境的,而被淘汰的生物都是对环境不适应的,这就是适者生存。
3. 自然选择:在生存斗争中,适者生存、不适者被淘汰的过程。

二、填空题

1. 非生命物质
2. 无机小分子
3. 有机小分子物质

4. 原始海洋

5 简单

低等

水生

6. 化石

7. 自然选择

8. 原始生命

9. 有机物

10. 基因

11. 有利变异

12. 遗传　变异　自然选择

13. 不断变化

14. 角质鳞片或甲

15. 亲缘关系

三、单项选择题

1．B　2．B　3．C　4．B　5．B　6．B　7．B　8．C　9．D

四、判断题

1．×　2．×　3．√　4．×　5．√　6．√　7．×　8．√　9．×　10．√　11．√　12．√

13．√　14．×

五、简答题

1. 答：用进废退学说是一种生物学理论，最早由法国生物学家拉马克在其著作《动物的哲学》中系统地阐述。用进废退学说认为，生物体的器官如果经常使用就会变得发达，而不经常使用则会逐渐退化；生物体后天获得的性状（如因环境适应而产生的器官变化）可以遗传给后代。这一观点揭示了生物体器官使用频率与其发达程度之间的关联，并解释了生物进化的原因。

2. 答：自然选择学说是达尔文提出的一种解释生物进化的理论，它指出生物在生存和繁殖过程中会面临各种环境压力，那些具有有利变异的个体更有可能生存下来并成功繁殖后代，从而导致生物种群的逐渐进化。主要内容有四点：

(1)繁殖过剩。达尔文认为，地球上的各种生物普遍具有很强的繁殖能力，都有依照几何比率增长的倾向。按照理论上的计算，就是繁殖不是很快的动物、植物，也会在不太长的时期内产生大量的后代而占满整个地球。如果出现过度繁殖，自然选择就会进行，所以任何生物都不可能无限增加个体。

(2)生存斗争。任何一种生物在生活过程中都必须为生存而斗争。生存斗争包括生物与无机环境之间的斗争、生物种内的斗争，生存斗争导致生物大量死亡，结果只有少量个体生存下来。

(3)遗传和变异。遗传是生物的普遍特征，生物有了这个特征，物种才能稳定存在，变异一代代积累下去就会导致生物的更大改变。

(4)适者生存。在生存斗争中,具有有利变异的个体,容易在生存斗争中获胜而生存下去。反之,具有不利变异的个体,则容易在生存斗争中失败而死亡。这就是说,凡是生存下来的生物都是适应环境的,而被淘汰的生物都是对环境不适应的,这就是适者生存。

达尔文把在生存斗争中,适者生存、不适者被淘汰的过程叫作自然选择。自然选择过程是一个长期的、缓慢的、连续的过程。通过一代代的生存环境的选择作用,物种变异定向地向着一个方向积累,于是性状逐渐和原来的祖先不同了,这样,新的物种就形成了。由于生物所在的环境是多种多样的,因此,生物适应环境的方式也是多种多样的,所以经过自然选择也就形成了生物界的多样性。达尔文的自然选择学说能够科学地解释生物进化的原因,以及生物的多样性和适应性,对于人们正确地认识生物界具有重要意义。

第三节　生物分类概述

一、名词解释

1. 人为分类法:根据生物的某些形态结构、功能、习性、生态或经济用途进行分类的方法。
2. 自然分类法:现代分类学家按照生物系统发育的历史进行的多层次分类方法。
3. 种:自然群居、可以相互交配产生正常后代的群体。

二、填空题

1. 种

2. 属

3. 节肢

4. 果皮

5. 脊索

6. 原核

7. 种

8. 根、茎、叶

9. 陆地

10. 亚

三、单项选择题

1. D　2. A　3. A　4. D　5. A　6. B　7. C　8. D　9. B　10. B　11. D　12. C　13. D　14. D　15. C　16. D　17. B　18. C　19. B　20. C

四、判断题

1. √　2. √　3. √　4. √　5. √　6. ×　7. √　8. √　9. √　10. √　11. √　12. √　13. ×　14. ×　15. ×

五、简答题

1. 答:生物分类的目的是探索生物的系统发育及其进化历史,揭示生物的多样性及其亲缘关系,并以此为基础建立多层次的、能反映生物亲缘关系和进化发展的"自然分类系统",有利于人们认识生物世界,了解各个生物类群之间的亲缘关系,从而掌握生物的生存和发展规律,为更广泛、更有效地保护和利用自然界丰富的生物资源提供方便。

2. 答:根据各种生物形态和生理特性上的差异,以及亲缘关系的远近,可以将生物种类分成若干阶元或等级。通常采用的等级由大到小分别是界、门、纲、目、科、属、种。

3. 答:地球上生物种类很多,为了使世界各地科学家发现的物种能被共享而不引起混乱,国际上建立了通用的生物命名规则,这一规则的核心就是林奈首创的"双名法"。"双名法"规定:每一种生物都有唯一一个学名,由两个拉丁文单词组成。第一个拉丁词为属名,用名词表示,第一个字母要求大写体;第二个拉丁词是种加词,大多用形容词表示,字母均用小写体。学名后应附上定名人的姓氏(可缩写),首字母要大写。属名和种加词要有别于文内所用的字体,排印时一般用斜体,定名人姓氏用正体字。

第四节 生物六界分类系统

一、名词解释

1. 低等植物:没有真正的根、茎、叶的分化,没有起支持作用的维管组织的植物。

2. 高等植物:有根、茎、叶的分化,并具有真正的维管组织的植物。

二、填空题

1. 植物界

2. 真细菌

3. 原生动物

4. 霉菌

5. 亚病毒

6. 植物界

7. 单细胞

8. 细胞

9. 原核

10. 真菌界

11. 细胞

12. 细胞结构

13. 脊椎动物

14. 光合

15. 活细胞

三、单项选择题

1. B 2. C 3. C 4. C 5. C 6. B 7. C 8. C 9. C 10. B 11. B 12. A 13. D 14. D 15. D 16. C 17. A 18. B

四、判断题

1. × 2. × 3. √ 4. × 5. √ 6. × 7. × 8. × 9. × 10. × 11. × 12. × 13. √

五、简答题

1. 答:生物六界分类系统的组成结构包括真细菌界、古细菌界、原生生物界、真菌界、植物界和动物界。
2. 答:(1)细胞核无核膜、核仁,DNA上无结合的组蛋白。(2)无染色体,没有有丝分裂过程和有性生殖过程。(3)细胞内不含线粒体、内质网、高尔基体、质体等细胞器,细胞壁主要成分为肽聚糖。(4)细胞质中核糖体沉降系数为70s。
3. 答:(1)有真正的细胞核,由核膜、核仁、染色质(体)及组蛋白、核液组成。核膜上有核孔。(2)核内染色体可以进行有丝分裂和减数分裂。(3)细胞膜结构完整,细胞质内含线粒体、内质网、高尔基体、叶绿体(植物)等。(4)内质网膜上的核糖体沉降系数为80 s。
4. 答:真菌、植物和动物是生物界的三大主要类群,它们之间存在明显的区别。

(1)真菌包含酵母、霉菌之类的微生物,以及最为人所熟知的菇类。真菌的细胞有以几丁质为主要成分的细胞壁,缺乏粘肽,主要由多糖如葡聚糖、甘露糖、几丁质及脱乙酰壳多糖等组成,有的还含有蛋白质及类脂体。真菌的细胞既不含叶绿体,也没有质体,是典型的异养生物。真菌可分为单细胞和多细胞两类。单细胞真菌呈圆形或卵圆形,如酵母菌、假丝酵母菌、新生隐球菌。多细胞真菌由孢子出芽繁殖形成,大多长出菌丝和孢子,称丝状菌。

(2)植物包括多细胞的藻类、苔藓植物、蕨类植物、裸子植物和被子植物。植物细胞通常有细胞壁,此外,植物是生态系统中的生产者,植物细胞含有叶绿素,这是光合作用中用于捕获太阳能的色素,使植物能够吸收光线并将其转化为化学能,能够合成和贮存大量的有机物质,如淀粉、脂肪和蛋白质,为整个生态系统提供能量和物质基础。植物具有生长和发育的能力,它们通过细胞分裂和分化来增加自身体积,并且经历从种子到成熟植物的发育过程。

(3)动物一般以有机物为食,是能够自主运动或能够活动的有感觉的生物。动物从简单到复杂的顺序为扁形动物、环节动物、软体动物、节肢动物、鱼类、两栖类、爬行类、鸟类、哺乳类。动物细胞没有细胞壁和叶绿体。动物具有感知和运动的能力,能够主动寻找食物和逃避敌害。动物体内存在复杂的生理系统,如消化系统、呼吸系统、循环系统等,以支持其生命活动。动物在生态系统中扮演着消费者和分解者的角色,通过摄食和排泄等活动促进物质的循环和能量的流动。

第二章 生命的构成

第一节 生命的物质组成

一、名词解释

1. 细胞:是构成生物体结构与功能的基本单位。
2. 大量元素:含量占生物体总重量的万分之一以上的元素称为大量元素。
3. 微量元素:植物生活所必需,但是需要量却很少的一些元素称为微量元素。
4. 二肽:由两个氨基酸分子缩合而成的化合物叫二肽。
5. 多肽:由多个氨基酸分子缩合而成的化合物叫多肽。

二、填空题

1. 结构　功能

2. 大量元素　微量元素

3. 有机化合物　无机化合物　水　无机盐　糖类　脂质　蛋白质　核酸

4. 结合水　自由水　结合水　自由水

5. 离子

6. 糖类　单糖　二糖　多糖

7. 糖类　脂肪　蛋白质　核酸

8. 氨基酸　核苷酸

9. C、H、O　C、H、O　P和N　C、H、O、N　C、H、O、N、P

三、单项选择题

1. D　2. B　3. A　4. D　5. A　6. A　7. D　8. C　9. A　10. B

四、多项选择题

1. ABC　2. AB　3. ACD　4. ABD　5. ABD　6. ABC　7. CD

五、判断题

1. ×　2. ×　3. √　4. √　5. √　6. √　7. ×　8. ×

六、简答题

1. 答：水是生物体内必不可少的物质，在生物体内扮演着非常重要的角色。主要功能有：①溶剂作用。②维持体内温度稳定。③维持细胞形态。④参与代谢反应。⑤运输物质。

2. 答：无机盐在生物体和细胞中的作用主要有以下几点。
   (1) 是构成细胞或构成生物体某些结构的重要成分。
   (2) 参与并调节生物体的代谢活动。
   (3) 维持生物体内的平衡：①渗透压平衡。②酸碱平衡（即pH平衡）。③离子平衡。

3. 答：(1) 核酸是生物体具有遗传特性的物质基础，是一切生物的遗传物质。
   (2) 核酸与生物的发育、繁殖、遗传和变异都有密切的关系。
   (3) 核酸与蛋白质的合成有直接关系。
   (4) 核酸是遗传信息的携带者，是生命活动的重要物质基础。

第二节　生命的结构基础——细胞

一、名词解释

1. 细胞膜：又称生物膜，是指由脂类物质和蛋白质组成的具有一定结构和生理功能的胞内所有被膜的总称。

2. 糖被：在细胞膜的外表，有一层由细胞膜上的蛋白质与多糖结合形成的糖蛋白，叫作糖被。

3. 自由扩散：是被选择吸收的物质从浓度高的一侧通过细胞膜向浓度低的一侧转运。

4. 协助扩散：是被选择吸收的物质借助载体蛋白从浓度高的一侧通过细胞膜向浓度低的一侧转运，但不需要消耗细胞内新陈代谢所释放的能量进出细胞。

5. 主动运输：是被选择吸收的物质从浓度低的一侧通过细胞膜运输到浓度高的一侧，必须有载体蛋白质的协助，需要消耗细胞内新陈代谢所释放的能量。

6. 胞吞作用：大分子和颗粒性物质附着在细胞膜上，由于细胞膜内陷形成小囊，这些物质就被包围在小囊内，然后，小囊从细胞膜上分离下来而形成小泡，并且进入细胞内部，这种现象叫作胞吞作用。

7. 胞吐作用：有些物质在细胞膜内被一层膜所包围，形成小泡，小泡逐渐移到细胞表面，小泡膜与细胞膜融合在一起，并且向细胞外张开，使内含物质排出细胞外，这种现象叫作胞吐作用。

8. 细胞质：真核细胞中的细胞质是指在质膜以内、细胞核以外的原生质部分，包含细胞基质和各种细胞器。

9. 细胞质基质：细胞质中呈液态的部分称为细胞质基质。

10. 细胞器：指细胞质中具有一定化学组成和形态，并表现某些特殊功能的结构。

二、填空题

1. 原核生物　真核生物　原核细胞　真核细胞　核膜　核仁　真核生物
2. 显微　亚显微
3. 质膜　内膜
4. 磷脂分子　蛋白质分子
5. 自由扩散　协助扩散　主动运输　选择透过性
6. 植物　白色体　有色体　叶绿体
7. 液泡膜　细胞液
8. DNA　核膜　染色质　核仁　核液
9. DNA　蛋白质
10. 第一次分裂完成时　下一次分裂完成时　分裂间期　分裂期　前期　中期　后期　末期
11. 线粒体　叶绿体　内质网　核糖体　高尔基体　溶酶体　中心体　细胞骨架

三、单项选择题

1. B　2. A　3. D　4. D　5. A　6. B　7. A　8. B　9. B　10. A　11. C　12. A　13. B　14. B　15. D　16. A　17. A　18. A　19. D　20. B　21. D　22. A　23. C

四、多项选择题

1. AC　2. ABC　3. ABCD　4. ABCD　5. ACD　6. ABCD　7. CD

五、判断题

1. √　2. ×　3. ×　4. ×　5. √　6. √　7. ×　8. √　9. √　10. ×　11. ×　12. √

六、简答题

1. 答：细胞的分裂的方式有无丝分裂、有丝分裂和减数分裂三种方式。
2. 答：分室作用；物质运输；能量转换；信息传递和识别；抗逆能力；物质合成。
3. 答：稳定细胞形态和保护作用；控制细胞生长扩大；参与胞内外信息的传递；防御功能；识别作用；参与物质运输。

第三节　组织

一、名词解释

1. 组织：形态、结构、生理功能相似的细胞群称为组织。

2. 成熟组织:由分生组织分裂产生的细胞,经过生长、分化,逐渐丧失分裂能力,形成具有特定形态和稳定生理功能的组织称为成熟组织。

3. 分泌结构:凡能产生分泌物质的有关细胞群或特化的细胞组合称为分泌结构。

二、填空题

1. 分生组织　成熟组织　顶端分生组织　居间分生组织　侧生分生组织
2. 初生保护组织(表皮)　次生保护组织(周皮)
3. 机械支持　厚角组织　厚壁组织
4. 外分泌结构　内分泌结构
5. 上皮组织　结缔组织　肌肉组织　神经组织
6. 血浆　血细胞　晶体物质溶液　血浆蛋白　白蛋白　球蛋白　纤维蛋白原　红细胞　白细胞　血小板　红细胞　99%　白细胞
7. 中性粒细胞　嗜酸性粒细胞　嗜碱性粒细胞　单核细胞　淋巴细胞
8. 氧和二氧化碳　防御　血小板
9. 骨骼肌　心肌　平滑肌
10. 疏松结缔组织　致密结缔组织　脂肪组织　网状结缔组织　软骨组织　骨组织　血液

三、单项选择题

1. A　2. A　3. A　4. B　5. D　6. B　7. A　8. C　9. D

四、多项选择题

1. AB　2. ABC　3. ABD　4. ABCD

五、判断题

1. ×　2. √　3. ×　4. ×　5. √　6. √　7. ×

六、简答题

1. 答:植物组织分为分生组织和成熟组织。根据分生组织在植物体的分布位置,可分为顶端分生组织、居间分生组织和侧生分生组织三种。根据成熟组织生理功能的不同,可分为保护组织、薄壁组织、机械组织、输导组织、分泌结构五种。
2. 答:动物组织分为上皮组织、结缔组织、肌肉组织、神经组织四大类。

第四节　植物的器官与系统

一、名词解释

1. 器官:一株完整的植物都是由根、茎、叶、花、果实和种子这几个部分组成,并能行使一定的生理功能,这些部分称作器官。
2. 营养器官:根、茎、叶的主要功能是吸收、运输、制造营养物质,叫作营养器官。
3. 繁殖器官:花、果实和种子称作繁殖器官。
4. 根系:一株植物所有的根的总称为根系。
5. 真果:单纯由子房发育而成的果实叫真果。
6. 假果:除子房外,还有花的其他部分如花托、花萼等参与形成的果实叫假果。
7. 花序:花在花轴上排列的情况称花序。

二、填空题

1. 营养器官　繁殖器官　营养器官　繁殖器官
2. 直根系　须根系
3. 主根　侧根　定根　不定根
4. 直根系　须根系
5. 根尖　根冠　分生区　伸长区　成熟区
6. 节　节间　枝条　顶芽　叶腋　腋芽(也称侧芽)　皮孔　叶痕　芽鳞痕
7. 叶片　叶鞘　叶舌　叶耳
8. 花柄　花托　花萼　花冠　雄蕊群　雌蕊群　花萼　花冠　雄蕊　雌蕊　不完全花
9. 花药　花丝　柱头　花柱　子房　子房壁　子房室　胚座　胚珠
10. 无限花序　有限花序
11. 子房　桃、李　子房　花托　花萼　梨、苹果
12. 单果　聚合果　聚花果
13. 胚珠　种皮　胚　胚乳
14. 胚　胚芽　胚轴　子叶　胚根
15. 皮系统　基本系统　维管系统

三、单项选择题

1. A　2. A　3. B　4. C　5. D　6. A　7. D　8. B　9. A　10. C　11. A　12. B　13. A
14. C　15. A　16. D　17. C

四、多项选择题

1. ABCD　2. ABCD　3. ABD　4. ABCD　5. ABCD　6. AB　7. ABC　8. ABCD　9. AB
10. ABCD　11. ACD

五、判断题

1. √　2. ×　3. ×　4. √　5. √　6. ×　7. √　8. ×　9. √　10. √

六、简答题

1. 答:一株完整的植物都是由根、茎、叶、花、果实和种子这六种器官组成。
2. 答:被子植物主要分为皮系统、基本系统和维管系统三大系统。皮系统包括表皮和周皮,基本系统包括各类薄壁组织、厚角组织、厚壁组织,维管系统由木质部和韧皮部组成。

第五节　动物的器官与系统

一、名词解释

1. 系统:是指能够协同完成一种或几种生理机能而组成的多个器官的总和。
2. 内分泌系统:是动物体内进行体液调节的所有内分泌腺和散在的内分泌细胞的总称。
3. 神经—体液调节:内分泌腺无导管,其所分泌的活性物质称激素,直接进入组织液、血液或淋巴,随血液循环流遍全身,以调节各器官系统的活动,这种调节也是在神经系统的支配下进行的,因此也称为神经—体液调节。

二、填空题

1. 皮肤系统　运动系统　消化系统　循环系统　呼吸系统　排泄系统　生殖系统　神经

系统　内分泌系统

2. 表皮　真皮　皮下组织　皮肤的衍生物　表皮　真皮　皮下组织

3. 骨骼　关节　骨骼肌　骨　关节　肌肉

4. 中轴骨　附肢骨　头骨　躯干骨　肢骨　带骨

5. 纤维组织　软骨　骨组织　不动连接　微动连接　关节

6. 消化管　消化腺　口腔　咽、食管、胃、小肠和大肠　肛门　唾液腺、肝、胰以及胃腺和肠腺

7. 肾单位　肾小体　肾小管

8. 尿道

9. 生殖细胞　繁衍后代　雄性生殖器官　雌性生殖器官　睾丸　附睾　输精管　副性腺　阴茎　卵巢　输卵管　子宫　阴道

10. 睾丸　附睾　输精管

11. 前列腺　精囊腺　尿道球腺

12. 神经元　反射

13. 中枢神经　周围神经

14. 颈神经　胸神经　腰神经　荐神经　尾神经

三、单项选择题

1. D　2. A　3. D　4. A　5. A　6. A　7. C　8. B　9. A　10. C　11. A　12. A　13. D　14. C　15. D　16. A　17. A　18. D　19. A　20. C　21. D　22. A　23. C　24. A　25. C　26. A　27. D　28. A　29. A　30. A　31. A　32. C　33. D　34. A　35. A　36. B　37. A

四、多项选择题

1. ABCD　2. BCD　3. ABC　4. BCD　5. ABCD　6. ABC　7. ABC　8. BCD　9. ABCD　10. ABCD　11. ACD　12. ABCD　13. ABCD　14. CD　15. ABCD

五、判断题

1. ×　2. √　3. √　4. ×　5. √　6. √　7. ×　8. ×　9. ×　10. √　11. √　12. ×　13. √　14. ×　15. √　16. √　17. √　18. √　19. ×　20. ×

六、简答题

1. 答：动物的系统组成包括皮肤系统、运动系统、消化系统、循环系统、呼吸系统、排泄系统、生殖系统、神经系统及内分泌系统九大系统。

2. 答：雄性生殖器官主要包括睾丸、附睾、输精管、副性腺和阴茎。
雌性生殖器官主要包括卵巢、输卵管、子宫和阴道。

3. 答：皮肤被覆于动物体表，具有保护、感觉、分泌、排泄、呼吸等功能。皮肤由表皮、真皮、皮下组织三部分组成。

4. 答：消化系统的功能是把从外界摄取的食物，经过消化，吸收其中的营养物质，并将食物残渣排出体外。消化系统包括消化管和消化腺两部分。

第三章 生物的新陈代谢

第一节 新陈代谢概述及类型

一、名词解释

1. 新陈代谢：是指生物体与外界环境之间物质和能量的交换，以及生物体内物质和能量的转变过程，新陈代谢也可以简称为代谢。
2. 物质代谢：是指生物体与外界环境之间物质的交换和生物体内物质的转变过程。
3. 能量代谢：是指生物体与外界环境之间能量的交换和生物体内能量的转变过程。
4. 同化作用：指生物从外界吸取所需物质和能量，经过复杂的生物化学变化，转化成自身的物质，并贮存能量。
5. 异化作用：指生物分解自身的物质，同时释放能量，是进行生命活动及合成生物大分子所必需的。
6. 自养型：在同化作用的过程中，能够直接把从外界摄取的无机物转变成为自身组成的有机物质，并贮存能量，这种新陈代谢类型称自养型。
7. 化能合成作用：有一些自养生物不是利用光能，而是利用体外环境中无机物氧化所放出的能量来合成有机物，这种合成作用称化能合成作用。
8. 异养型：在同化作用的过程中，不能直接利用无机物生成有机物，只能从外界摄取现成的有机物转变合成为自身的组成物质，并贮存能量，这种新陈代谢类型称异养型。
9. 需氧型：生物体必须不断地从外界环境中摄取氧来氧化分解自身的有机物质，并释放能量和排出二氧化碳，这种新陈代谢类型称需氧型，又称有氧呼吸型。
10. 厌氧型：生物体在异化作用的过程中，在缺氧的条件下，依靠酶的作用使自身的有机物分解，以获得进行生命活动所需要的能量，这种新陈代谢类型称厌氧型，又称无氧呼吸型。

二、填空题

1. 同化作用　异化作用　同化作用　异化作用
2. 自养型　异养型　绿色植物　细菌　动物
3. 亚硝酸细菌　硝酸细菌　亚硝酸细菌　硝酸细菌
4. 需氧型　厌氧型

三、单项选择题

1. B　2. D　3. D　4. C　5. D　6. D　7. A　8. D　9. C

四、多项选择题

1. ABCD　2. ABD

五、判断题

1. √　2. ×　3. √　4. √　5. √　6. ×　7. ×　8. √

六、简答题

答：新陈代谢是指生物体与外界环境之间物质和能量的交换，以及生物体内物质和能量的转变过程，新陈代谢也可以简称为代谢。

生物体的新陈代谢,按照生物体同化作用方式不同分为自养型和异养型;异养型中又按照生物体异化作用中对氧的要求方式不同,分为需氧型和厌氧型。

第二节　酶和ATP在新陈代谢中的作用

一、名词解释

1. 酶:是活细胞所产生的一类具有催化作用的有机物,大多数酶是蛋白质,少数是RNA。
2. ATP:是生物体细胞内普遍存在的一种含有高能量的有机化合物,属于高能化合物。

二、填空题

1. 活细胞　催化　蛋白质　RNA
2. 高效性　专一性　多样性　不稳定性
3. 高效性
4. 一种　一类　专一性
5. 蛋白质结构的多样性　专一性
6. 不稳定性
7. 高能化合物　直接来源
8. 腺苷三磷酸　腺苷　3　磷酸基　A—P～P～P　高能磷酸键
9. ATP
10. 呼吸作用　呼吸作用　光合作用

三、单项选择题

1. C　2. B　3. D　4. B　5. A　6. C　7. D　8. B　9. C　10. B　11. B　12. D

四、多项选择题

1. ABCD　2. ABC

五、判断题

1. ×　2. √　3. ×　4. √　5. √

六、简答题

答:酶是活细胞所产生的一类具有催化作用的有机物,大多数酶是蛋白质,少数是RNA。酶具有高效性、专一性、多样性和不稳定性等特性。

第三节　绿色植物的新陈代谢

一、名词解释

1. 水分代谢:是指水分的吸收、运输、利用和散失。
2. 渗透吸水:植物细胞在形成中央液泡以后,主要靠渗透作用吸收水分,这种靠渗透作用吸收水分的过程,叫作渗透吸水。
3. 渗透作用:水分子(或其他溶剂分子)从低浓度的溶液一侧透过半透膜进入高浓度溶液一侧的现象,叫作渗透作用。
4. 质壁分离:由于原生质层比细胞壁的伸缩性大,当细胞不断失水时,原生质层就会与细胞壁逐渐分离开来,也就是逐渐发生了质壁分离。

5. 质壁分离复原:由于细胞液的浓度大于外界溶液的浓度,外界溶液中的水分就透过原生质层进入细胞液中,整个原生质层就会慢慢地恢复成原来的状态,使植物细胞逐渐发生质壁分离复原。

6. 蒸腾作用:植物体内的水分主要以水蒸气的形式通过植物体表(主要是叶片的气孔)散失到大气中,这就是蒸腾作用。

7. 交换吸附:根细胞膜上所吸附的 H^+ 和 HCO_3^-,与土壤溶液中的阳离子和阴离子发生交换的过程称交换吸附。

8. 光合作用:是指绿色植物通过叶绿体,利用光能,把二氧化碳和水合成储藏着能量的有机物,并且释放出氧气的过程。

9. 呼吸作用:植物体内的有机物在细胞内经过一系列的氧化分解,最终生成二氧化碳或其他产物,并且释放出能量的过程,称植物的呼吸作用(又称生物氧化)。

10. 有氧呼吸:是指细胞在氧的参与下,通过酶的催化作用,把糖类等有机物彻底氧化分解,产生二氧化碳和水,同时释放出大量能量的过程。

11. 无氧呼吸:一般是指植物细胞在无氧条件下,通过酶的催化作用,把葡萄糖等有机物质分解成不彻底的氧化产物,同时释放出少量能量的过程。

12. 发酵:如果进行呼吸作用的生物是微生物,如乳酸菌、酵母菌,则习惯上称为发酵。

二、填空题

1. 吸收　运输　利用　散失
2. 吸胀作用吸水　渗透作用吸水
3. 半透膜　渗透作用　具有一层半透膜　具有浓度差
4. N、S、P　Mg　Ca　K
5. 二氧化碳和水　光能　叶绿体　有机物和氧气
6. 叶绿素　类胡萝卜素　藻胆色素　叶绿素 a　叶绿素 b　胡萝卜素　叶黄素
7. 光反应　暗反应　叶绿体内的类囊体上　叶绿体内的基质
8. 延长光合作用的时间　增加光合作用的面积
9. 叶绿体　叶肉　细胞质　线粒体
10. 有氧呼吸　无氧呼吸　发酵
11. 光照强度　二氧化碳的浓度　温度　水分　温度　水分　氧　二氧化碳

三、单项选择题

1. A　2. C　3. A　4. A　5. B　6. C　7. A　8. A　9. C　10. B　11. D　12. C　13. D
14. D　15. C　16. A　17. D　18. C　19. C　20. A　21. B　22. D　23. D　24. C　25. A
26. C　27. D　28. D　29. A　30. B　31. B　32. A　33. D　34. A　35. C　36. B　37. D
38. C　39. D

四、多项选择题

1. ABC　2. BCD　3. ABC　4. ABCD　5. ABD　6. ACD　7. ABCD　8. ABC　9. ABD
10. ABCD

五、判断题

1. √　2. ×　3. √　4. ×　5. ×　6. √　7. √　8. √　9. √　10. ×　11. ×　12. √

13. √ 14. × 15. × 16. √

六、简答题

1. 答:①蒸腾作用产生了巨大的蒸腾拉力,是植物体对水分的吸收和水分在植物体内运行的动力。②蒸腾作用促进矿质营养的吸收、运输以及分配。③蒸腾作用中水分由液态转化为气态的水蒸气时,吸收植物体内的热量,从而降低了植物体特别是叶片的温度,使叶片在烈日下不至于因温度过高而受到灼伤。④蒸腾作用有利于气体交换,CO_2易进入叶内作为光合作用的原料,促进光合产物的积累。

2. 答:①不同植物对N、P、K等矿质元素的需要量不同;②不同作物需要不同形态的肥料;③同一种植物在不同的生长发育时期,对N、P、K等矿质元素的需要量不同。

3. 答:光合作用是指绿色植物通过叶绿体,利用光能,把二氧化碳和水合成储藏着能量的有机物,并且释放出氧气的过程。
  光合作用根据是否需要光的照射,可以分为光反应和暗反应两个阶段。

4. 答:①绿色植物的光合作用完成了自然界规模巨大的物质转变;②绿色植物的光合作用同时又完成了自然界规模巨大的能量转变;③绿色植物的光合作用使大气中的氧气和二氧化碳的含量相对稳定。

5. 答:影响光合作用的因素有内部因素和外部因素。在影响光合作用的外部因素中,主要有光照强度、二氧化碳的浓度、温度、水分等。

6. 答:植物体内的有机物在细胞内经过一系列的氧化分解,最终生成二氧化碳或其他产物,并且释放出能量的过程,称植物的呼吸作用(又称生物氧化)。
  呼吸作用的类型包括有氧呼吸和无氧呼吸两种类型。
  呼吸作用的影响因素有植物内部的因素,也有外部的因素。从内部因素来看,不同种类的植物,呼吸作用的强弱不同;从外部因素来看,温度、水分、氧和二氧化碳等都影响呼吸作用的强弱。

7. 答:①呼吸作用能为生物体的生命活动提供能量;②呼吸过程能为体内其他化合物的合成提供原料;③呼吸作用在植物抗病免疫方面有着重要作用。

8. 答:粮油种子的贮藏保持"三低",即降低种子的含水量、温度和空气中的氧含量。
  多汁果实和蔬菜的贮藏、保鲜原则是,在尽量避免机械损伤的基础上,控制温度、湿度和空气成分三个条件,降低呼吸消耗,使果实蔬菜保持新鲜状态。
  块根和块茎的贮藏,与果实、蔬菜有许多相似之处。避免机械损伤,保持较低的温度。
  在作物栽培方面,许多栽培措施都是为了直接或间接地保证作物呼吸作用的正常进行。例如,早稻浸种催芽时,用温水淋种并且时常翻动,目的就是使酶处在最适温度中,以及促进通风,加快萌发;在大田栽培中,适时中耕松土,防止土壤板结,有助于改善根际周围的氧气供应,保证根系的正常呼吸,等等。

第四节 动物的新陈代谢

一、名词解释

1. 非必需氨基酸:在人和动物体内能够合成的氨基酸,称为非必需氨基酸。

2. 必需氨基酸：不能在人和动物体细胞内合成，只能够从食物中获得的氨基酸，称为必需氨基酸。
3. 外呼吸：机体从外界环境吸入氧和排出二氧化碳的这一过程，称外呼吸。
4. 内呼吸：机体内的全部细胞从内环境吸入氧和排出二氧化碳，以及氧在细胞内的利用这一过程，称内呼吸。

二、填空题

1. 物质代谢　能量代谢
2. 赖氨酸　色氨酸　苯丙氨酸　亮氨酸　异亮氨酸　苏氨酸　甲硫氨酸　缬氨酸
3. 磷脂　脂蛋白　脂肪肝　肝硬化
4. 光能

三、单项选择题

1. D　2. A　3. C　4. D　5. C　6. A　7. B　8. C　9. D　10. D　11. D　12. A　13. D　14. D　15. B　16. B　17. D　18. C　19. C　20. C　21. A

四、多项选择题

1. BCD　2. ACD　3. ABCD　4. ACD

五、判断题

1. ×　2. ×　3. √　4. ×　5. ×　6. √　7. √　8. √

六、简答题

1. 答：肠道中的葡萄糖经小肠上皮细胞吸收到体内后，有以下三种变化：①一部分葡萄糖随血液循环运往全身各处，在细胞中氧化分解，最终生成二氧化碳和水，同时释放出能量，供生命活动的需要。②血液中的葡萄糖——血糖除供细胞利用外，多余的部分可以被肝和肌肉等器官、组织合成糖原而储存起来。当血糖含量由于消耗而逐渐降低时，肝中的肝糖原可分解成葡萄糖，并陆续释放到血液中，以维持血糖含量的相对稳定。肌肉中的肌糖原则是作为能源物质，供给肌肉活动所需要的能量。③除上述变化外，如果还有多余的葡萄糖，这部分葡萄糖可以转变成脂肪和某些氨基酸等。

2. 答：氨基酸被吸收以后，有以下四种变化：①直接被用来合成各种组织蛋白质，例如红细胞中的血红蛋白，肌肉细胞中的肌球蛋白和肌动蛋白等。②有些细胞除能合成组织蛋白质以外，还能合成一些具有一定生理功能的特殊蛋白质。③通过氨基转换作用，把氨基转移给其他化合物，可以形成新的氨基酸。④通过脱氨基作用，氨基酸分解成为含氮部分（也就是氨基）和不含氮部分，其中氨基可以转变成尿素而排出体外；不含氮部分可以氧化分解成二氧化碳和水，同时释放能量，也可以合成为糖类和脂肪。

3. 答：食物中的脂肪在人和动物体内经过消化，以甘油和脂肪酸的形式被吸收以后，大部分再度合成为脂肪，随着血液运输到全身各组织器官中。在各组织器官中发生以下两种变化：一是在皮下结缔组织、腹腔大网膜和肠系膜等处储存起来，常以脂肪组织的形式存在；二是在肝和肌肉等处再度分解成为甘油和脂肪酸等，然后直接氧化分解，生成二氧化碳和水，释放出大量的能量，或者转变为糖原等。

第四章　遗传和变异

第一节　遗传的物质基础

一、名词解释

1. 遗传物质：指在生物的传宗接代过程中,具有贮存、复制和表达遗传信息等功能的物质。
2. 细胞核遗传：遗传性状由细胞核内染色体上的基因所决定的遗传现象和遗传规律称为细胞核遗传。
3. 细胞质遗传：由细胞质内的基因即细胞质基因所决定的遗传现象和遗传规律叫作细胞质遗传。
4. 碱基互补配对原则：DNA 分子两条链上的碱基通过氢键连接成碱基对,并且碱基配对有一定的规律,A(腺嘌呤)一定与 T(胸腺嘧啶)配对,G(鸟嘌呤)一定与 C(胞嘧啶)配对,碱基之间的这种一一对应关系,称碱基互补配对原则。
5. DNA 分子的复制：是指以亲代 DNA 分子为模板,合成子代 DNA 的过程。
6. 解旋：复制开始时,DNA 分子首先利用细胞提供的能量,在解旋酶的作用下,把两条螺旋的双链解开,这个过程称解旋。
7. 半保留复制：由于新合成的每个 DNA 分子中都保留了原来 DNA 分子中的 1 条链,因此,这种复制方式称半保留复制。

二、填空题

1. 遗传物质
2. 核酸　脱氧核糖核酸(DNA)　核糖核酸(RNA)　脱氧核糖核酸(DNA)　DNA
3. 染色体　染色体　叶绿体　线粒体
4. 腺嘌呤脱氧核糖核苷酸　鸟嘌呤脱氧核糖核苷酸　胞嘧啶脱氧核糖核苷酸　胸腺嘧啶脱氧核糖核苷酸
5. 稳定性　多样性　特异性
6. 多样性
7. 模板　原料　能量　酶　双螺旋　模板　碱基互补配对
8. 稳定性　连续性

三、单项选择题

1. A　2. A　3. B　4. D　5. A　6. A　7. B　8. A　9. D

四、多项选择题

1. ABCD　2. ABCD

五、判断题

1. √　2. ×　3. ×　4. ×　5. ×　6. √　7. √　8. √

六、简答题

1. 答:DNA 分子的立体结构是规则的双螺旋结构。这种结构的主要特点是:①DNA 分子是由两条链组成的,这两条链按反向平行方式盘旋成双螺旋结构。②DNA 分子中的脱氧核糖和磷酸交替连接,排列在外侧,构成基本骨架;碱基排列在内侧。③DNA 分子两条链上的碱基通过氢键连接成碱基对,并且碱基配对有一定的规律:A(腺嘌呤)一定与 T(胸腺嘧啶)配对,G(鸟嘌呤)一定与 C(胞嘧啶)配对,碱基之间的这种一一对应关系,称碱基互补配对原则。

2. 答:DNA 分子的结构具有稳定性、多样性和特异性。

3. 答:DNA 分子两条链上的碱基通过氢键连接成碱基对,并且碱基配对有一定的规律:A(腺嘌呤)一定与 T(胸腺嘧啶)配对,G(鸟嘌呤)一定与 C(胞嘧啶)配对,碱基之间的这种一一对应关系,称碱基互补配对原则。
   通过碱基互补配对原则,保证了 DNA 复制能够准确地进行,使遗传信息从亲代传给子代,从而保持了遗传信息的稳定性和连续性。

4. 答:核酸具有重要的生物学功能,主要体现在:一是存储遗传信息;二是传递遗传信息;三是表达遗传信息;四是调控基因表达;五是参与细胞信号传导。

第二节　基因的表达

一、名词解释

1. 染色质:是染色体在细胞分裂的间期所表现的形态,呈纤细的丝状结构,故亦称为染色质纤丝。

2. 染色体:在细胞分裂期,每条染色质细丝就高度螺旋化,缩短变粒,成为一条圆柱状或杆状的染色体。

3. 基因:是具有遗传效应的 DNA 片段。

4. 基因组:一个物种的单倍体的染色体数目称为该物种的基因组或染色体组。

5. 人类基因:人类细胞中所有包含蛋白质编码基因的 DNA 序列的总和称为人类基因。

6. 基因的表达:基因不仅可以通过复制把遗传信息传递给下一代,还可以使遗传信息以一定的方式反映到蛋白质的分子结构上,从而使后代表现出与亲代相似的性状,遗传学上把这一过程称为基因的表达。

7. 转录:是指以 DNA 的 1 条链为模板,按照碱基互补配对原则,合成 RNA 的过程。

8. 翻译:是指以信使 RNA 为模板,合成具有一定氨基酸顺序的蛋白质的过程。

9. 信息流:遗传学上把遗传信息的流动方向称为信息流。

二、填空题

1. 基因　基因　蛋白质
2. 染色单体　染色单体　DNA 分子　蛋白质
3. 同一　不同
4. 蛋白质　蛋白质
5. 转录　翻译
6. 遗传信息

三、单项选择题

1. D　2. B　3. A　4. D　5. A　6. B　7. D　8. D　9. B　10. A　11. C　12. A

四、多项选择题

1. ABC　2. ABC　3. ABC

五、判断题

1. √　2. √　3. ×　4. √　5. √　6. ×　7. √

六、简答题

1. 答：转录在细胞核内进行，它是指以 DNA 的 1 条链为模板，按照碱基互补配对原则合成 RNA 的过程。

   翻译在细胞质中进行，它是指以信使 RNA 为模板，合成具有一定氨基酸顺序的蛋白质的过程。

2. 答：染色体是细胞核中容易被碱性染料染成深色的物质，染色体主要是由 DNA 和蛋白质两种物质组成；细胞中的 DNA 大部分存在于细胞核内的染色体上，基因是 DNA 上具有遗传效应的 DNA 片段。

第三节　遗传的基本规律

一、名词解释

1. 显性性状：在杂种子一代中显现出来的性状，叫作显性性状。
2. 隐性性状：在杂种子一代中未显现出来的性状，叫作隐性性状。
3. 性状分离：在杂种后代中，同时显现出显性性状和隐性性状的现象，在遗传学上叫作性状分离。
4. 等位基因：在遗传学上，把位于一对同源染色体的相同位置上，控制着相对性状的基因，叫作等位基因。
5. 表型：在遗传学上，把生物个体表现出来的性状称作表型。
6. 基因型：在遗传学上，把与表型有关的基因组成称作基因型。
7. 常染色体：雌性（女性）个体和雄性（男性）个体相同的染色体称作常染色体。
8. 性染色体：雌性（女性）个体和雄性（男性）个体不同的染色体称作性染色体。
9. 伴性遗传：有些性状的遗传常常与性别有关，这种现象就是伴性遗传。

二、填空题

1. 孟德尔　基因的分离定律　基因的自由组合定律　摩尔根　果蝇　基因的连锁和交换定律　遗传三大定律
2. 一对同源染色体　减数分裂　同源染色体
3. 非同源染色体　减数分裂　同源染色体　非同源染色体
4. 一对同源染色体　减数分裂　同一个染色体　同源染色体　非姐妹染色单体
5. XY 型　ZW 型

三、单项选择题

1. A　2. C　3. D　4. C　5. A　6. A　7. B　8. A　9. A　10. B　11. C　12. C

四、多项选择题

1. ABC　2. ABCD　3. ABD　4. ABC　5. AB

五、判断题

1. ×　2. √　3. √　4. √　5. ×　6. √

六、简答题

1. 答：在杂合子的细胞里，位于一对同源染色体上的等位基因具有一定的独立性，生物体在进行减数分裂形成配子时，等位基因会随着同源染色体的分开而分离，分别进入两个配子中，独立地随配子遗传给后代。

2. 答：位于非同源染色体上的非等位基因的分离或组合是互不干扰的。在进行减数分裂形成配子的过程中，同源染色体上的等位基因彼此分离，同时非同源染色体上的非等位基因自由组合。

3. 答：两对或两对以上等位基因位于一对同源染色体上，在减数分裂形成配子时，位于同一个染色体上的非等位基因常常连在一起，不相分离，一起进入配子中去，在减数分裂的四分体时期，由于同源染色体上的等位基因随着非姐妹染色单体间的局部互换而发生了互换，使得染色体上的基因进行了重新组合。

第四节　生物的变异

一、名词解释

1. 生物的变异：是指生物体亲代与子代之间以及子代的个体之间存在差异的现象。
2. 基因突变：是指在染色体结构中，基因某一位点上遗传物质的改变，所以又称点突变。
3. 基因重组：是指生物体在进行有性生殖的过程中，控制不同性状的基因的重新组合。
4. 染色体变异：是指染色体结构的改变和数目的变化。

二、填空题

1. 环境　不遗传的变异　遗传物质　可遗传的变异
2. 基因突变　基因重组　染色体变异
3. 缺失　重复　倒位　易位
4. 秋水仙素　高温　α射线

三、单项选择题

1. D　2. B　3. D　4. D　5. B　6. A　7. D　8. B　9. D　10. A　11. A　12. A　13. D

四、多项选择题

1. ABD　2. ABC　3. ABC　4. ABD　5. ABCD

五、判断题

1. ×　2. √　3. √　4. √　5. ×　6. ×　7. ×　8. ×　9. √　10. ×

六、简答题

1. 答：可遗传的变异有三种来源，即基因突变、基因重组和染色体变异。

2. 答：基因突变是指在染色体结构中，基因某一位点上遗传物质的改变，所以又称点突变。基因突变主要有以下特点：①基因突变在生物界中是普遍存在的；②基因突变是随机发生的；③在自然条件下，一切生物的基因都可以发生自然突变；④大多数基因突变对生物体是有害的；⑤基因突变是不定向的。

3. 答：染色体变异是指染色体结构的改变和数目的变化。

染色体结构的改变常见的有缺失、重复、倒位、易位四种情况。

第五节　生物的进化

一、名词解释

1. 生物进化：是指生物种群在世代延续中发生的遗传变异和自然选择作用下的适应性改变。

2. 化石：是古生物的遗体或遗迹被埋藏在地下,经过若干万年矿物质的填充和交换作用形成的,它保存在地层中,具有原来的形状和结构。

3. 同源器官：是指起源相同、结构和部位相似,而形态和功能不同的器官。

二、填空题

1. 简单　复杂　低级　高级　随机的

2. 化石

3. 化石　早　简单　低等　晚　复杂　高等

4. 胚胎　受精卵　单细胞

5. 同源器官

6. 用进废退学说　自然选择学说　自然选择学说

三、单项选择题

1. C　2. C　3. B　4. D　5. C　6. D　7. B　8. D　9. C

四、多项选择题

1. ABD　2. ABCD

五、判断题

1. √　2. √　3. ×　4. √　5. ×　6. ×

六、简答题

1. 答：①古生物学上的证据；②胚胎学上的证据；③比较解剖学上的证据；④分子生物学上的证据。

2. 答：繁殖过剩、生存斗争、遗传和变异、适者生存。

第五章　生物的生殖与发育

第一节　生物生殖的基本类型

一、名词解释

1. 无性生殖：是指生物的繁殖不经过生殖细胞的结合,由生物个体的营养细胞或营养体的一部分直接产生同种新个体的生殖方式。

2. 营养繁殖：指生物营养体的一部分直接形成新的个体。

3. 有性生殖：是由亲体产生性细胞,两个性细胞结合成为合子,由合子发育成为一个新的个体的生殖方式。

4. 单倍体：配子是经减数分裂而形成的,其染色体数目只有体细胞的一半,称单倍体(n)。

5. 二倍体:两性配子融合后,合子核中的染色体数目恢复到原来的数目(2n),称二倍体。

二、填空题

1. 无性生殖　有性生殖　无性生殖　有性生殖
2. 裂殖　芽殖
3. 配子　配子　同配生殖　异配生殖　卵式生殖

三、单项选择题

1. C　2. A　3. C　4. A　5. C　6. C　7. D　8. A　9. B　10. C　11. D　12. D　13. A　14. C

四、多项选择题

1. ABC　2. ABD

五、判断题

1. ×　2. √　3. √　4. √　5. ×　6. ×　7. √

六、简答题

答:生物产生后代的现象称为生殖(也称为繁殖)。生物生殖的种类有无性生殖和有性生殖两大类。无性生殖又可分为营养繁殖(常见的形式有裂殖和芽殖)和孢子繁殖;常见的有性生殖方式有接合生殖和配子生殖(可分为同配生殖、异配生殖与卵式生殖三种类型)。

第二节　减数分裂与有性生殖细胞的成熟

一、名词解释

1. 减数分裂:是一种特殊方式的有丝分裂,指细胞连续分裂两次,而染色体在整个分裂过程中只复制一次的细胞分裂方式。
2. 联会:减数分裂过程中,同源染色体两两配对,叫作联会。
3. 四分体:指减数分裂过程中,同源染色体两两配对时,每个同源染色体就含有四个染色单体,叫作四分体。
4. 受精作用:精子与卵细胞结合成为合子的过程,叫作受精作用。
5. 双受精:每个成熟花粉粒包含两个精细胞,它们进入胚囊后一个与卵细胞结合,形成受精卵,以后发育成胚;一个与两个极核结合,形成受精极核,以后发育成胚乳,这个过程称为双受精。

二、填空题

1. 两　一
2. 精巢　卵巢
3. 四　一
4. 有性生殖
5. 精子　卵细胞
6. 被子植物

三、单项选择题

1. A　2. C　3. D　4. C　5. B　6. D　7. D　8. B　9. D　10. C

四、多项选择题

1. ABCD　2. CD

五、判断题

1. × 2. √ 3. × 4. × 5. × 6. √ 7. √ 8. √

六、简答题

答:精子的形成过程:精子是在动物的精巢中形成的。精巢中生有精原细胞,一部分精原细胞略微增大,染色体进行复制,每个染色体上含有两条姐妹染色单体,精原细胞就成为初级精母细胞。初级精母细胞经过两次连续的细胞分裂,才成为成熟的精子。第一次分裂,同源染色体被一分为二,染色体的数目减少了一半。第二次分裂,精子细胞中含有的染色体数目是初级精母细胞的一半。最后精子细胞经过变形,长出鞭毛形成精子。精子的头部含有细胞核,尾部很长,能够游动。

卵细胞的形成过程:卵细胞是在动物的卵巢中形成的。卵巢中生有卵原细胞,有的卵原细胞体积增大,染色体进行复制,形成初级卵母细胞,第一次分裂开始不久,初级卵母细胞中的同源染色体进行联会,随后出现四分体,接着,完成第一次分裂。分裂成的两个细胞,大小不等,大的叫作次级卵母细胞,小的叫作极体,它们都含有数目减半的染色体。次级卵母细胞再经过一次分裂,形成一个大的细胞即卵细胞,同时还形成一个小的细胞,这也叫作极体。原先的那个极体还可能分裂成两个极体,但是所有的极体以后都退化了。

第三节 生物的发育

一、名词解释

1. 个体发育:是指多细胞生物的受精卵经过细胞分裂、组织分化和器官形成,直到发育成熟的新个体的过程。

2. 卵裂:受精卵开始发育时,首先进行细胞分裂,这叫作卵裂。

3. 胚的发育:是指受精卵发育成幼体。

4. 胚后发育:是指幼体从卵膜内孵化出来或从母体生出来并发育成为成体。

二、填空题

1. 子叶 胚芽 胚轴 胚根

2. 核型 细胞型 沼生目型

3. 胚的发育 胚后发育

4. 受精卵 幼体 幼体 成体

5. 动物极 表皮极其附属结构 神经系统 感觉器官

6. 植物极 呼吸道上皮 消化道上皮 消化腺

7. 动物极内卷 骨骼 肌肉

三、单项选择题

1. D 2. A 3. B 4. D 5. B 6. C 7. B 8. D 9. C 10. C 11. B 12. C

四、多项选择题

1. ACD 2. ABD 3. BCD

五、判断题

1. × 2. × 3. √ 4. × 5. √ 6. √ 7. √ 8. × 9. ×

六、简答题

1. 答:高等植物的个体发育主要指被子植物的个体发育,包括种子的形成和萌发的种子中的胚进一步发育成新的植物体的过程。
2. 答:高等动物的个体发育包括胚的发育和胚后发育。

第四节 植物生命活动的调节

一、名词解释

1. 植物激素:在植物体内合成的,从产生部位运输到作用部位,并且对植物体的生命活动产生显著的调节作用的微量有机物,称为植物激素。
2. 植物的向性运动:植物体受到单一方向的外界刺激而引起的定向运动称为植物的向性运动。
3. 顶端优势:植物的顶芽优先生长而侧芽受抑制的现象叫作顶端优势。

二、填空题

1. 生长素
2. 植物的向性运动。
3. 两重性 促进 抑制 促进 抑制 疏花疏果
4. ABA 抑制 抑制
5. 乙烯
6. 顶芽 侧芽

三、单项选择题

1. B 2. C 3. A 4. B 5. D 6. A 7. A 8. D 9. C

四、多项选择题

1. ABCD 2. ABCD 3. ABD 4. ABCD

五、判断题

1. × 2. √ 3. √ 4. × 5. √ 6. × 7. √

六、简答题

1. 答:生长素的作用具有两重性,既能促进生长,也能抑制生长;既能促进发芽,也能抑制发芽;既能防止落花落果,也能疏花疏果。
2. 答:赤霉素在植物生产上的作用有促进生长;诱导开花;打破休眠,促进发芽;促进分化雄花;防止果实脱落。
3. 答:细胞分裂素在植物生产中的作用表现为促进细胞分裂和扩大;诱导芽的分化;促进侧芽发育,消除顶端优势;打破种子休眠;延缓叶片衰老。
4. 答:脱落酸的主要生理作用有促进休眠;促进气孔关闭;抑制生长、开花;促进脱落。
5. 答:乙烯在植物生产上的作用有改变生长习性;促进成熟;促进脱落;促进开花和雄花分化;可诱导插枝不定根的形成,促进根的生长和分化,打破种子和芽的休眠,诱导次生物质的分泌等。

第五节 动物的内分泌调节

一、名词解释

激素:内分泌腺或内分泌细胞分泌的一种特殊高效的化学物质。

二、填空题

1. 垂体　甲状腺　甲状旁腺　肾上腺　松果体　内分泌功能　胰岛　间质细胞　卵泡细胞　黄体细胞
2. 前叶　后叶
3. 腺垂体　神经垂体
4. 生长激素　催乳素　促黑色素细胞激素　促肾上腺皮质激素　促甲状腺激素　促卵泡激素　促黄体生成激素
5. 促黄体激素　促卵泡激素
6. 抗利尿激素　催产素
7. 新陈代谢　生长发育
8. 钙、磷　血钙　血磷
9. 不等　A　B　胰高血糖素　胰岛素

三、单项选择题

1. B　2. C　3. A　4. B　5. D　6. B　7. A　8. B　9. D　10. D　11. A　12. B　13. A　14. D　15. A　16. C　17. D

四、多项选择题

1. ABC　2. ABCD　3. ABD　4. ABC

五、判断题

1. ×　2. √　3. ×　4. √　5. ×　6. √　7. ×　8. √　9. ×

六、简答题

1. 答：腺垂体前叶分泌生长激素、催乳素、促黑色素细胞激素、促肾上腺皮质激素、促甲状腺激素、促卵泡激素、促黄体生成激素七种激素。
2. 答：肾上腺皮质部分泌盐皮质激素、糖皮质激素和性激素三大类激素。肾上腺髓质部分泌肾上腺素和去甲肾上腺素两种激素。
3. 答：胰岛素的作用主要有以下三方面：一是促进肝糖原生成和葡萄糖分解，以及由糖转变为脂肪，从而使血糖降低；二是促进体内脂肪的贮存，抑制脂肪的分解，使血中游离脂肪酸减少；三是促进氨基酸进入细胞内，使细胞内蛋白质合成加快。

第六节　动物的神经调节

一、名词解释

反射：在神经系统的作用下，畜体受到刺激后所发生的全部应答性反应称为反射。

二、填空题

1. 神经元
2. 反射
3. 反射弧　感受器　传入神经（感觉神经）　神经中枢　传出神经（运动神经）　效应器
4. 条件反射　非条件反射（先天性行为）

三、单项选择题

1. B　2. C　3. C　4. B　5. C

四、多项选择题

1. ABCD 2. BCD 3. BC

五、判断题

1. × 2. √ 3. √ 4. × 5. √ 6. ×

六、简答题

1. 答：神经系统的主要功能有以下三个密切联系的方面：一是分析功能或感觉功能，即感受、分析和整合体内外的各种刺激，产生感觉；二是躯体运动功能，即在产生感觉的基础上，使体内外的各种刺激与躯体运动联系起来，控制和调节骨骼肌的运动；三是脏腑功能或植物性功能，即在产生感觉的基础上，使体内外的各种刺激与内脏活动联系起来，控制和调节平滑肌、心脏、腺体和血管等的活动。

2. 答：反射弧包括感受器、传入神经（感觉神经）、神经中枢、传出神经（运动神经）和效应器。

第六章　生物与环境

第一节　生态因素对生物的影响

一、名词解释

1. 生态因素：环境中影响生物的形态、生理和分布等的因素。

2. 种内关系：同种生物的不同个体或群体之间的关系，叫作种内关系。

3. 种内互助：是指同种个体间为了共同防御敌害、获得食物及保证种族生存和延续而进行的相互帮助、相互有利的行为。

4. 种内斗争：是指同种生物个体之间由于争夺食物、空间或配偶等而进行的斗争。

5. 种间关系：是指不同种生物之间的关系，包括互利共生、寄生、竞争、捕食等。

6. 共生：两种生物共同生活在一起，相互依赖，彼此有利，这种关系叫作共生。

7. 竞争：两种生物生活在一起，相互争夺资源和空间等，这种现象叫作竞争。

8. 捕食：捕食关系指的是一种生物以另一种生物作为食物的现象。

二、填空题

1. 环境

2. 非生物因素

3. 日照

4. 种内

5. 相等的

6. 密度

7. 变化及其反作用

8. 主导因素

9. 规律性变化

10. 补偿

三、单项选择题

1. C　2. C　3. D　4. C　5. C　6. C　7. C　8. C　9. C　10. D　11 C　12. B　13. C
14. D　15. C　16. B　17. B　18. D　19. C　20. B

四、判断题

1. ×　2. ×　3. √　4. ×　5. ×　6. ×　7. ×　8. ×　9. ×　10. ×　11. ×　12. ×
13. ×　14. ×　15. ×

五、简答题

1. 答：影响生物的形态、生理和分布的生态因素包括非生物因素和生物因素。

2. 答：影响生物的形态、生理和分布的主要非生物因素主要有光照、温度、水分三种。

   (1)光照。光照是地球上生物得以生存和繁衍的最基本的能量源泉。只有在光照条件下，植物才能进行光合作用，制造有机物，并且储存能量。动物则直接或间接地依赖植物而生存。光对植物的生理和分布起着决定性的作用。有些植物只有在强光下才能生长得好，如松、杉、柳、槐、小麦、玉米等。在小麦灌浆时期，如果遇到阴雨连绵的天气，就会造成小麦减产。有些植物只有在密林下层较阴暗处才能生长得好，如药用植物三七、人参。光对动物的影响也很明显。例如，日照时间的长短能够影响动物的繁殖活动。有的动物需要在长日照的条件下进行繁殖，如貂、鼬等；有的动物需要在短日照的条件下进行繁殖，如鹿和山羊等。

   (2)温度。生物体的新陈代谢需要在适宜的温度范围内进行，因此，温度是一种重要的生态因素。温度对生物的分布有着重要影响。例如，在寒冷地带的森林中，针叶林较多；在温暖地带的森林中，阔叶林较多。苹果、梨等果树不宜在热带地区栽种，香蕉、凤梨（菠萝）不宜在寒冷地区栽种，这些都是受到温度限制的缘故。同时，温度影响着生物的生长和发育。生物的生长和发育只能在一定的温度范围内进行。例如，小麦的种子只有在3～43 ℃这一温度范围内才能萌发。在生物能够进行生长和发育的温度范围内，温度的高低对生物的生长和发育速度也有影响。例如，体重为50～100 kg的猪，在18～20 ℃的温度条件下增重最快，温度过高或过低都会抑制猪的生长和发育。因此，在夏季要注意使猪舍保持凉爽；在冬季要注意猪舍的保温。

   (3)水。水是生物体内不可缺少的重要组成部分，是进行一切生命活动及其过程的生理要素，一切生物的生活都离不开水。水分过多或过少都会对生物的生长发育有明显的影响。例如，干旱会使植物的叶萎蔫，生长受阻；土壤里水分过多，会导致土壤里空气减少，从而影响植物根系的呼吸作用，严重时会使植物窒息而死。对动物来说，缺水比缺少食物的后果更为严重。动物在没有食物的情况下要比在没有水时活的时间长。在一定地区，一年中的降水总量和雨季的分布，是决定陆生生物分布的重要因素。例如，在干旱的荒漠地区，只有少数耐干旱的动植物能够生存；在雨量充沛的热带雨林地区，森林茂密，动植物种类繁多。

3. 答：生物与其生存环境中的生物因素之间的关系可以分为两种：种内关系和种间关系。

   生物在种内关系上，既有种内互助，也有种内斗争。种内互助是指同种个体间为了共同防御敌害、获得食物及保证种族生存和延续而进行的相互帮助、相互有利的行为。种内互助的现象是常见的,如蚂蚁、蜜蜂等营群体生活的昆虫,往往是千百只个体生活在一起,在群体内部分工合作。种内斗争是指同种生物个体之间由于争夺食物、空间或配偶等而进行的斗争。如在农田中相邻的作物植株之间会发生对阳光、水分和养料的争夺,许多鸟类的雄鸟在占领巢区后,如果发现同种的其他雄鸟进入自己的巢区,就会奋力攻击,将入侵者赶走。

种间关系包括互利共生、寄生、竞争、捕食等。两种生物共同生活在一起,相互依赖,彼此有利,这种关系叫作共生。例如,豆科植物与根瘤菌之间有着密切的互利共生关系,植物体供给根瘤菌有机养料,根瘤菌则将空气中的氮转变为含氮的养料,供植物体利用;生物界中寄生的现象非常普遍,例如,蛔虫、猪肉绦虫和血吸虫等寄生在人和其他动物的体内,虱和蚤寄生在其他动物的体表,小麦线虫寄生在小麦籽粒中等;两种生物生活在一起,相互争夺资源和空间等,这种现象叫作竞争,例如,水稻和稻田中的杂草之间争夺阳光、养料和水分,小家鼠和褐家鼠争夺居住空间和食物等。捕食关系指的是一种生物以另一种生物作为食物的现象,植食性动物中的兔以某些植物为食物,肉食性动物中的狼又以兔为食物等。

第二节 生态系统与生物圈

一、名词解释

1. 种群:一定时期内占据特定空间的同种生物个体的集合。
2. 种群密度:单位空间内某种群的个体数量。
3. 生物群落:在一定的自然区域内,相互之间具有直接或间接关系的各种生物的总和,称为生物群落,简称群落。
4. 生态系统:生物群落与它生存的无机环境相互作用而形成的统一整体,叫作生态系统。
5. 生物圈:地球上全部生物和它们生存的无机环境的总和。
6. 食物链:在生态系统中,各种生物之间由于食物关系而形成的一种联系,叫作食物链。
7. 食物网:在一个生态系统中,许多食物链彼此相互交错连接的复杂的营养关系,叫作食物网。
8. 物质循环:在生态系统中,组成生物体的 C、H、O、N、P、S 等化学元素不断进行着从无机环境到生物群落,又从生物群落回到无机环境的循环过程,这就是生态系统的物质循环。
9. 生态平衡:生态系统发展到一定阶段,它的生产者、消费者和分解者之间能够较长时间地保持着一种动态的平衡,也就是说,它的能量流动和物质循环能够较长时间地保持着一种动态的平衡,这种平衡状态就叫生态平衡。
10. 生态系统的稳定性:指生态系统所具有的保持或恢复自身结构和功能相对稳定的能力。

二、填空题

1. 非生物
2. 食物网
3. 生态
4. 营养

5. 基本

6. 崩溃

7. 碳

8. 生态系统

9. 恢复力

10. 物质循环

三、单项选择题

1.C 2.B 3.D 4.C 5.D 6.D 7.D 8.A 9.D 10.D 11.A 12.C 13.D 14.C 15.A 16.D 17.A 18.A 19.B 20.C

四、判断题

1.√ 2.√ 3.√ 4.√ 5.√ 6.√ 7.√ 8.× 9.√ 10.× 11.√ 12.√ 13.√ 14.√ 15.√ 16.√ 17.√ 18.√ 19.√ 20.√ 21.√

五、简答题

1. 答：(1)具有一定的物种组成。即每个群落都由一定的植物、动物、微生物种群组成，物种组成不同是区别不同群落的首要特征。

   (2)具有一定的外貌和结构。生物群落具有一系列外貌和结构特点，包括形态结构、生态结构和营养结构。如生活型的组成、种的分布格局、成层性、季相、捕食者的关系等。

   (3)具有群落环境。即生物群落对其居住环境产生重大影响，并形成群落环境。如草原中的植物环境与周围裸地有很大不同，温、光、水与土壤都经过了生物群落的改造。

   (4)不同物种间的相互影响。自然界中的群落并不是由物种任意组合而成的。物种能够组合在一起构成一个群落，应具备两个条件：一是必须共同适应它们所处的无机环境；二是它们内部的相互关系必须取得协调、平衡。

   (5)一定的动态特征。生物群落的动态包括群落的昼夜活动规律、季节变化与年度变化、演替与演化等。

   (6)一定的分布范围。任一群落都分布在特定地段或特定生存环境中，不同群落的生存环境和分布范围不同。

   (7)群落的边界特征。在自然条件下，有的群落具有明显的边界，有的则不具有明显边界，而处于连续变化中。

2. 答：生态系统的结构包括两方面的内容：生态系统的成分，食物链和食物网。各种类型的生态系统都包含非生物的物质和能量、大量的植物、动物和微生物等组成成分。这些组成成分之间并不是毫无联系的，而是通过物质和能量的联系形成一定的结构。

3. 答：生态系统的主要功能是进行能量流动和物质循环。

4. 答：生态系统的生产者通过光合作用，把太阳能固定在它们所制造的有机物中，这样，太阳能就转变成化学能，输入生态系统的第一营养级，以后，便沿着"生产者→初级消费者→次级消费者……"这一渠道流动。生态系统的能量流动具有两个明显的特点，即单向流动和逐级递减。单向流动是指生态系统的能量只能从第一营养级流向第二营养级，再依次流向第三、第四、第五营养级。既不能够逆向流动，也不能够循环流动。逐级递减是指输入一个营养级的能量不可能百分之百地流动到下一个营养级,这是因为各个营养级的生物都会因为呼吸而消耗相当大的一部分能量,并且各个营养级总有一部分生物未被下一个营养级的生物所利用。

5. 答:在生态系统中,组成生物体的 C、H、O、N、P、S 等化学元素不断进行着从无机环境到生物群落,又从生物群落回到无机环境的循环过程,这就是生态系统的物质循环。

6. 答:能量流动和物质循环二者是同时进行的,彼此相互依存,不可分割。能量的固定、储存、转移和释放,离不开物质的合成和分解等过程。物质作为能量的载体,使能量沿着食物链(网)流动;能量作为动力,使物质能够不断地在生物群落和无机环境之间循环往返。生态系统中的各种组成成分,正是通过能量流动和物质循环,才能够紧密地联系在一起,形成一个统一的整体。

7. 答:在生态系统中,各种生物之间由于食物关系而形成的一种联系,叫作食物链。
在一个生态系统中,许多食物链彼此相互交错连接的复杂的营养关系,叫作食物网。
食物链和食物网是生态系统的营养结构,生态系统的物质循环和能量流动就是沿着这种渠道进行的。

8. 答:(1)明确农业发展方向。根据当地的实际情况,包括气候、土壤、水资源、市场需求等因素,来确定当地的农业发展方向,确保农业生态系统的建立与当地环境和社会经济条件相适应,从而提高系统的稳定性和可持续性。

(2)改进农业生态系统的营养结构。包括优化食物链和营养级的关系,提高能量和物质的利用效率,减少浪费和污染。例如,通过合理的种植和养殖结构,实现种植业和养殖业的有机结合,形成"种-养-加"一体化的生态农业模式。

(3)加强农业生态系统的自我调节和人为控制。为了维持农业生态系统平衡状态,需要加强农业生态系统的自我调节和人为控制。例如,通过合理的灌溉、施肥、病虫害防治等措施,保持土壤肥力和生态平衡;通过调整种植结构和养殖规模,避免过度开发和资源枯竭。

(4)推广先进的农业技术和模式。例如,精准农业技术可以实现对土壤和作物的精准管理,提高化肥和农药的利用率,减少化学物质的使用量;节水农业技术可以节约水资源,提高灌溉效率;循环农业模式可以实现资源的再利用和废弃物的无害化处理。

(5)案例借鉴与启示。从国内外成功的农业生态系统案例中,我们可以得到一些有益的借鉴和启示。例如,日本爱东町地区的循环农业模式,通过油菜籽的利用和废弃食用油的回收再利用,实现了资源的高效再生和生态环境的保护;德国的"绿色能源"农业通过从农产品中提取矿物能源和化工原料替代品,实现了农产品的循环再利用和绿色能源的开发;美国的精准农业通过精准管理土壤和作物,提高了化肥、农药的利用率和农业生产效率。这些措施的实施可以推动农业生态系统的良性循环和可持续发展。

第三节 生物安全

一、名词解释

1. 生物安全:指人们对于由动物、植物、微生物等生物体给人类健康和赖以生存的自然环境可能造成的安全隐患的防范。

2. 外来物种:指出现在其自然分布范围和分布位置以外的物种、亚种或低级分类群。

3. 环境污染:指人为排放的有毒、有害物质破坏环境的生态平衡,改变了原来生态系统的正常结构和功能,恶化了工农业生产和人类生活环境的行为。

4. 温室效应:指大气中二氧化碳等气体的含量增加,导致地面反射出来的热能被大气中二氧化碳等气体吸收,最终引起地球表面平均气温上升的现象。

5. 生物富集作用:指环境中的一些污染物(如重金属、化学农药)通过食物链在生物体内大量聚集的过程。

6. 富营养化:指水体中N、P等植物必需的矿质元素含量过高,导致藻类植物大量繁殖,并引起水质恶化和鱼类死亡的现象。

7. 土壤污染:指人类活动产生的有毒、有害物质进入土壤,积累到一定程度,超过土壤本身的自净能力,导致土壤性状和质量变化,构成对农作物和人体的影响和危害的现象。

二、填空题

1. 威胁生物多样性
2. 带来巨大的经济损失
3. 风险预防
4. 有意引种
5. 病原微生物
6. 二氧化硫
7. 食物链
8. 食物链
9. 二氧化碳
10. 紫外线
11. 减少光合作用
12. 死亡或疾病
13. 光合作用
14. 藻类
15. 损害

三、单项选择题

1. B　2. A　3. D　4. D　5. D　6. C　7. C　8. B　9. A　10. C　11. B　12. C　13. D

四、判断题

1. ×　2. ×　3. ×　4. ×　5. ×　6. ×　7. √　8. ×　9. ×　10. ×　11. ×　12. ×　13. ×　14. ×　15. √

五、简答题

1. 答:第一,外来入侵物种会造成严重的生态破坏和生物污染。大部分外来物种成功入侵后大爆发,生长难以控制,造成严重的生物污染,对生态系统造成不可逆转的破坏。第二,外来入侵物种通过压制或排挤本地物种,形成单优势种群,危及本地物种的生存,最终导致生物多样性的丧失。第三,外来物种入侵有时还直接威胁人类的健康,如豚草、三裂叶豚草,其花粉是引起人类花粉过敏症的主要病原体。

2. 答:环境污染对物种的影响是深远且复杂的,它可以在多个层次上对生物产生不利影响。

(1)遗传层次。在污染条件下,种群的敏感性个体消失,这些个体具有的特质性遗传变异也因此而消失,进而导致整个种群的遗传多样性水平降低。污染导致种群数量减小,以至于达到了种群的遗传学阈值,遗传变异的来源也大大减少。

(2)种群层次。物种是以种群的形式存在的,由于各物种种群对污染的抵抗力不同,有些种群会消失,而有些种群会存活,但最终的结果是当地物种丰富度减少,降低了生物多样性。

(3)生态系统层次。污染大大降低了初级生产,从而使依托强大初级生产量才能建立起来的各级消费类群没有足够的物质和能量支撑,整个生态系统的结构和功能趋于简单化。严重的污染将不同的生态系统类型最终变成基本没有生物的死亡区,从而导致生态系统多样性的丧失。

第四节 人与环境

一、填空题

1. 生产

2. 自然环境

3. 噪声

4. 二氧化碳

5. 气候变化

6. 合理利用资源

7. 呼吸系统疾病

8. 水资源分配不均

9. 促进资源回收利用

10. 生态

二、选择题

1. C 2. D 3. D 4. D 5. D 6. C 7. C 8. D 9. C 10. D 11. C 12. D

三、判断题

1. × 2. √ 3. × 4. √ 5. × 6. √ 7. √ 8. × 9. √ 10. × 11. √ 12. × 13. √ 14. √ 15. ×

四、简答题

答:正视人类与环境的关系,使人类社会与环境保持协调,是人类生存发展的重要前提。目前,人类与环境协调发展的关键是调控人口,合理开发和利用自然资源,保护环境,建设环境。

(1)调控人口。人类赖以生存的环境和空间资源是有限的,人口的增长必须与环境的负载量相适应,不能无限制地发展。如果社会人口增长过快,导致环境负载量受到的压力过大,社会生态系统有失去平衡、陷入恶性循环的危险。

(2)合理开发利用自然资源。单纯追求一时一地的经济利益,使人类—资源—环境这一紧密联系的整体失去平衡。要避免这种危险,就必须做到经济发展与合理开发利用资源、保护自然环境相互统一,实现自然资源的可持续利用。

(3)保护和建设环境。人类在发展生产、防止对自然环境的破坏的同时,要建设一个更有利于人类发展的生态环境,真正实现人与自然环境的协调发展。当前,环境保护工作重点是防止和减少废气、废水、废物的排放,积极开展综合治理和利用,变废为宝,力争做到"零排放"。

第七章　微生物的生物学特性

第一节　微生物概述

一、名词解释

1. 微生物:自然界中存在的许多肉眼看不见而必须借助显微镜才能观察到的极微小的生物。
2. 病原微生物:具有致病性的微生物称为病原微生物。
3. 条件致病性微生物:在正常情况下不致病,只有在特定情况下才导致疾病的发生的微生物。

二、填空题

1. 非细胞型微生物　原核细胞型微生物　真核细胞型微生物
2. 核酸(DNA 或 RNA)　蛋白质衣壳
3. 核膜　核仁
4. 有丝分裂　真菌

三、单项选择题

1. D　2. C　3. A　4. A　5. B　6. B　7. C　8. A　9. A

四、多项选择题

1. ABD　2. ABCD　3. ABCD

五、判断题

1. ×　2. ×　3. √　4. √　5. ×　6. √

六、简答题

1. 答:(1)个体微小。(2)结构简单。(3)种类繁多。(4)分布广泛。(5)繁殖迅速。
(6)数量巨大。(7)容易变异。
2. 答:微生物广泛应用在人类生活中的各个领域。
(1)在食品工业上的应用。(2)在医药工业上的应用。(3)在轻纺工业上的应用。
(4)在环保工业上的应用。(5)在农业生产上的应用。(6)在能源生产上的应用。

第二节　微生物的形态特征

一、名词解释

1. 细菌:细菌是一类个体微小的单细胞原核微生物。

2. 芽孢杆菌:能产生芽孢的杆菌,如枯草芽孢杆菌。
3. 无芽孢杆菌:不能产生芽孢的杆菌,如大肠杆菌。
4. 单杆菌:分裂后菌体单独存在,称为单杆菌。
5. 双杆菌:分裂后两菌端相连成对排列在一起,称为双杆菌。
6. 链杆菌:分裂后菌体相连成链状,称为链杆菌。
7. 菌落:是指单个微生物细胞在适宜固体培养基上生长繁殖形成的肉眼可见的子细胞群体。
8. 酵母菌:酵母菌是一个俗称,是一群比细菌大得多的单细胞真核微生物。
9. 酵母菌的假菌丝:有些酵母细胞与其子代细胞没有立即分离,而像藕节状连在一起,称为假菌丝。
10. 酵母菌的有性繁殖:酵母菌可以通过两个性别不同的细胞接合成一个二倍体细胞,进而生成多个子囊孢子而繁殖。
11. 放线菌:是介于细菌和真菌之间的一类丝状原核单细胞微生物。
12. 营养菌丝:又称基内菌丝,是伸入培养基内吸收营养物质的菌丝。
13. 气生菌丝:当营养菌丝发育到一定阶段,长出培养基外伸向空间的菌丝就是气生菌丝。
14. 孢子丝:当气生菌丝发育到一定阶段,能分化出可以形成孢子的菌丝即孢子丝。
15. 横隔孢子:当孢子丝生长到一定阶段时,产生许多横隔膜,然后沿横隔膜断裂形成孢子。
16. 孢囊孢子:孢子丝盘卷或孢子囊柄顶端膨大形成孢子囊,其间产生横隔形成孢子。
17. 霉菌:凡是在培养基上长成绒毛状、棉絮状或蜘蛛网状菌丝体的真菌。
18. 菌丝体:霉菌菌体是由分枝或不分枝的菌丝构成,许多菌丝交织在一起就叫菌丝体。
19. 繁殖菌丝:一部分气生菌丝发育到一定阶段,可以产生孢子繁殖后代。
20. 无隔菌丝:菌丝中间无横隔,整个菌丝是一个单细胞。
21. 有隔菌丝:菌丝中间有横隔,每一段菌丝是一个细菌。
22. 接合孢子:是由菌丝上生出的两个圆形或形状上略有不同的配子囊接合而成。

二、填空题

1. 芽孢杆菌　无芽孢杆菌
2. 弧菌　螺菌
3. 裂殖　二分裂法
4. 芽殖　裂殖　芽殖　有性繁殖
5. 无性繁殖　分生孢子　节孢子　孢囊孢子
6. 无性孢子　有性孢子

三、单项选择题

1. A　2. C　3. A　4. B　5. B　6. D　7. D　8. C　9. A　10. D　11. A　12. D　13. B　14. D　15. C

四、多项选择题

1. ABCD　2. ABD　3. ABC　4. ABD　5. BCD　6. AB　7. CD　8. ACD　9. BCD

五、判断题

1. × 2. × 3. √ 4. √ 5. √ 6. × 7. × 8. × 9. √ 10. √ 11. × 12. √ 13. √

六、连线题

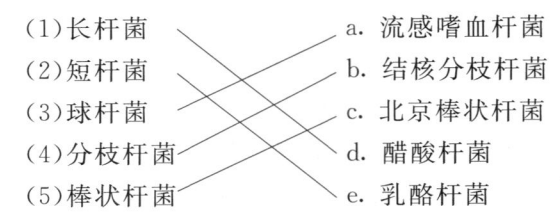

1.
(1)长杆菌 —— e. 乳酪杆菌
(2)短杆菌 —— d. 醋酸杆菌
(3)球杆菌 —— a. 流感嗜血杆菌
(4)分枝杆菌 —— b. 结核分枝杆菌
(5)棒状杆菌 —— c. 北京棒状杆菌

2.
(1)孢囊孢子 —— b. 气生菌丝长到一定阶段,顶端膨大生出横隔与菌丝分开
(2)分生孢子 —— d. 由细胞壁紧缩生成许多横隔脱离母细胞而形成的孢子
(3)节孢子 —— e. 由菌丝细胞断裂而形成的孢子
(4)厚垣孢子 —— c. 菌丝细胞质浓缩变圆/细胞壁加厚而形成的孢子
(5)芽孢子 —— a. 由菌丝的顶端以出芽的方式形成的单个的孢子

七、简答题

1. **答**:球菌可分为六类:
(1)单球菌。(2)双球菌。(3)链球菌。(4)葡萄球菌。(5)四联球菌。
(6)八叠球菌。

2. **答**:杆菌可分为六类:
(1)长杆菌。(2)短杆菌。(3)球杆菌。(4)分枝杆菌。(5)棒状杆菌。
(6)梭状杆菌。

3. **答**:酵母菌的繁殖方式有无性繁殖和有性繁殖两种,其中以无性繁殖为主。
(1)无性繁殖。酵母菌无性繁殖又分为芽殖和裂殖两种,其中芽殖是最普遍的一种方式。
①芽殖。当酵母菌生长到一定程度的时候,会在细胞表面长出一个小突起,叫作芽孢。芽孢的出现也意味着开始了细胞核的分裂,细胞核最终分裂成两个子核,一个子核留在母细胞内,另一个子核随同母细胞的部分细胞质进入突出的芽孢内。突出的芽孢膨大而成芽体,称为子细胞。子细胞继续长大到接近母细胞大小时与母细胞分离,成为独立生活的子细胞。这个过程就是芽殖。
②裂殖。少数酵母细胞与细菌细胞一样,借细胞横分裂而繁殖,称为裂殖。
(2)有性繁殖。酵母菌也可以通过两个性别不同的细胞接合成一个二倍体细胞,进而生成多个子囊孢子而繁殖,即有性繁殖。当酵母菌发育到一定阶段,两个异性细胞接近,各生出一个小突起而相接触,接触处的细胞壁融解,形成一个通道。进而两个细胞的原生质融合(称为质配)、核融合(称为核配),即形成了一个二倍体细胞(即接合子)。

4. **答**:放线菌主要通过形成无性孢子进行无性繁殖,放线菌产生的无性孢子主要有凝聚孢子(又称分生孢子)、横隔孢子(又称节孢子或粉孢子)和孢囊孢子三种。
(1)凝聚孢子。大部分放线菌产生凝聚孢子。当孢子丝生长到一定阶段时,从顶端向基部,孢子丝中的细胞质分段围绕拟核物质逐渐凝聚成一串大小相似的小段,然后每小段收缩,并外生新的孢子壁而形成圆形或椭圆形孢子。孢子丝壁最后自溶或裂开,释放出成熟的孢子。如大多数链霉菌产生凝聚孢子。

(2)横隔孢子。当孢子丝生长到一定阶段时,其中产生许多横隔膜,然后沿横隔膜断裂形成孢子。如诺卡菌产生横隔孢子。

(3)孢囊孢子。孢子丝盘卷或孢子囊柄顶端膨大形成孢子囊,其间产生横隔形成孢子。如游动放线菌产生孢囊孢子。

5. 答:霉菌的繁殖能力一般都很强,并且方式也多种多样,有的可以通过菌丝断裂的片段长成新的菌丝体,有的可以通过细胞核分裂而细胞不分裂的方式进行生长繁殖,但主要靠形成无性孢子或有性孢子的方式繁殖。

(1)无性孢子。形成无性孢子是霉菌繁殖的主要方式。形成的无性孢子往往分散、量大,具有一定的抗性,有利于保藏菌种。

①孢囊孢子。孢囊孢子是一种内生孢子。当气生菌丝长到一定阶段时,顶端开始膨大,并在下方生出横隔与菌丝分开而形成孢子囊。孢子逐渐长大,囊中形成许多核,每一个核外生膜壁并包有原生质,于是形成了孢囊孢子。孢子成熟后,孢子囊破裂,孢子分散出来,遇到适宜条件就可以萌发成新的个体。

②分生孢子。分生孢子是一种外生孢子,是霉菌中最普遍的一类孢子。分生孢子是由菌丝的顶端(或分生孢子梗)以类似于出芽的方式(或浓缩)形成的单个(或成簇)的孢子。分生孢子产生的方式大致归为以下三种:无明显分化的分生孢子梗、具有分化的分生孢子梗、具有一定形状的小梗。

③节孢子。节孢子是一种外生孢子,是由菌丝细胞断裂而形成的,也叫裂生孢子。

④厚垣孢子。厚垣孢子也称厚膜孢子,是一种外生孢子。在菌丝顶端或中间有部分细胞质浓缩变圆,细胞壁加厚而形成圆形、纺锤形或长方形的孢子。厚垣孢子里含有丰富的营养物质,处于休眠状态,对恶劣环境具有很强的抵抗力。

⑤芽孢子。芽孢子是由菌丝以类似出芽的方式产生小突起,经过细胞壁紧缩生成许多横隔,最后脱离母细胞而形成球状或长圆形的孢子。

(2)有性孢子。霉菌的有性繁殖在一般培养基上不常出现,多发生于特定条件下,产生有性孢子。

①卵孢子。霉菌的菌丝分化成大小不同的两类配子囊,小的叫雄器,大的叫藏卵器。交配时雄器的内含物(细胞质与细胞核)通过授精管进入藏卵器,最后由受精的卵球生出厚壁而形成卵孢子。

②接合孢子。接合孢子由菌丝上生出的两个圆形或形状上略有不同的配子囊接合而成。这是接合菌纲的特有孢子。

③子囊孢子。子囊孢子是子囊菌纲的主要特征,产生于子囊中,子囊的形状因种而异。子囊的形成有两种类型,一种是由两个营养细胞结合后直接形成;另一种是由个异性的配子囊经接触交配后生出子囊丝间接形成。多个子囊外面被菌丝包围,形成子实体,称子囊果,子囊果的大小、形态随种而不同。

第三节　细菌

一、名词解释

1. 异染颗粒:也称迂回体,主要成分是 RNA 与多偏磷酸盐,嗜碱性强,经染色后颜色明显不同于菌体的其他部位。
2. 类核:又称核质或拟核,是细菌的遗传物质,集中在细胞质的某一区域,多在菌体中央。
3. 荚膜:是某些细菌分泌并包绕在细胞壁外的一层较厚的黏液性物质。
4. 雄性菌(F^+菌):把有性菌毛的细菌称为雄性菌(F^+菌)。
5. 雌性菌(F^-菌):把无性菌毛的细菌称为雌性菌(F^-菌)。
6. 菌毛:菌毛存在于许多 G^- 菌和少数 G^+ 菌菌体表面,比鞭毛更细、更短而直硬的丝状物。
7. 芽孢:是某些细菌在一定环境条件下,细胞质脱水浓缩,在菌体内形成的一个圆形或椭圆形小体。
8. 繁殖体:当环境条件适宜时,芽孢发芽发育成菌体。

二、填空题

1. 革兰氏阳性菌(G^+菌)　革兰氏阴性菌(G^-菌)
2. 肽聚糖　磷壁酸　肽聚糖　外膜
3. 染色性　免疫原性　致病性　敏感性
4. 脂蛋白　脂质双层　脂多糖
5. 遗传物质　核膜　核仁　DNA
6. 荚膜　鞭毛　菌毛　芽孢
7. 普通菌毛　性菌毛
8. 单毛菌　双毛菌　丛毛菌　周毛菌
9. 蒸馏水　细菌培养物　1～1.5 cm

三、单项选择题

1. C　2. D　3. B　4. A　5. C　6. D　7. A　8. A　9. B　10. C　11. A　12. B　13. A　14. C
15. D　16. C

四、多项选择题

1. ABC　2. BCD　3. BCD　4. ABC　5. ABD　6. ABCD

五、判断题

1. √　2. ×　3. ×　4. ×　5. √　6. √　7. √　8. ×　9. √　10. √　11. ×　12. √
13. √　14. √

六、连线题

1.

(1)涂片 —— b. 挑取少量菌种与玻片上的水滴混匀涂布成一均匀的薄层
(2)干燥 —— a. 涂片在室温下使其自然干燥
(3)固定 —— e. 在酒精灯火焰外层尽快地来回通过2～3次
(4)染色 —— d. 在涂片薄膜上滴加草酸铵结晶紫染色液
(5)水洗 —— c. 在自来水龙头下用小股水流冲洗

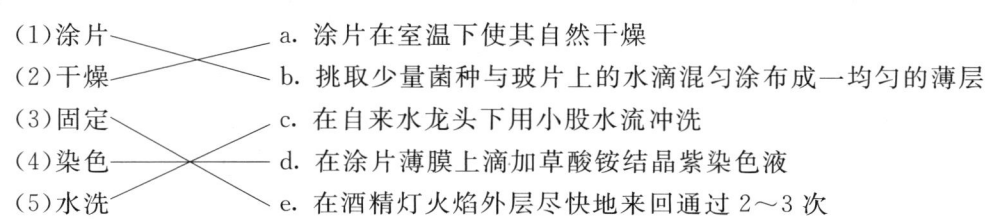

2.
- (1) 固定 —— b. 将抹片在火焰上缓缓通过数次
- (2) 初染 —— a. 滴1~2滴草酸铵结晶紫染色液于抹片上
- (3) 媒染 —— e. 滴1~2滴革兰氏染色碘液于抹片上
- (4) 脱色 —— c. 操作过程用95%酒精,玻片不时摇动
- (5) 复染 —— d. 1~2滴苯酚复红液于抹片上

七、简答题

1. 答:(1)维持细菌的固有形态。(2)参与细菌内外物质交换。(3)保护细菌抵抗低渗环境。(4)与细菌的致病性、免疫原性、药物敏感性及染色性有关。

2. 答:(1)参与菌体内外物质交换。(2)参与细胞的呼吸过程。(3)是细菌生物合成的重要场所。(4)参与细菌分裂。

3. 答:(1)抗吞噬作用:具有抵抗吞噬细胞的吞噬、消化作用,增强细菌的侵袭力,与细菌致病性有关。
(2)抗杀菌物质的损伤作用:荚膜包绕在细菌细胞壁之外,可保护细菌免受溶菌酶、补体、抗体及抗菌药物等对其的损伤。
(3)具有免疫原性:荚膜多糖、多肽等具有免疫原性,可作为细菌鉴别和分型的依据。
(4)黏附作用:荚膜多糖可使细菌彼此粘连,也可黏定植于组织细胞或医疗器械表面,是引起感染的重要因素。

4. 答:(1)是细菌的运动器官,有鞭毛的细菌能运动,无鞭毛的细菌不能运动,可根据细菌的动力试验来鉴别细菌。
(2)具有免疫原性,鞭毛的化学成分主要是蛋白质,通常称为鞭毛抗原(H抗原),可用于细菌的鉴别。
(3)与致病性有关,如霍乱弧菌、空肠弯曲菌等借助鞭毛的运动穿透小肠黏膜表面的黏液层,使菌体黏附于肠黏膜上皮细胞而导致病变。

5. 答:(1)涂片。(2)干燥。(3)固定。(4)染色。(5)水洗。(6)干燥。(7)镜检。

6. 答:(1)抹片。(2)干燥。(3)固定。(4)初染。(5)媒染。(6)脱色。(7)复染。(8)吸干。(9)镜检结果判定。

第四节 真菌

一、名词解释

1. 真菌:是一种真核细胞型微生物,真菌细胞是一种单细胞生物,细胞结构完整,具有典型的细胞核和完整的细胞器,不含叶绿素,无根、茎、叶的分化。

2. 病原性真菌:少数真菌能引起人和动物疾病,称为病原性真菌。

3. 膜边体:是真菌细胞中位于细胞膜和细胞壁之间,由单层膜包围的一种特殊细胞器,因位于细胞周围而得名,为真菌所特有。

4. 几丁质酶体:在菌丝顶端由双层膜包围形成的微小泡囊,含蛋白质、多糖、几丁质合成酶。

5. 氢化酶体:是一种由单层膜包裹的球状细胞器,为鞭毛的运动提供能量。

6. 菌丝:在适宜的环境中,由孢子生出芽管,逐渐延长呈丝状。

二、填空题

1. 单细胞生物　叶绿素　根、茎、叶
2. 细胞壁　细胞膜　细胞质　细胞核　菌丝
3. 纤维素　壳聚糖　壳聚糖
4. 微管　微丝　中间丝
5. 管状　囊状　球状　卵圆形
6. 营养菌丝　气生菌丝　生殖菌丝　有隔菌丝　无隔菌丝　螺旋状　球拍状　鹿角状　梳状

三、单项选择题

1. B　2. A　3. A　4. C　5. D　6. D　7. C　8. C

四、多项选择题

1. AB　2. BC　3. ABCD　4. AB　5. CD　6. BC

五、判断题

1. ×　2. ×　3. ×　4. √　5. √　6. √　7. ×　8. ×

六、连线题

(1)内质网　　　　　　　　a. 具有消化、营养、防御和保护的功能
(2)溶酶体　　　　　　　　b. 参与细胞代谢、氧化分解脂肪酸
(3)微体　　　　　　　　　c. 与菌丝顶端生长有关
(4)几丁质酶体　　　　　　d. 具有维持细胞渗透压、贮存营养物质的功能
(5)液泡　　　　　　　　　e. 具有合成磷脂的功能

第五节　病毒

一、名词解释

1. 病毒:是一类体积微小、没有细胞结构,只含有单一核酸和蛋白质外壳,只能寄生在细胞中增殖的微生物。
2. 噬菌体:是侵袭细菌、真菌等微生物的病毒,具有病毒的一般生物学特性。
3. 烈性噬菌体:当噬菌体寄生于细菌体后,若能使细菌细胞裂解,则称为烈性噬菌体。
4. 温和噬菌体:噬菌体不能裂解细菌细胞,则称为温和噬菌体。
5. 溶原性细菌:带温和噬菌体的细菌称为溶原性细菌。
6. 亚病毒:自然界中还存在一类比病毒还小、结构更简单的微生物,称为亚病毒。
7. 心髓:位于病毒的中心,由单股或双股核酸链构成,也称核酸心髓。
8. 衣壳:是包围心髓的外壳,由蛋白质或多肽组成。
9. 传染性核酸:失去衣壳和囊的裸露核酸有时也能侵入活细胞,并形成结构完整的病毒,称传染性核酸。
10. 水平传播:是指病毒在人群中不同个体之间的传播。
11. 垂直传播:是指病毒由宿主的亲代传给子代的传播方式。

二、填空题

1. 病毒　卫星病毒　朊病毒

2. 球形　近球形　砖形　子弹状　蝌蚪状
3. 心髓(核酸)　衣壳(蛋白质或多肽)　囊膜
4. 吸附　侵入　生物合成　装配　释放
5. 水平传播　垂直传播
6. 黏膜表面的传播　通过皮肤传播　医源性传播

三、单项选择题
1. D　2. C　3. A　4. A　5. A　6. C　7. D　8. B

四、多项选择题
1. ABC　2. ABC　3. BCD　4. ABD　5. ABCD

五、判断题
1. ×　2. √　3. √　4. ×　5. ×　6. √　7. √　8. ×

六、连线题
(1) 吸附　　　　　　　a. 病毒借助宿主细胞的细胞器和酶复制核酸和蛋白质
(2) 侵入　　　　　　　b. 病毒进入宿主细胞内
(3) 生物合成　　　　　c. 病毒表面蛋白质与宿主细胞发生特异性结合
(4) 装配　　　　　　　d. 从被感染细胞内转移到细胞外
(5) 释放　　　　　　　e. 将已合成的核酸和蛋白质组装成新的病毒粒子

七、简答题
1. 答：①核酸的类型与结构；②病毒体的形状和大小；③衣壳对称性和壳粒数目；④有无包膜；⑤对理化因素的敏感性；⑥抗原性；⑦生物学特性(繁殖方式、宿主范围、传播途径和致病性)。

2. 答：病毒的增殖过程分为五步，即吸附、侵入、生物合成、装配与释放五个连续的过程。
(1) 吸附。是病毒感染宿主细胞的第一步，也是关键的一步，主要是指病毒表面蛋白质与宿主细胞的特异接受位点发生特异性结合。
(2) 侵入。病毒与细胞表面结合后，通过直接侵入等方式进入细胞。
(3) 生物合成。侵入宿主细胞中的病毒在释放核酸之后，接着借助宿主细胞的细胞器和宿主细胞的酶来复制病毒的核酸并合成结构蛋白及其他结构成分。
(4) 装配。在宿主细胞的细胞核或细胞质中，将已合成的核酸和蛋白质组装成完整的有感染性的病毒粒子。
(5) 释放。病毒装配后，从被感染细胞内转移到细胞外的过程称为释放，即通过细胞破裂释放。

第六节　常用的微生物

一、名词解释
1. 乳酸菌：属于厌氧菌，是一类能够发酵糖类并主要产生乳酸的无芽孢、革兰氏染色阳性细菌的总称。
2. 微生物群体连携作用：是指多个微生物群体之间通过相互协作和互利关系，共同发挥某种功能或产生某种效果的现象。

3. 枯草芽孢杆菌:是一种常见的革兰氏阳性菌,属于需氧菌。

4. 苏云金杆菌:是一种革兰氏阳性菌,有芽孢,是兼性厌氧菌。

5. 光合细菌:是一类在厌氧条件下进行不放氧的光合作用细菌,具有原始光能合成体系,没有形成芽孢的能力,是一类革兰氏阴性菌。

6. 白僵菌:是一种真菌,有芽孢,是需氧菌,革兰氏染色呈阳性。

7. 醋酸菌:是一种革兰氏染色阴性菌,无芽孢,需氧。

8. 黄色短杆菌:是一种专性好氧、无芽孢的革兰氏阳性短杆状细菌。

二、单项选择题

1. A 2. D 3. C 4. B 5. A 6. C 7. B 8. B 9. A 10. D 11. A 12. C 13. D 14. A 15. C 16. D

三、多项选择题

1. ABD 2. ABCD 3. ABCD 4. ABC 5. BCD 6. ABCD 7. ACD 8. CD 9. ABC 10. ABCD 11. ABC 12. BCD 13. ABCD 14. ACD 15. ABD

四、判断题

1. √ 2. √ 3. × 4. × 5. √ 6. √ 7. × 8. √ 9. √ 10. × 11. √ 12. √ 13. × 14. × 15. √ 16. × 17. √ 18. √ 19. × 20. √

五、简答题

1. 答:(1)促进植物生长发育。(2)增强植物代谢功能与光合作用。(3)提高农产品品质。(4)抑制有害生物。(5)分解残留农药。

2. 答:(1)调节养殖动物肠道环境。(2)提供营养物质。(3)促进营养吸收。(4)保护肝脏。(5)抑制病原菌。(6)改善水质。

3. 答:(1)抑制病原菌生长。

(2)杀菌溶菌。消耗和分解病原菌,防治多种病害。

(3)调节生长。促进植物生长,提高作物产量和品质。

(4)改良土壤。提高土壤肥力,平衡土壤pH。

(5)环境保护。减少化学肥料和农药的使用,生物降解污染物。

4. 答:(1)改良作物品质。(2)促进土壤修复。(3)保证蔬菜安全生产。(4)防治病虫害。(5)优化水产养殖环境。

5. 答:(1)乳制品。乳酸菌在乳制品中的应用最为常见,主要用于制作酸奶。

(2)发酵果蔬制品。将果蔬中的糖类转变成乳酸。

(3)发酵肉制品。传统发酵香肠生产的关键是使乳酸菌成为优势菌。

(4)泡菜。泡菜是一种通过乳酸菌发酵而制成的发酵食品。

(5)酱油。乳酸菌可以帮助分解蛋白质,产生氨基酸和其他风味物质,从而提升酱油的鲜味和香气。

(6)面包。在面包制作中,乳酸菌可以用于生产酸面包。

(7)调味品。如醋和某些类型的酱料的调味品。

6. 答:(1)赖氨酸的生产。(2)谷氨酸的生产。(3)传统发酵产品的生产。(4)食品添加剂的生产。

7. 答:(1)面包。酵母菌通过发酵过程分解淀粉并产生二氧化碳,使得面包变得松软多孔。

(2)酒类。酵母菌能够将糖分转化为酒精和二氧化碳。

(3)馒头。酵母菌的发酵作用会使得面团膨胀并产生特有的风味。

(4)茶类食品。酵母菌可以提高发酵效率与可靠性,并对茶的品质产生影响。

(5)醋类食品。在食醋的制作过程中,酵母菌在微生物作用下自然降解,为其他微生物的繁殖提供营养物质,提升食醋的口感和品质。

(6)豆类食品。酵母菌与其他微生物一起,可以对豆类的纤维物质进行转化,使其成为可溶解性物质,有效发挥微生物的发酵功能。

(7)酵母菌还在其他许多发酵食品中发挥作用,如奶酪、酸奶等。

8. 答:(1)在肉制品中的应用。(2)在豆腐乳中的应用。(3)在酱油中的应用。(4)在糕点中的应用。(5)在黄酒、醋、酱的酿造中的应用。

9. 答:(1)抗菌作用。(2)抗炎作用。(3)免疫调节作用。(4)营养补充作用。

10. 答:(1)提高免疫力。(2)养胃。(3)抗肿瘤。(4)延缓衰老。(5)猴头菌还具有降低胆固醇、缓解失眠等症状的作用。

11. 答:(1)利尿消肿。(2)通淋泄浊。(3)抗肿瘤。(4)增强免疫。(5)猪苓还可以用于治疗痰饮咳嗽、肩酸背痛、脾气湿聚等多种病症。

12. 答:(1)调节免疫系统功能。(2)抗肿瘤作用。(3)提高细胞能量、抗疲劳。(4)调节肝脏功能。(5)调节呼吸系统功能。(6)调节肾脏功能。(7)调节造血功能。(8)调节血脂。(9)直接抗病毒作用。(10)调节中枢神经系统功能。(11)调节性功能。

13. 答:(1)增强免疫力。(2)保肝作用。(3)抗肿瘤作用。(4)美容养颜。(5)减肥。(6)银耳还具有补脾开胃、益气清肠、安眠健胃、补脑等功效。

15. 答:(1)降血压。(2)抗肿瘤。(3)降血脂。(4)防治心脑血管疾病。(5)美容养颜。(6)促进消化。

16. 答:(1)滋补强壮。(2)抗癌作用。(3)预防疾病。(4)美容养颜。

第七节 常见病原性细菌

一、名词解释

1. 致病菌:能引起人或动植物疾病的细菌称为致病菌。

2. 血浆凝固酶:是一种能使含有抗凝剂的人或兔血浆发生凝固的酶。

3. 葡萄球菌溶血素:为外毒素,能溶解人及多种哺乳动物的多种细胞膜,如红细胞、白细胞、血小板、肝细胞等。

4. 假膜性肠炎:因不规范使用广谱抗生素,肠道中优势菌被抑制或杀灭,寄居在肠道中的耐药葡萄球菌大量繁殖并产生肠毒素,引起以腹泻为主的菌群失调性肠炎。

5. 致热外毒素:又称红疹毒素,是引起猩红热的主要毒性物质,化学成分为蛋白质,较耐热,主要引起发热、皮疹等。

6. 链球菌溶血素:有溶解红细胞、破坏白细胞和损伤心肌细胞的作用,包括链球菌溶血素

O(SLO)和链球菌溶血素 S(SLS)两种。
7. 透明质酸酶:又称扩散因子,能分解细胞间质的透明质酸,使组织疏松,有利于细菌扩散。
8. 链激酶:又称溶纤维蛋白酶,能使血液中的纤维蛋白酶原转变为纤维蛋白酶,溶解血块或阻止血浆凝固,有助于细菌扩散。
9. 链道酶:又称 DNA 酶,能分解脓汁中具有高度黏稠性的 DNA,使脓汁稀薄,有利于细菌扩散。

二、单项选择题
1. A   2. C   3. D   4. B   5. B   6. A   7. C   8. D

三、多项选择题
1. ABCD   2. BC   3. ABD   4. BCD   5. ABC   6. ABCD   7. ACD   8. BCD

四、判断题
1. ×   2. √   3. ×   4. √   5. √   6. ×   7. ×   8. √

五、简答题
1. 答:血浆凝固酶被人或兔血浆中的协同因子激活变成凝血酶样物质后,使液态的纤维蛋白原变成固态的纤维蛋白,从而使血浆凝固。凝固酶阳性菌株进入机体后,使血液或血浆中的纤维蛋白沉积于菌体表面,阻碍体内吞噬细胞的吞噬,即使被吞噬后,也不易被杀死。同时,凝固酶集聚在菌体四周,亦能保护病菌不受血清中杀菌物质的作用。葡萄球菌引起的感染易于局限化和形成血栓,与凝固酶的生成有关。慢性感染患者血清可有凝固酶抗体的存在。

2. 答:(1)注意个人卫生,保持皮肤清洁,创伤应及时消毒处理。(2)严格无菌操作,防止医源性感染。(3)加强食品卫生管理。(4)合理使用抗生素,根据药敏试验选择药物治疗。

3. 答:(1)链球菌感染主要通过飞沫传播,应及时治疗患者及带菌者,以控制或减少传染源。

(2)应注意对空气、医疗器械和敷料的消毒和灭菌。

(3)对急性咽喉炎和扁桃体炎患者,须彻底治疗,以防止急性肾小球肾炎、风湿热及亚急性细菌性心内膜炎的发生。

(4)治疗首选青霉素。

4. 答:大肠杆菌肠道感染主要有以下五种类型:

(1)肠产毒性大肠埃希菌(ETEC),是婴幼儿腹泻和旅游者腹泻的重要病原菌,临床症状可从轻度腹泻至严重的霍乱样腹泻。

(2)肠侵袭性大肠埃希菌(EIEC),主要侵犯较大儿童和成人,临床表现类似细菌性痢疾。

(3)肠出血性大肠埃希菌(EHEC),可引起人类出血性肠炎的病原体,儿童易感,引起地方性或流行性腹泻。

(4)肠致病性大肠埃希菌(EPEC),婴幼儿腹泻的重要病原体,造成严重腹泻。

(5)肠集聚性大肠埃希菌(EAEC),一种致腹泻大肠埃希菌,引起婴儿持续性腹泻和脱水,偶有血便。

5. 答:(1)及时发现、隔离、治疗患者及带菌者,控制传播来源。

(2)加强食品、饮水卫生及粪便管理,切断传播途径。

(3)对易感人群注射疫苗以提高免疫力。
(4)目前使用的有效治疗药物是环内沙星。
6. 答:(1)及时发现、隔离、治疗患者,严格处理患者吐泻物。
(2)加强国境检疫,做好疫情报告。
(3)加强饮水、食品、粪便的卫生管理。
(4)养成良好饮食卫生习惯,不生食贝壳类海产品等。
(5)接种霍乱疫苗可提高人群免疫力。
(6)患者以补液,纠正水、电解质紊乱为主,同时用抗生素治疗。
7. 答:(1)接种卡介苗是预防结核最有效的措施。卡介苗的接种对象是新生儿和结核菌素试验阴性的健康儿童,若接种后6~8周结核菌素试验转阳性,表示接种者已获得结核免疫力,若为阴性则无免疫力,需再次接种。
(2)常用治疗药物有异烟肼、利福平、乙胺丁醇、链霉素等,早期、联合、足量、足疗程用药可提高疗效并减少耐药性。

第八节　常见病原性真菌

一、名词解释

1. 浅部真菌:是指真菌侵犯皮肤、毛发、指甲,一般为慢性,对治疗有顽固性,但影响身体较小,如皮肤癣菌、白假丝酵母菌等。
2. 皮下组织真菌:是指真菌会引起肉芽肿和化脓性损害、疣状或菜花状增生、间有化脓性病变,如镰刀菌等。
3. 深部真菌:是指真菌可侵犯全身内脏,严重的可引起死亡,如新型隐球菌、黄曲霉等。
4. 皮肤癣菌病:是皮肤癣菌侵犯皮肤、毛发和甲板而引起的真菌感染性皮肤病,简称癣。
5. 新型隐球菌病:是一种全身性真菌病,以中枢神经系统和肺的病变最常见,有时也累及皮肤、前列腺、骨骼系统和血液等部位。
6. 镰刀菌病:是镰刀菌感染引起的皮肤、眼睛及内脏器官感染性疾病。
7. 黄曲霉毒素:是一种由黄曲霉和寄生曲霉产生的有毒代谢产物,具有很强的毒性和致癌性。

二、单项选择题

1. B　2. A　3. D　4. C　5. A　6. D　7. B　8. C

三、多项选择题

1. BCD　2. ABCD　3. ABCD　4. BCD

四、判断题

1. ×　2. √　3. ×　4. √　5. √

五、简答题

1. 答:(1)清除病原菌。(2)快速缓解症状。(3)清除皮损。(4)预防复发。
2. 答:(1)预防措施。
①避免接触感染源。特别是鸽子的粪便。

②注意食品安全。避免食用腐烂的水果(尤其是桃子)或不洁的牛奶。

③保护免疫系统。保持身体健康,避免免疫力下降。

(2)治疗方法。

①抗真菌药物治疗。两性霉素B和氟胞嘧啶是常用的治疗药物。

②手术治疗。对于局限性的皮肤、肺、骨隐球菌病及脑隐球菌肉芽肿等,可以采用手术切除的方法来清除病灶,达到根治。

③支持疗法。包括营养支持和免疫促进剂治疗,以提高患者的身体状况和免疫力。

④对症治疗。如降低颅内压、纠正电解质紊乱等,以缓解患者的症状。

3. 答:(1)治疗原则。

①改变局部环境的酸碱度。白假丝酵母菌生长繁殖的pH以5.5最为合适。因此,可以通过使用pH 4弱酸配方护理液清洗受影响区域,或者使用苏打水漱口。

②药物疗法。局部用药主要为阴道内置药,可选择咪康唑栓剂、克霉唑栓剂、伊曲康唑栓剂等药物,还可以根据病情选择全身用药或联合用药。

(2)预防原则。

①保持个人卫生。注意外阴的清洁和干爽,经常换洗内裤,并避免憋尿。

②避免滥用抗生素。抗生素的滥用可能导致体内正常菌群失调,增加白假丝酵母菌感染的风险。

③增强免疫力。保持健康的生活方式,如适量运动、均衡饮食和充足睡眠,有助于提高身体的整体免疫力,从而降低白假丝酵母菌感染的风险。

4. 答:(1)治疗方法。

①免疫抑制状态的逆转。如通过应用集落刺激因子或白细胞输注,使中性粒细胞减少症的时间缩短;在可能的情况下,不用或者少用糖皮质激素。在药物治疗中,可使用两性霉素B脂质体制剂、伏立康唑单用或与多烯类联合应用。

②当镰刀菌病引起肉芽肿后,除使用抗菌药物外,还需切开引流。角膜镰刀菌病主要外用抗真菌药物治疗,辅以板层角膜移植或者穿透性角膜移植。

(2)预防原则。

①日常注意安全,尽可能减少皮肤及角膜损伤。

②尽量远离有可能含有镰刀杆菌孢子的环境。

5. 答:(1)药物治疗。使用抗真菌药物是治疗黄曲霉菌感染的主要方法。常用的药物包括伏立康唑片、盐酸特比萘芬片、氟胞嘧啶片、制霉菌素片、氟康唑片、伊曲康唑胶囊、注射用两性霉素B等。这些药物可以通过抑制真菌细胞膜的合成、干扰真菌核酸的代谢等方式发挥作用。

(2)支持疗法。如补液、利尿、保肝等,以帮助患者度过急性期。

(3)生活方式调整。在治疗期间,患者应注意清淡饮食,避免食用过甜的食物和辛辣刺激性食物。同时,应多吃新鲜的水果和蔬菜,保持良好的生活习惯。

(4)预防复发。由于真菌感染容易复发,因此在治疗后也需要定期复查,并根据医生的建议进行巩固治疗。此外,应注意个人卫生和环境卫生,避免再次接触黄曲霉菌。

第九节　人类疾病中常见病毒

一、名词解释

1. 流行性感冒：是一种急呼吸道传染病，发病率高，常造成局部流行。
2. 肝炎病毒：是指一类主要侵犯肝脏并引起病毒性肝炎的病毒，主要包括甲型、乙型、丙烈、丁型及戊型肝炎病毒。
3. 人类免疫缺陷病毒（HIV）：是获得性免疫缺陷综合征（AIDS，简称艾滋病）的病原体，目前AIDS已成为全球最重要的公共卫生问题之一。
4. 狂犬病：狂犬病又称恐水症，为人畜共患传染病，狂犬病病毒是人和动物狂犬病的病原体，病死率极高，是一种对人体健康危害较大的致死性传染病。
5. 流行性乙型脑炎病毒：简称乙脑病毒，是流行性乙型脑炎（简称乙脑）的病原体。

二、单项选择题

1. A　2. B　3. A　4. D　5. C　6. B　7. B

三、多项选择题

1. ABCD　2. AD　3. ABCD　4. ABD　5. ABCD　6. AC　7. ABC

四、判断题

1. ×　2. √　3. ×　4. √　5. ×　6. √

五、简答题

1. 答：流感的一般预防措施：(1)加强锻炼，增强免疫力。(2)注意公共卫生和个人卫生。(3)避免人群聚集，必要时戴口罩，保持室内空气流通。(4)公共场所可用乳酸或食醋熏蒸进行空气消毒等。

流感的特异性预防：在流感流行季节之前对人群进行流感疫苗预防接种，目前使用的流感疫苗包括全病毒灭活疫苗、裂解疫苗和亚单位疫苗三种。

流感的治疗以对症治疗和预防继发性细菌感染为主。金刚烷胺可抑制甲型流感病毒的穿入与脱壳过程。奥司他韦可以选择性抑制甲型流感病毒的NA活性。干扰素及中药板蓝根、大青叶等有一定疗效。

2. 答：(1)做好卫生宣传教育，加强饮食、粪便、水源管理。(2)严格消毒患者排泄物、食具、物品和衣物床单等。(3)接种灭活或减毒活疫苗进行有效预防。(4)对有接触史的儿童及高危人群，尽早注射丙种球蛋白或胎盘球蛋白进行紧急预防。

3. 答：(1)严格筛选供血人员，确保血源合格安全。

(2)医疗器械及患者的血液、分泌物、排泄物、用具等均须严格消毒，隔离患者，提倡使用一次性注射器，防止医源性传播。

(3)接种乙型肝炎疫苗是预防乙型肝炎最有效的方法，新生儿接种可有效地阻断垂直传播。

(4)对高危人群，注射乙肝疫苗可有效地降低HBV的感染率，对有接触史的易感者，可用含高效价抗-HBs的免疫球蛋白进行紧急预防或阻断垂直传播。

(5)目前仍缺乏特效药物用于乙型肝炎的治疗，一般采用广谱抗病毒药物，辅以中草药和干扰素等调节机体免疫功能的药物进行综合治疗。

4. 答：综合性预防措施：(1)加强卫生宣教工作。(2)普及 AIDS 预防知识。(3)增强自我保护意识，建立监测机构。(4)加强国境检疫；加强血制品、捐献器官等的 HIV 检测与管理，严格筛选供血人员。(5)杜绝吸毒、性滥交，阻断垂直传播。(6)严格医疗器械的消毒灭菌，推广一次性注射器防止医源性感染。

治疗 HIV 感染的药物主要有三类：逆转录酶抑制剂、病毒蛋白酶抑制剂、病毒入胞抑制剂。为防止耐药性产生，常使用多种药物综合治疗，称为高效抗逆转录病毒治疗（俗称"鸡尾酒"疗法）。目前尚无有效的 HIV 疫苗，多种疫苗正处于研发中。

5. 答：(1)捕杀野犬，加强家犬管理，注射犬用疫苗。(2)人被病犬咬伤后，应立即用清水、3%～5%肥皂水、0.1%苯扎溴铵等反复冲洗伤口，再用 75%乙醇或碘酊涂擦消毒。(3)用高效价抗狂犬病病毒免疫血清做伤口周围与底部浸润注射。(4)及时接种狂犬疫苗，于伤后第 1、3、7、14、28 天各肌内注射 1 mL。

第八章　微生物的控制

第一节　微生物的分布

一、名词解释

1. 水中细菌总数：用每 1 mL 水样中细菌菌落总数来表示。我国生活饮用水卫生标准规定，细菌总数是每毫升水中含菌数不得超过 100 个。
2. 水中大肠菌群数：以每 100 mL 水样中含有大肠菌群数的最可能数（MPN）来表示。我国生活饮用水卫生标准规定，大肠菌群数是每 100 mL 水中不得检出。
3. 人体的正常菌群：存在于健康人体的体表或体内，对人体的正常代谢有益的微生物群称为人体的正常菌群。

二、填空题

1. 微生物的天然培养基
2. 细菌　有益微生物
3. 细菌总数　大肠菌群数
4. 非病原
5. 乳酸杆菌　胃八叠球菌
6. 大肠杆菌

三、单项选择题

1. B　2. D　3. B　4. A　5. C　6. D　7. A　8. A

四、多项选择题

1. ABC　2. ABCD　3. CD　4. AB　5. ABCD

五、判断题

1. ×　2. ×　3. √　4. ×　5. √　6. √

六、简答题

答：人体的体表、黏膜及口腔、鼻腔、肠道和泌尿生殖道等都存在着微生物。存在于健康人体的体表或体内,对人体的正常代谢有益的微生物群称为人体的正常菌群。

(1)体表微生物:人体皮肤上常见的有葡萄球菌、链球菌及绿脓杆菌等。

(2)呼吸道微生物:健康人体的细支气管末梢和肺泡内是无菌的,而上呼吸道中经常存在一定数量的葡萄球菌、链球菌、肺炎球菌及巴氏杆菌等。

(3)消化道微生物:人体消化道中微生物的分布和种类是很复杂的,并且因部位不同而有明显差异。口腔中常见的有葡萄球菌、链球菌、乳酸杆菌、棒状杆菌及螺旋体等。人体胃内仅有乳酸杆菌、胃八叠球菌。十二指肠中常见的有大肠杆菌、肠球菌以及芽孢杆菌等。

(4)泌尿生殖道微生物:在正常情况下,子宫和膀胱是无菌的,只在尿道口经常发现葡萄球菌、链球菌、非病原性的螺旋体及大肠杆菌,女性阴道内有乳酸杆菌。

第二节 药品生产中的微生物控制

一、名词解释

1. 灭菌药物:是一类规定用无菌方法制备或制备后经灭菌处理的不含活的微生物的药物。
2. 药源性疾病:是指药物在使用过程中,比如预防、诊断或治疗过程中,通过各种途径进入人体内后诱发的生理生化过程紊乱、结构变化,以及异常的反应或者疾病。

二、填空题

1. 原辅料　生产用水　生产环境　生产设备　包装材料　工作人员
2. 药物物理性状的改变　药物有效成分的破坏
3. 污染量　营养因素　含水量　pH　储藏温湿度

三、单项选择题

1. A　2. D　3. C　4. B　5. A　6. B　7. C　8. C

四、多项选择题

1. AB　2. ABCD　3. ABC　4. ACD　5. BCD　6. ABCD

五、判断题

1. √　2. ×　3. √　4. ×　5. ×

六、简答题

1. 答:(1)药物中有病原微生物存在或发现规定不得检出的特定菌种(如眼科用药不得检出铜绿假单胞菌,口服药不得检出大肠埃希菌)。

    (2)灭菌药物中存在活的微生物。

    (3)非灭菌药物的微生物总数超过规定的数量。

    (4)药物中的微生物已死亡或排除,但其毒性代谢产物(热原质)依然存在。

    (5)药品发生可被觉察的物理或化学变化。

2. 答:微生物污染引起药物变质失效,除延误病人治疗时机外,还可给人体造成以下危害。

    (1)药源性感染。药源性感染会使人产生药源性疾病,药源性疾病是指药物在使用过程中,比如预防、诊断或治疗过程中,通过各种途径进入人体内后诱发的生理、生化过程紊乱、结构变化,以及异常的反应或者疾病。

    (2)产生毒素。会引起机体中毒污染药物的微生物,在生长繁殖过程中可产生有毒的代谢产物,这些毒性物质进入机体能引起中毒,严重者危及生命。

(3)其他危害。药物中的微生物可产生致敏物质,引起机体的超敏反应;其还产生微粒物质(或微生物微粒)引起静脉炎血栓形成或肉芽肿等。

第三节 消毒与灭菌

一、名词解释

1. 灭菌:杀灭物体中所有微生物(包括病原微生物、非病原微生物以及细菌芽孢)的方法。
2. 消毒:杀灭物体或环境中的病原微生物的方法称为消毒。
3. 无菌:指物体中无活的微生物存在。或指在环境中一切有生命活动的微生物的营养细胞及其芽孢或孢子都不存在的情况。
4. 无菌操作:防止微生物进入机体或其他物体的操作方法,称为无菌操作。
5. 生物安全:一般是指在现代生物技术开发和应用时,对生态环境和人体健康造成的潜在威胁,对其所采取的一系列有效预防和控制措施。
6. 消毒剂:能杀死病原微生物的化学药剂。
7. 防腐剂:具有防腐作用的化学药剂。
8. 过滤除菌:是用滤膜或滤器除去液体中微生物的方法。
9. 巴氏消毒法:利用热力杀死液体食品中病原菌和其他细菌的繁殖体,又不破坏其营养成分。
10. 细菌滤器:孔径为 0.22 μm 的微孔滤膜较常用,它不允许细菌通过,只能使液体分子通过。

二、填空题

1. 30 min　10 s
2. 0～4　－20　－40
3. 冷冻干燥(冻干)法
4. 70%～75%
5. 加水　装料　加盖密封　排气升压　降压　取料　倒水
6. 121.3 ℃　103.47　15～20 min

三、单项选择题

1. D　2. A　3. B　4. C　5. D　6. B　7. C　8. B　9. D　10. C　11. A　12. A

四、多项选择题

1. CD　2. BCD　3. ABC　4. ABCD　5. BD

五、判断题

1. ×　2. √　3. ×　4. √　5. √　6. ×　7. ×

六、简答题

1. 答:消毒和灭菌是两个不同的概念,二者的共性是杀灭微生物以控制其污染和防止传播。区别:

(1)杀灭微生物完全性的差异。灭菌要求完全杀灭微生物,灭菌后的物品不应含任何活的微生物。而消毒是不完全的,只能杀灭一部分微生物即病原微生物,但这也是相对的。

(2)方法上的差异。灭菌的方法有多样性,而消毒则常常是借助化学物质。

(3)效果检查的差异。灭菌效果是用无菌检查法检测,而消毒效果是以消毒剂的效价来评定。

2. 答:(1)加热开始,关闭排气阀,当压力上升到 0.020~0.030 MPa 时,打开排气阀,使灭菌锅内的空气和水一同排出,直到压力表的压力恢复至零。然后再关闭排气阀,这样反复 2~3 次即可排净灭菌锅内的空气。

(2)打开排气阀,开始加热,使水沸腾以排除锅内的冷空气,待排气阀有大量蒸汽冒出时,再继续排气 10 min,这时锅内冷空气已完全排尽,再关闭气阀。

第四节 无菌检查与微生物限度检查

一、名词解释

1. 无菌检查法:是用于检查药典规定无菌的药品、生物制品、医疗器具、原料、辅料及其他品种是否无菌的一种方法。

2. 食品微生物限度检查:是一种用于评估食品样品中微生物污染程度的实验室方法。

3. 菌落总数:是指食品检样经过处理,在一定条件下培养后所得 1 g 或 1 mL 检样中所含细菌菌落的总数。

4. 大肠菌群:包括大肠杆菌和产气杆菌的一些中间类型的细菌。

5. 药品微生物限度检查:是检查非规定灭菌制剂及其原料、辅料受微生物污染程度的方法,包括活菌数及控制菌检查。

6. 染菌量检查:测定单位重量(体积或面积)药品中的细菌数,及真菌数(霉菌和酵母菌数)。

7. 控制菌检查:测定单位重量(体积或面积)药品中粪便污染指示菌和某些特定菌,在规定量的样品中不得检出或不超过某限度(指大肠菌群)。

二、填空题

1. 药品　生物制品　医疗器具　原料　辅料

2. 细菌　霉菌　酵母菌　原料　辅料　设备　器具　工艺流程　环境　卫生状况

3. 预包装食品中致病菌限量　散装即食食品中致病菌限量

4. 沙门菌　单核细胞增生李斯特氏菌　致泻大肠埃希菌　金黄色葡萄球菌　副溶血性弧菌　克洛诺杆菌属(阪崎肠杆菌)

5. 国际食品卫生法典委员会(CCFH)

三、单项选择题

1. C　2. A　3. D　4. C　5. A　6. B　7. C　8. B　9. C　10. C　11. D　12. A　13. B　14. A　15. A

四、多项选择题

1. BCD　2. ABCD　3. ABCD　4. ABC　5. ABCD　6. ABC　7. ACD　8. AB

五、判断题

1. ×　2. √　3. √　4. √　5. ×　6. ×　7. √　8. √　9. √

六、简答题

1. 答:需要进行无菌检查的品种包括药典要求无菌的药品、生物制品、医疗器具、原料、辅料

及其他要求无菌的品种。主要分为以下几类:

(1)品种项下规定无菌检查的制剂。

(2)制剂通则项下规定无菌检查的制剂。

(3)标签标示无菌的制剂。

(4)未在品种项下及制剂通则项下规定的用于手术、烧伤及严重损伤的局部给药制剂。

(5)用于止血并可被组织吸收的制剂。

(6)要求无菌的医疗器械,包括外科用敷料、器材。

(7)药品包装材料等。

按无菌检查法规定,上述各类制剂均不得检出需气菌、厌气菌及真菌等任何类型的活菌。从微生物类型的角度看,即不得检出细菌、放线菌、酵母菌及霉菌等活菌。

2. **答**:药品微生物限度检查是确保药品质量和安全性的重要环节。其主要意义包括:

(1)确定药物是否污染或其污染程度。

(2)保证用药的有效性和安全性。

(3)可作为衡量药品生产全过程卫生水平的根据之一。

我国微生物限度检查的内容包括:(1)染菌量检查。(2)控制菌检查。

3. **答**:根据国际标准,病原微生物的危害等级通常分为四个级别:P1(BSL-1)、P2(BSL-2)、P3(BSL-3)和P4(BSL-4)。

危害等级	实验室等级	适用微生物	特点
P1(BSL-1)	基础实验室	对人体、动植物或环境危害较低,不具有对健康成人、动植物致病的因子	如常见的大肠杆菌等
P2(BSL-2)	基础实验室	对人体、动植物或环境具有中等危害或具有潜在危险的致病因子	如各类型肝炎病毒、腮腺炎病毒等
P3(BSL-3)	防护实验室	对人体、动植物或环境具有高度危害性,通过直接接触或气溶胶使人传染上严重甚至是致命的疾病,或对动植物和环境具有高度危害的致病因子	如炭疽杆菌、SARS冠状病毒等
P4(BSL-4)	最高防护实验室	对人体、动植物或环境具有高度危害性,通过气溶胶途径传播或传播途径不明,或未知的、高度危险的致病因子	如埃博拉病毒、马尔堡病毒等

第九章 微生物的培养与保藏

第一节 微生物的营养

一、名词解释

1. 微生物的营养:是指微生物在生长过程中获得与利用自身所需营养物质的过程。

2. 碳源:是指能为微生物的生命活动提供碳素来源的物质。

3. 氮源:是指能为微生物的生命活动提供氮素来源的物质。

4. 生长素:是指那些微生物本身不能合成或合成量不足,但又在微生物的生长和代谢中所必需的一类微量有机物质。

5. 能源:是指能为微生物的生命活动提供能量来源的化学物质或辐射能。

6. 光能无机自养型微生物:是指微生物细胞内含有叶绿素、菌绿素等光合色素,这些光合色素能有效捕捉光能作为其能量来源,以 CO_2 为碳源、无机物为氢供体,还原 CO_2 合成细胞内的有机物质。

7. 光能有机异养型微生物:是指微生物以光为能量来源、简单有机物为碳素来源、有机物为电子供体,还原 CO_2,合成微生物细胞所需要的营养物质。

8. 化能无机自养型微生物:是指微生物以氧化无机物所释放的化学能为能量来源、CO_2 为碳素来源、无机物为电子供体,还原 CO_2 为微生物细胞的有机碳化物。

9. 化能有机异养型微生物:是指微生物以有机物作为碳源、能源和电子供体,它们通过氧化有机物获得能量,并能自己产生胞外酶,通过胞外酶的水解作用直接把有机大分子水解为有机小分子或单体,被微生物吸收利用。

二、填空题

1. 蛋白质　脂质　多糖　核酸　无机盐
2. 水　碳源　氮源　无机盐　生长素　能源
3. 糖类　CO_2
4. 蛋白质类　铵盐　铵盐　分子态氮
5. 维生素　氨基酸　生物素
6. 光能无机自养型(光能自养型)　光能有机异养型(光能异养型)　化能无机自养型(化能自养型)　化能有机异养型(化能异养型)

三、单项选择题

1. D　2. A　3. C　4. A　5. B　6. D　7. A　8. B　9. B　10. D　11. C　12. C

四、多项选择题

1. ABC　2. AB　3. BCD　4. CD　5. ABCD

五、判断题

1. √　2. ×　3. ×　4. √　5. ×　6. √　7. √　8. ×　9. √　10. ×

六、简答题

1. 答:水在微生物的新陈代谢中起着重要作用。

(1)水是营养物质与各种代谢产物的良好溶剂。

(2)水不仅是各种化学反应的介质,还参与大部分的化学反应。

(3)水能有效控制细胞温度。

(4)水还能维持细胞中大分子的构象,从而维持细胞结构。

2. 答:无机盐在微生物的生命活动中起着至关重要的作用。

(1)无机盐是酶活性中心的组成部分,能维持酶的活性,保证微生物各种代谢活动的顺利进行。

(2)无机盐是微生物细胞的组成部分(如磷元素是细胞膜构架的主要元素)。

(3) 无机盐还充当缓冲角色,有效调节微生物细胞的渗透压、pH、氧化还原电位等。

(4) 无机盐也可以作为少量微生物的能源。

3. **答**:微生物的营养类型可分为光能无机自养型(光能自养型)、光能有机异养型(光能异养型)、化能无机自养型(化能自养型)和化能有机异养型(化能异养型)。

营养类型	能源	氢供体	碳源	实例
光能无机自养型（光能自养型）	光	无机物	CO_2	蓝细菌、紫硫细菌、绿硫细菌、藻类
光能有机异养型（光能异养型）	光	有机物	CO_2及有机物	红螺菌科的细菌(即紫色无硫细菌)
化能无机自养型（化能自养型）	无机物	无机物	CO_2	硝化细菌、硫化细菌、铁细菌、氢细菌、硫黄细菌等
化能有机异养型（化能异养型）	有机物	有机物	有机物	绝大多数细菌和全部真核微生物

第二节 微生物的培养基

一、名词解释

1. 培养基:是为人工培养微生物而配制的,为微生物的生长繁殖及其代谢产物的积累提供合适营养条件的基质。
2. 天然培养基:是指培养基中的营养物质来源于天然物质。
3. 合成培养基:培养基中的营养物质来源于经过准确称量的化学物质或有机组分。
4. 半合成培养基:培养基中的营养物质一部分来源于天然物质,另一部分则由经过准确称量的化学物质及有机组分组成。
5. 基础培养基:不同的微生物所需要的营养物质各不相同,但一部分营养物质是所有微生物都需要的,用这些所有微生物都需要的营养物质所配成的培养基称为基础培养基。
6. 选择培养基:是在基础培养基中添加了其他的营养物质或抑制剂后所形成的、用于分离纯化(选择)目的菌的培养基。
7. 鉴别培养基:是在基础培养基中添加了一些指示剂,能够有效鉴别不同微生物的培养基。
8. 活体培养基:是指以动物、植物活体或活体细胞为营养物质来培养微生物的一种培养基。
9. 液体培养基:是指其物理状态呈液态的一类培养基的总称。
10. 固体培养基:是指其物理状态呈固态的一类培养基的总称。
11. 半固体培养基:是指其物理状态呈半固态的一类培养基的总称。

二、填空题

1. 水 碳源 氮源 无机盐 生长素 能源
2. 天然培养基 合成培养基 半合成培养基
3. 基础培养基 选择培养基 鉴别培养基 活体培养基
4. 液体培养基 固体培养基 半固体培养基

三、单项选择题

1. A　2. D　3. B　4. A　5. C　6. B　7. C　8. D　9. B　10. D

四、多项选择题

1. ABC　2. BCD　3. ABD　4. AD　5. ABD

五、判断题

1. ×　2. ×　3. √　4. √　5. √　6. ×　7. ×　8. √

六、简答题

1. 答：对于培养基的配制，主要从三个方面进行把握。

   (1)对微生物所需营养物质的把握。

   (2)对所配制培养基物理化学条件的把握。

   (3)对培养基杀菌处理的把握。

2. 答：利用选择培养基来分离纯化目的菌的机制有两种。

   (1)在基础培养基中添加目的菌的特殊营养组分，这种特殊营养组分容易被目的菌吸收利用，而不易被非目的菌吸收利用，从而使目的菌的生长速度加快，并逐渐富集而占优势，从而淘汰非目的菌，实现目的菌的分离纯化。如可以通过添加纤维素的培养基来分离纯化纤维素分解菌，通过添加浓糖液的培养基来分离纯化酵母菌。

   (2)在基础培养基中添加非目的菌的抑制剂，这种抑制剂不妨碍目的菌的生长，但对非目的菌的生长有明显的抑制作用，从而使目的菌从众多杂菌中分离纯化出来。如可以通过添加链霉素来抑制一般微生物的生长，从而分离出霉菌；可以通过添加大量的糖来抑制一般微生物的生长，从而分离出高渗酵母。

3. 答：(1)原料选择与称量。(2)混合溶解。(3)定容。(4)调整 pH。(5)过滤。(6)分装。(7)灭菌。(8)保温试验。

第三节　细菌培养基的制备和灭菌

一、填空题

1. 偏酸性　中性或偏碱性
2. 稀酸　稀碱
3. 灭菌　消耗养分　酸碱度
4. 培养基名称、组别、日期
5. 50 ℃

二、单项选择题

1. B　2. A　3. D　4. C　5. D　6. D　7. C　8. B　9. A　10. C　11. A　12. B

三、多项选择题

1. AB　2. ACD　3. AC

四、判断题

1. ×　2. ×　3. √　4. √　5. ×

五、简答题

1. 答：(1)称量。(2)溶化。(3)调 pH。(4)过滤。(5)分装。(6)加塞。(7)包扎。(8)灭菌。

(9)摆斜面。(10)倒平板。(11)无菌检查

2．答：(1)称量。(2)溶化。(3)调 pH。(4)定容。(5)加琼脂。(6)分装。(7)加塞。(8)包扎。(9)灭菌。(10)冷却。(11)摆斜面。(12)倒平板。

第四节　微生物的分离、接种与培养

一、名词解释

1．微生物的分离与纯化：从混杂的微生物类群中分离出来，以得到只含有这一种微生物的纯培养，这种获得纯培养的方法称为微生物的分离与纯化。

2．接种：将一种微生物移接到另一种灭菌的培养基上称为接种。

二、填空题

1．稀释涂布平板法　稀释混合平板法　平板划线分离法

2．无菌操作

3．灭菌　无菌室或无菌箱

4．3～4　70°　70°

5．25～28 ℃　48 h　72 h

三、单项选择题

1．B　2．A　3．C　4．C　5．D　6．C　7．B

四、多项选择题

1．ABC　2．BCD　3．ABD　4．BD

五、判断题

1．√　2．×　3．√　4．×

六、简答题

1．答：(1)将菌种与待接种斜面的试管用大拇指和其他四指握在左手中(菌种管在前)，使中指位于两试管之间部位，斜面向上。用右手的无名指、小指和手掌边先后拔出菌种管和待接种试管的棉塞。

(2)置试管口于酒精灯火焰附近。

(3)将接种工具垂直插入酒精灯火焰烧红，再横过火焰 3 次，然后再放入有菌试管壁内，于无菌的培养基表面待其冷却。

(4)用接种工具取少许菌种置于另一支试管中，按一定的接种方式接种到新的培养基。

(5)取出接种工具，将试管口和棉塞均进行火焰灭菌。

(6)重新塞上棉塞。

(7)烧死接种工具上的残余菌，把试管和接种工具放回原处。

2．答：(1)左手持平板和试管菌种，右手松动试管棉塞，烧接种工具。

(2)用右手小指与食指取下棉塞，取菌，打开平皿。

(3)将菌种接种到平皿上，立即盖上平皿。

(4)酒精灯火焰上烧接种工具灭菌。

(5)棉塞快速通过火焰，重新塞上试管。

3. 答:(1)在酒精灯火焰上灼烧接种环,待冷,分别取一接种环酵母菌和青霉菌放入盛有无菌水的试管中,制成混合菌液。

(2)在近火焰处,左手拿平板稍抬皿盖,右手持接种环蘸取一环混合菌液伸入皿内接种。
①将带有混合菌液的接种环在平板培养基上做蜿蜒划线,划线完毕,盖上皿盖。
②用接种环蘸取混合菌液一环,进行连续划线,即先在平板培养基上做第一次平行划线3~4条,转动平皿约70°,做第二次平行划线,再转动约70°,以同样方式划线,划线完毕后盖上皿盖。
③如果接种环上带菌太少,可在平皿的一点处做扇形划线或辐射划线。

第五节 微生物的生长

一、名词解释

1. 好氧微生物:是指那些必需氧才能生长的微生物类群的总称。

2. 兼性好氧微生物:是指那些在有氧存在时进行有氧代谢在无氧存在时进行无氧代谢,更适合于有氧代谢的一类微生物的总称。

3. 厌氧微生物:是指那些由于缺乏呼吸系统,而必须在无氧条件下才能生长的微生物类群的总称。

4. 兼性厌氧微生物:是指那些在有氧存在时进行有氧代谢在无氧存在时进行无氧代谢,更适合于无氧代谢的一类微生物的总称。

5. 水的活度:通常用 a_w 表示,要求微生物的生长环境中要有一定的水分含量。

6. 微波:是指频率在 $3×10^2$~$3×10^5$ MHz 的电磁波。

7. 紫外线:是指波长在 100~400 nm 之间的电磁波。

8. X射线:是指波长在 0.06~13.6 nm 之间的电磁波。

9. γ射线:是指波长在 0.01~0.14 nm 之间的电磁波。

10. 嗜酸微生物:是指能够在 pH 5.4 以下生长的一类微生物的总称。

11. 嗜中性微生物:是指能够在 pH 5.4~8.5 之间生长的一类微生物的总称。

12. 嗜碱微生物:是指能够在 pH 7.0~11.5 之间生长的一类微生物的总称。

13. 氧化剂:能破坏微生物细胞中蛋白质的巯基、氨基等,导致蛋白质变性和酶的失活,从而影响微生物细胞的生长。

14. 表面活性剂:能破坏微生物细胞膜的结构,导致胞内物质外流,引起蛋白质变性,影响微生物的生长。

15. 抗微生物剂:是一类由人工合成或天然产生的,能够有效抑制或杀死微生物细胞的化学物质的总称。

16. 迟缓期(也称延迟期):是指单细胞微生物群体接种到培养基中以后,由于环境条件的改变而暂时无法进行细胞分裂,使细胞的生长速率为零,细胞数目不增加甚至有所减少的一段时期。

17. 对数期:是指单细胞微生物适应了环境以后,以最大的速率开始生长、分裂,使微生物数量呈对数增加的一段时期。

18. 稳定期:并不是一段绝对静止的时期,而是新生菌体数量与死亡菌体数量达到几乎一致的动态平衡时期。
19. 衰亡期:微生物菌体的死亡速率已超过其生长速率,使活菌数呈减少趋势,这段微生物活菌数呈明显减少的时期被称为衰亡期。

二、填空题
1. 物理因素　化学因素　生物因素
2. 温度　水的活度　氧　辐射　超声波
3. 嗜冷微生物　兼性嗜冷微生物　嗜温微生物　嗜热微生物　嗜高热微生物
4. 好氧微生物　兼性好氧微生物　厌氧微生物　兼性厌氧微生物
5. 微波　紫外线　X射线　γ射线
6. 酸碱物质　盐类　氧化剂　有机物　表面活性剂　抗微生物剂
7. 共生关系　互生关系　竞争关系　寄生关系　拮抗关系
8. 营养物质　pH　氧气　温度　无菌技术
9. 迟缓期　对数期　稳定期　衰亡期

三、单项选择题
1. A　2. B　3. C　4. D　5. C　6. A　7. A　8. B　9. C　10. D　11. C　12. B　13. C
14. D　15. D

四、多项选择题
1. AB　2. AC　3. BCD　4. ABD　5. ABC　6. ACD　7. ABD　8. ABCD

五、判断题
1. √　2. ×　3. √　4. √　5. ×　6. √　7. ×　8. ×　9. √　10. ×　11. ×　12. √
13. √　14. ×　15. √

六、简答题
1. 答:根据微生物生长温度的差别,可以把微生物分为嗜冷微生物、兼性嗜冷微生物、嗜温微生物、嗜热微生物和嗜高热微生物。

(1)嗜冷微生物。嗜冷微生物之所以能在低温下生长良好,是因为它们体内的酶在低温下活性较高,能有效地催化各类生化反应,而这类酶对高温却十分敏感,在高温下会很快失去活性。如嗜冷芽孢菌、嗜冷微球菌等。

(2)兼性嗜冷微生物。兼性嗜冷微生物与嗜冷微生物的不同之处在于,它们要求的生长温度较高,能够在0 ℃的环境中生存,只是生长缓慢而已。兼性嗜冷微生物多见于冷水或土壤中。

(3)嗜温微生物。嗜温微生物分室温性与体温性两类。室温性微生物的最适生长温度是25～30 ℃,常见于土壤与植物体内,而体温性微生物的最适温度则是37～40 ℃,常见于动物体内,如大肠杆菌。

(4)嗜热微生物。嗜热微生物喜欢在温度较高的条件下生存。多见于温泉、堆肥及发酵堆料中。如嗜热脂肪芽孢杆菌、水生栖热菌、高温放线菌等。

(5)嗜高热微生物。嗜高热微生物能在较高的温度下生存的原因:一方面,它们的酶与蛋白质比较耐热,能在高温下有较高的活性,并且其氨基酸以特殊的方式折叠,能有效抵抗高温;另一方面,它们的原生质膜中还含有较多的饱和脂肪酸,能使它们在高温下保持稳定性,并正常发挥功能。目前发现的高热微生物都是古生菌。多见于火山喷口处。

2. 答:根据微生物对氧的需要程度的不同,可以将微生物分为好氧微生物、兼性好氧微生物、厌氧微生物和兼性厌氧微生物四种类型。

(1)好氧微生物。好氧微生物是指那些必需氧才能生长的微生物类群的总称。常生长于液体培养基试管的表层。

(2)兼性好氧微生物。兼性好氧微生物是指那些在有氧存在时进行有氧代谢在无氧存在时进行无氧代谢,更适合于有氧代谢的一类微生物的总称。

(3)厌氧微生物。厌氧微生物是指那些由于缺乏呼吸系统,而必须在无氧条件下才能生长的微生物类群的总称。

(4)兼性厌氧微生物。兼性厌氧微生物是指那些在有氧存在时进行有氧代谢在无氧存在时进行无氧代谢,更适合于无氧代谢的一类微生物的总称。

3. 答:辐射最主要的是微波、紫外线、X射线和γ射线。

(1)微波。微波是指频率在 $3 \times 10^2 \sim 3 \times 10^5$ MHz 的电磁波。主要通过热效应来影响微生物细胞,导致微生物的死亡。通常用于食品的杀菌。

(2)紫外线。紫外线是指波长在 100~400 nm 之间的电磁波。它能被微生物细胞中的蛋白质(280 nm)和核酸(260 nm)吸收,而造成这些分子的变性,从而抑制 DNA 的复制与转录,导致微生物细胞的死亡。波长在 260 nm 的紫外线的杀菌能力最强。由于其穿透力差,所以紫外线通常用于空气与物体表面的杀菌。

(4)X射线和γ射线。X射线和γ射线都是一种电离辐射线。X射线是指波长在 0.06~13.6 nm 之间的电磁波,γ射线是指波长在 0.01~0.14 nm 之间的电磁波,它们能通过撞击分子而产生自由基,再通过自由基或自身破坏生物大分子中的氢键、双键等使微生物细胞内生物大分子的结构得到不同程度的破坏,从而来影响微生物的生长,甚至导致微生物死亡。

4. 答:根据微生物生长所要求的 pH 的差别,可以把微生物分为嗜酸微生物、嗜中性微生物和嗜碱微生物。

(1)嗜酸微生物。嗜酸微生物是指能够在 pH 5.4 以下生长的一类微生物的总称。这类微生物细胞能有效阻止环境中 H^+ 的进入,并不断从胞内排出 H^+ 来适应环境。真菌类居多,如酵母菌、霉菌等。

(2)嗜中性微生物。嗜中性微生物是指能够在 pH 5.4~8.5 之间生长的一类微生物的总称。大多数微生物都属于此类微生物,如伤寒沙门菌、结核分枝杆菌、痢疾志贺菌等。

(3)嗜碱微生物。嗜碱微生物是指能够在 pH 7.0~11.5 之间生长的一类微生物的总称。以古生菌为主。酸类物质通过解离出 H^+ 来影响微生物细胞的生长。食品工业上常用的有苯甲酸、山梨酸等,常作为防腐剂添加。碱类物质通过解离出 OH^- 来影响微生物细胞的生长。食品工业上常用的有纯碱、氢氧化钠等,常用于环境与设备的消毒。

5. 答：(1)营养物质。微生物的培养基需要提供必要的营养物质，包括碳源、氮源、水、无机盐等。不同的微生物可能需要不同的营养成分，因此培养基的配方也会有所不同。

(2)pH。微生物对培养基的 pH 有一定的要求，不同的微生物有不同的最适 pH 范围。一般来说，培养基的 pH 需要调整到适合目标微生物生长的范围内。

(3)氧气。好氧微生物需要充足的氧气来进行生长和繁殖，而厌氧微生物则需要在无氧环境下生长。因此，在培养过程中需要根据微生物的类型来控制氧气的供应。

(4)温度。微生物的生长受到温度的影响，不同的微生物有不同的最适生长温度。一般来说，培养温度需要根据目标微生物的最适生长温度来设定。

(5)无菌技术。为了避免杂菌污染，保证培养物的纯净，需要采取一系列无菌技术。这包括对培养基、器皿、接种工具等进行灭菌处理，以及在无菌条件下进行接种操作。

6. 答：(1)细菌的菌落特征：细菌菌落通常较湿润、光滑、透明、黏稠，易挑取，菌落正反面或边缘与中央部位的颜色一致，有臭味。

(2)放线菌的菌落特征：放线菌菌落干燥、不透明，表面呈紧密丝绒状，若长有孢子则表面有一层色彩不一的干粉，菌落与培养基连接紧密，不易挑取，菌落正反面颜色常不一致，有泥腥味。

(3)酵母菌的菌落特征：酵母菌菌落一般较湿润、光滑，易挑取，菌落正反面和边缘、中央部位的颜色都很均一，且菌落较大、较厚、外表较稠和较不透明，有酒香味。

(4)霉菌的菌落特征：霉菌菌落形态较大，质地比较疏松，外观干燥，不透明，呈或紧或松的蜘蛛网状、绒毛状或棉絮状，若长出孢子则孢子的颜色也各有不同，常有霉味。

第六节　微生物数量的测定方法

一、名词解释

1. 微生物数量的测定：是微生物的定量检查，是用来判断物品被细菌污染程度和卫生质量评价的重要指标，也是检测药品质量的重要指标之一。

2. 细菌计数：是指在一定条件下(如需氧情况、营养条件、pH、培养温度和时间等)每 1 g、1 mL、10 cm^2 供试品液经培养后所生长的菌落数。

3. 平板计数法：用一定培养基在规定条件下培养后在固体平板上呈现可见菌落，按规定方法计数，报告。

4. 薄膜过滤法：供试液通过滤膜，将细菌截留在滤膜上，然后将滤膜贴在营养基质上(如营养琼脂平板)，微生物从滤膜孔隙中吸收营养物质，生长，形成菌落。

5. 试管法(MPN 法)：将供试液加入试管中，在规定条件下培养后根据阳性管数得出污染菌数，是一种经常采用的定量检查法。

6. 平板涂抹法：将供试液均匀涂布在琼脂平板的表面，经培养后计数菌落数。

7. 滴种平板法：在较干的营养琼脂平板表面定量滴种菌液并培养、计数。

8. 计数板法：采用血球计数板或其他计数板进行细菌计数。

二、填空题

1. 固体样品　液体样品　样品的表面积

2. 平板菌落计数法　薄膜过滤法　试管法（MPN）法　平板涂抹法　滴种平板法　计数板法

3. 10000 级　100 级

4. 营养肉汤琼脂培养基　0.9%无菌氯化钠-蛋白胨缓冲液　0.9%无菌氯化钠溶液

5. "死菌"　"活菌"　"死菌"　"活菌"

6. 平板计数法　薄膜过滤法　平板涂抹法　计数板法

7. 酵母浸出粉胨葡萄糖（YPD）琼脂培养基　玫瑰红钠琼脂培养基　pH 7.0 氯化钠蛋白胨缓冲液　0.1%蛋白胨溶液

三、单项选择题

1. D　2. A　3. C　4. B　5. D　6. C　7. B　8. A　9. B　10. D　11. D　12. D

四、多项选择题

1. ABC　2. ABD　3. ABCD　4. AB　5. AD

五、判断题

1. √　2. ×　3. √　4. ×　5. √　6. ×　7. √　8. ×

六、简答题

1. 答：(1)供试液的制备。(2)供试液的稀释(10 倍递增稀释法)。(3)注皿。(4)阴性对照试验。(5)菌落计数。

2. 答：(1)取相当于 1 g 或 1 mL 供试品的供试液，加至适量的稀释剂中，混匀，过滤(供试品 1 g 或 1 mL 所含的菌数较多时，可取适宜稀释级的供试液过滤)，用 pH 7.0 无菌氯化钠-蛋白胨缓冲溶液或其他适宜的冲洗液冲洗滤膜。每张滤膜每次冲洗量约为 100 mL，一般冲洗 3 次，取出滤膜，菌面朝上贴于营养琼脂培养基上。

   (2)阴性对照试验。取试验用的稀释剂 1 mL 按上述薄膜过滤法操作，作为阴性对照。阴性对照不得有菌生长。

   (3)培养和计数。培养条件和计数方法同平板计数法。

3. 答：(1)取原液、1∶10、1∶100 的相当于供试品 1 g(mL)0.1 g(mL)、0.01 g(mL)的均匀供试液(亦可采用 1∶10、1∶100、1∶1000 供试液)各 1 mL；分别接入装有 10 mL 培养基的试管中。每级各接种 3 支试管，摇匀，按规定的温度时间培养，根据培养后的阳性管数从细菌最大可能数检索表查出细菌最可能数。

   (2)阴性对照试验，另取 1 mL 稀释液加入培养基管中，按检验方法操作。阴性对照不得有菌生长。

4. 答：(1)涂抹时勿划破琼脂，以免影响计数结果。

   (2)每一个平板分别用 1 支"L"棒。

   (3)制备好的平板在加入供试液前应放置培养箱至少 30 min，使其表面干燥，避免因培养基过湿，菌落生长成片不宜计数。

5. 答：(1)实数法。计数全部 400 个小方格内的菌体细胞数，400 个小方格细菌总和乘以 10^4，为供试液含菌量(mL)。

   (2)定点计数法。计数方格的四角及中央 5 个中方格，共计 80 个小方格中的菌数，80 个小方格菌数总和再乘以 10^4 为供试液含菌量(mL)。计数时应按一定顺序进行,对于压线菌细胞,可按计数上与左,不计数右与下的原则,以免重复计数。

6. **答**:(1)真菌细胞的渗透压比一般细菌细胞的渗透压高2~5倍,故真菌培养基一般多含有较高浓度的糖或盐,以保持高渗透压环境。

(2)真菌生长的pH范围比细菌广,但多数真菌适于在pH 5.0~6.5的范围内生长。

(3)除少数真菌外,多数霉菌和酵母菌最适生长温度为20~30 ℃,多数菌种在35 ℃以上不能生长。35 ℃以上生长者,多为致病真菌。

(4)真菌繁殖力强,但生长速度较慢,一般需要培养72 h至一周,有的还需要更长时间。

(5)真菌为需氧菌,对营养要求不高,简单的糖类和无机盐便可满足其营养需求。葡萄糖为真菌生长最好的碳源,有机含氮化合物作为氮源,无机元素以磷、钾、硫、镁为多,其他微量元素在培养基的试剂和所用器皿的杂质中已能满足其需求。

第七节 微生物菌种的选育和保藏

一、名词解释

1. 菌种选育:是指通过选择、分离、诱变等技术手段,获得具有优良性状的菌株,用于生产所需的新的菌种的过程。

2. 选种:从自然界或生产实践中筛选菌种。

3. 育种:以现有的菌种为基础,运用诱变、转化、转导、杂交、基因工程等技术使菌种发生变异,从而从中选取所需的新的菌种。

4. 自然选育:在生产过程中,不经过人工处理,利用菌种的自发突变,从而选育出优良菌种的过程。

5. 诱变育种:是一类特殊的突变筛选工作,是利用物理化学因素对微生物群体进行处理,促使某些菌体的DNA分子结构发生变化,诱发菌株变异,最后从变异的菌体中筛选出所需要的菌株,以供生产和科学研究使用的菌种选育过程。

6. 基因重组育种:通过基因重组,导致原有基因和染色体的重新组合,从而使菌株发生变异,出现了具有新性状的菌株。

7. 原生质体融合育种:是利用人为的方法,使遗传性状不同的两个细胞的原生质体进行融合,获得兼有双亲遗传性状的稳定重组子的过程。

8. 低温保藏方法:是一种极普通的保藏菌种的方法,它是利用低温抑制微生物的生长代谢活动,由此来保藏菌种。

9. 液状石蜡低温保藏法:保藏温度要求在−4~4 ℃,同时在培养物上覆盖一层灭过菌的液状石蜡以隔绝空气,这种保藏方法与单独使用低温保藏相比效果更好一些。

10. 干燥保藏方法:是把菌种接种于适当的干燥载体上的保藏方法。

11. 真空干燥冷冻法:是利用了真空、干燥、冷冻这些有利于菌种保藏的条件。

12. 活体保藏法:也称为寄主保藏法,是将菌体接种于动物体中以保藏菌种。

13. 菌种衰退:变异有自发突变和非自发突变两种,其中非自发突变即菌株生产性状的劣化或有些遗传标记的丢失,均称为菌种衰退。

二、填空题

1. 自然选育　诱变育种　杂交育种　原生质体融合育种　基因重组育种　基因工程育种
2. 诱变　转化　转导　杂交　基因工程
3. 菌种衰退　代谢更加旺盛
4. 低温保藏方法　液状石蜡低温保藏法　干燥保藏方法　真空干燥冷冻法　活体保藏法
5. 控制传代的次数　创造良好的培养条件　利用不同类型的细胞进行接种传代　对菌种采用有效的保藏方法

三、单项选择题

1. A　2. C　3. A　4. D　5. B　6. D　7. C　8. C　9. A　10. B　11. D　12. B

四、多项选择题

1. ABCD　2. ABC　3. BCD　4. ABCD　5. AC　6. ABC

五、判断题

1. √　2. √　3. √　4. √　5. ×

六、简答题

1. 答：基因工程育种是在基因水平上的遗传工程育种，是用人为的方法将所需要的某一供体微生物的遗传物质——DNA 大分子提取出来，在离体的条件下用适当的工具酶进行切割后，把它与作为载体的 DNA 分子连接，与载体一起导入某一更易生长、繁殖的受体细胞中，以让外源遗传物质在其中稳定下来，进行正常的复制和表达，从而获得新物种的一种崭新的育种技术。

2. 答：微生物菌种保藏技术很多，但原理基本一致，即采用低温、干燥、缺氧、缺乏营养、添加保护剂或酸度中和剂等方法，挑选优良菌种，最好是它们的休眠体，使微生物生长在代谢不活泼、生长受抑制的环境中。

3. 答：(1)菌落形态、细胞形态和生理等多方面的改变，如畸形细胞的出现、菌落颜色的改变等。

   (2)菌株生长变得慢，产孢子越来越少直至产孢子能力丧失，例如放线菌、霉菌在斜面上多次传代后产生"光秃"现象等，从而造成生产上使用孢子接种的困难。

   (3)菌种的代谢活动、代谢产物的生产能力或其对寄主的寄生能力明显下降，例如黑曲霉糖化能力的下降、抗生素发酵单位的减少、枯草杆菌产淀粉酶能力的衰退等。

4. 答：在菌种还未表现出衰退现象以前，要积极采取措施加防止。防止措施有：

   (1)控制传代的次数。即尽量避免不必要的移种和传代，把必要的传代降低到最低水平，以减少突变概率。

   (2)创造良好的培养条件。在生产实践中人们发现为菌种提供一个适合的条件菌种不易发生变异，从而可以在一定程度上防止菌种衰退。

   (3)利用不同类型的细胞进行接种传代。由于放线菌和霉菌的孢子一般是单核的，所以用其孢子移种传代比用菌丝传代为好(可防止因菌丝细胞多核而出现不纯)。

   (4)对菌种采用有效的保藏方法。在保藏时，保存在有利于菌种休眠的环境中，如控制温度、湿度及其他条件，可以延缓菌种的衰退。

第十章　免疫学基础知识

第一节　抗原

一、名词解释

1. 免疫:是机体识别自我物质和排除异己物质的复杂生物学反应,借以维持机体平衡和稳定的一种生理功能。
2. 免疫防御:是机体抗御和排除病原体等抗原性异物的一种保护功能。
3. 免疫稳定:是机体免疫系统维持内环境稳定的一种生理功能。
4. 免疫监视:是机体识别和清除体内突变细胞、被病原体感染细胞的一种生理功能。
5. 抗原:是指能刺激机体免疫系统产生相应的免疫应答产物(抗体或效应淋巴细胞),并能与相应的免疫应答产物在体内或体外发生特异性结合的物质。
6. 免疫原性:抗原刺激机体发生免疫应答、产生抗体及效应淋巴细胞的特性。
7. 免疫反应性:抗原与其相应的抗体或效应淋巴细胞发生特异性结合的特性,也称抗原性。
8. 抗原的特异性:是指抗原只能刺激机体产生针对该抗原的免疫应答产物,且仅能与相应的免疫应答产物(T细胞、B细胞)发生特异性结合。
9. 抗原决定簇:抗原决定簇又称表位,是抗原分子中决定抗原特异性的特殊化学基团,一般由几个到十几个氨基酸构成。
10. 共同抗原:两种或两种以上抗原含有一种相同或相似的抗原决定,能与同一抗体发生反应,这种抗原称为共同抗原。
11. 交叉反应:由共同抗原刺激机体产生的抗体或效应淋巴细胞,能与诱导它们产生的抗原特异性结合,也能与含有相同或相似抗原决定簇的其他抗原发生反应,称为交叉反应。
12. 免疫系统:是机体执行免疫功能的物质基础,由免疫器官和组织、免疫细胞和免疫分子组成。

二、填空题

1. 免疫防御　免疫稳定　免疫监视
2. 免疫原性　免疫反应性
3. 细菌　病毒　大多数的蛋白质　外毒素　多糖　脂质　某些药物
4. 抗原决定簇
5. 细菌　病毒　细胞

三、单项选择题

1. D　2. D　3. B　4. D　5. A　6. A　7. D

四、判断题

1. √　2. ×　3. ×　4. √　5. ×　6. √　7. √　8. ×　9. ×　10. √

五、简答题

1. 答:免疫具有以下三大功能:

   (1)免疫防御:免疫防御是机体抗御和排除病原体等抗原性异物的一种保护功能。

   (2)免疫稳定:免疫稳定是机体免疫系统维持内环境稳定的一种生理功能。

(3)免疫监视:免疫监视是机体识别和清除体内突变细胞、被病原体感染细胞的一种生理功能。
2. 答:抗原具有以下两个基本特性:
(1)免疫原性:抗原刺激机体发生免疫应答、产生抗体及效应淋巴细胞的特性。
(2)免疫反应性:抗原与其相应的抗体或效应淋巴细胞发生特异性结合的特性,也称抗原性。

第二节 免疫系统

一、名词解释

1. 免疫系统:是机体执行免疫功能的物质基础,由免疫器官和组织、免疫细胞和免疫分子组成。
2. 中枢免疫器官:中枢免疫器官包括骨髓和胸腺,是免疫细胞发生、分化、发育和成熟的场所,对外周免疫器官的发育也有促进作用。
3. 外周免疫器官:外周免疫器官是免疫细胞定居和发生免疫应答的部位,包括淋巴结、脾脏和黏膜相关淋巴组织。
4. 免疫活性细胞:指能特异地识别抗原,并能接受抗原的刺激,随后产生抗体或淋巴因子,发生特异性免疫应答反应的一类细胞。
5. 免疫分子:免疫分子包括抗体、细胞因子和补体等多种参加免疫应答的生物活性物质。
6. 淋巴因子:是指 T 细胞被抗原激活或受有丝分裂原作用后所产生的多种具有生物学活性的可溶性分子。
7. 白细胞介素:将参与免疫细胞间相互作用的细胞因子称为白细胞介素,简称白介素。
8. 补体:是存在于正常人和动物血清与组织液中的一组经活化后具有酶活性的蛋白质,可介导免疫应答和炎症反应。

二、填空题

1. 免疫器官和组织　免疫细胞　免疫分子
2. 骨髓　胸腺　淋巴结　脾脏　黏膜相关淋巴组织
3. T 细胞　B 细胞　K 细胞　NK 细胞　中性粒细胞　嗜酸性粒细胞　嗜碱性粒细胞　单核巨噬细胞
4. 抗体　细胞因子　补体

三、单项选择题

1. B　2. B　3. C　4. A　5. D　6. B　7. B　8. C　9. D　10. B　11. B　12. A　13. C　14. D　15. A　16. D

四、判断题

1. √　2. ×　3. ×　4. ×　5. √　6. √　7. √　8. ×　9. √　10. ×　11. √　12. ×　13. ×　14. ×　15. √　16. √

五、简答题

1. 答:中枢免疫器官包括骨髓和胸腺,是免疫细胞发生、分化、发育和成熟的场所,对外周免疫器官的发育也有促进作用。
(1)骨髓:骨髓中的多能干细胞分化为髓样干细胞和淋巴干细胞。髓样干细胞发育为红细胞系、粒细胞系、单核巨噬细胞系等,淋巴干细胞发育为淋巴细胞系,其中一部分淋巴干细胞在骨髓继续发育成为 B 细胞,离开骨髓后进入外周淋巴器官定居;另一部分淋巴干细胞则进入胸腺(人、畜)或腔上囊(禽)分化成 T 细胞或 B 细胞。骨髓是机体重要的中枢免疫器官,也是再次体液免疫应答发生的主要部位。

(2)胸腺:来自骨髓的淋巴干细胞进入胸腺,在胸腺微环境的影响下,少数的细胞分化成熟为具有免疫活性的 T 细胞,离开胸腺后进入外周免疫器官定居。

2. 答:外周免疫器官是免疫细胞定居和发生免疫应答的部位,包括淋巴结、脾脏和黏膜相关淋巴组织。

(1)淋巴结:主要功能是清除各个组织器官中的抗原物质,在淋巴结内 T、B 细胞接受抗原刺激后能活化、增殖、分化,发生免疫应答。其中的 T、B 细胞也能随淋巴液进入血液,透过毛细血管壁进入组织,然后随淋巴液再回到淋巴结,进行淋巴细胞再循环。

(2)脾脏:是机体最大的外周免疫器官。脾脏主要清除血液内抗原物质以及自身衰老死亡的细胞。来自血液的抗原物质进入脾脏刺激 T、B 细胞活化、增殖、分化,发生免疫应答并被清除。切除脾脏会降低机体的免疫力。

(3)黏膜相关淋巴组织:人体的黏膜相关淋巴组织主要包括扁桃体、阑尾、呼吸道、消化道及泌尿生殖道黏膜下分散的淋巴组织等。家畜的黏膜相关淋巴组织有下颌淋巴结、颈浅淋巴结、髂下淋巴结、腹股沟浅淋巴结。这些组织中均分布有各类免疫细胞,包括 T、B 细胞,是全身疫系统的重要组成部分。黏膜相关淋巴组织是机体重要的防御屏障,是发生黏膜免疫应答的主要场所。

第三节　抗体

一、名词解释

1. 抗体:是 B 细胞受抗原刺激后活化、增殖分化为浆细胞,由浆细胞产生的并能与相应抗原发生特异性结合的免疫球蛋白(简称 Ig)。
2. 免疫球蛋白:是具有抗体活性及化学结构与抗体相似的球蛋白统称。
3. 中和作用:外毒素和病毒都是通过与易感细胞受体结合的方式进入细胞而发挥毒性、感染作用的,当与相应的抗体结合后,外毒素、病毒上与易感细胞受体结合的位点被抗体封闭,不能进入细胞内,丧失了毒性和感染细胞的作用。
4. 调理作用:细菌与相应抗体 IgG 特异性结合后,IgG 的 Fc 段即可与单核巨噬细胞上的 Fc 受体结合,激活细胞内的调控机制,增强吞噬细胞对细菌的吞噬消化作用。
5. 抗体依赖性细胞介导的细胞毒作用:IgG 的 Fab 段与靶细胞(如肿瘤细胞)表面抗原特异性结合后,IgG 的 Fc 段与自然杀伤细胞(NK 细胞)表面的 Fc 受体结合,介导 NK 细胞杀伤靶细胞,称为抗体依赖性细胞介导的细胞毒作用(ADCC)。

二、填空题

1. 重链(H 链)　轻链(L 链)　可变区(V 区)　恒定区(C 区)　CH1　CH2　CH3
2. 木瓜蛋白酶　Fab 段　Fc 段
3. IgG　IgM　IgA　IgE　IgD　IgG　IgM　IgA　IgD　IgE

4. 可变区(V区)　　抗体
5. 补体　吞噬细胞　NK 细胞　Fc 受体　Fc 受体

三、单项选择题
1. A　2. C　3. A　4. C　5. B　6. D　7. A　8. D　9. A

四、判断题
1. ×　2. ×　3. √　4. ×　5. √　6. √　7. ×　8. √　9. ×　10. √　11. √　12. ×
13. √　14. ×　15. ×　16. √

五、简答题
1. 答：免疫球蛋白 Fab 段的功能：
(1)中和作用：外毒素、病毒与相应的抗体结合后，外毒素、病毒上与易感细胞受体结合的位点被抗体封闭，不能进入细胞内，丧失了毒性和感染细胞的作用。
(2)抑制细菌吸附：分布于黏膜表面的 sIgA 能与细菌特异性结合，可以阻止细菌与黏膜细胞的结合，阻断细菌的定居，加快细菌的排出。

免疫球蛋白 Fc 段的功能：
(1)激活补体：当抗体与细胞型抗原特异性结合后，抗体分子发生构型变化，结合补体继而激活补体，溶解抗原细胞。
(2)调理作用：当细菌与相应抗体 IgG 特异性结合后，IgG 的 Fc 段即可与单核巨噬细胞上的 Fc 受体结合，激活细胞内的调控机制，增强吞噬细胞对细菌的吞噬消化作用。
(3)抗体依赖性细胞介导的细胞毒作用：IgG 的 Fab 段与靶细胞(如肿瘤细胞)表面抗原特异性结合后，IgG 的 Fc 段与自然杀伤细胞(NK 细胞)表面的 Fc 受体结合，介导 NK 细胞杀伤靶细胞，称为抗体依赖性细胞介导的细胞毒作用(ADCC)。
(4)介导Ⅰ型超敏反应：在肥大细胞或嗜碱性粒细胞表面有 IgE 的 Fc 受体，IgE 的 Fc 段与肥大细胞或嗜碱性粒细胞表面 IgE 的 Fc 受体结合，可引起Ⅰ型超敏反应。
(5)穿过胎盘和黏膜：IgG 是唯一能通过胎盘的免疫球蛋白，母体的 IgG 可通过其 Fc 段与胎盘滋养层细胞 Fc 受体结合，然后通过胎盘进入胎儿血液循环。

2. 答：IgG：抗感染免疫的主要抗体，是唯一能穿过胎盘的免疫球蛋白。
IgM：早期重要的抗感染抗体。
IgA：sIgA 是黏膜局部抗感染的主要抗体；初乳中含有。
IgE：介导Ⅰ型超敏反应，抗寄生虫感染。
IgD：是 B 淋巴细胞的重要抗原受体。

第四节　免疫应答

一、名词解释
1. 免疫应答：是指机体受到抗原刺激后，免疫细胞识别、摄取、处理抗原，继而活化、增殖分化，最终产生一系列生物学效应的过程。
2. 体液免疫应答：是 B 细胞在抗原刺激下活化、增殖及分化为浆细胞，产生抗体并介导特异性免疫应答的过程。

3. 细胞免疫应答：是致敏淋巴细胞与相应抗原作用后所导致的特异性免疫应答的过程。
4. 正免疫应答：即通常所指的免疫应答，是指免疫活性细胞在抗原刺激下，活化、增殖、分化和产生效应物质，表现出一系列生物学效应的全过程。
5. 负免疫应答：是指免疫活性细胞在抗原刺激下表现为特异性不应答，为免疫耐受。
6. 生理性免疫应答：正常情况下，机体对抗原异物发生免疫应答可表现为抗感染、抗肿瘤等效应，对自身正常组织细胞形成免疫耐受，称为生理性免疫应答。
7. 病理性免疫应答：某些异常情况下，机体免疫应答过强，可发生超敏反应甚至导致超敏反应性疾病的发生或者自身免疫耐受被打破，进而诱发自身免疫病等，称为病理性免疫应答。
8. 抗原识别阶段：抗原提呈细胞（APC）摄取、加工处理与提呈和 T、B 细胞通过 TCR/BCR（T 细胞受体/B 细胞受体）特异性识别抗原肽阶段，称为抗原识别阶段。
9. 活化增殖与分化阶段：T、B 细胞特异性识别、接受抗原刺激后活化、增殖和分化的阶段。
10. 效应阶段：免疫应答产生的效应物质（抗体、细胞因子和效应 T 细胞）分别发挥体液免疫效应和细胞免疫效应，清除"非己"抗原或诱导免疫耐受，维持机体平衡或诱发免疫性疾病。

二、填空题

1. 细胞免疫应答　体液免疫应答　正免疫应答　负免疫应答　生理性免疫应答　病理性免疫应答
2. 识别阶段（抗原提呈）　反应阶段（活化增殖与分化阶段）　效应阶段

三、单项选择题

1. D　2. C　3. B　4. A

四、判断题

1. ×　2. ×　3. √　4. √　5. √　6. ×　7. ×

五、简答题

答：根据免疫应答的基本规律，免疫应答可以划分为三个阶段。

（1）识别阶段（抗原提呈）：抗原提呈细胞（APC）摄取、加工处理与提呈和 T、B 细胞通过 TCR/BCR（T 细胞受体/B 细胞受体）特异性识别抗原肽阶段，故又称抗原识别阶段。

（2）反应阶段（活化增殖与分化阶段）：T、B 细胞特异性识别、接受抗原刺激后活化、增殖和分化的阶段。B 细胞活化、增殖和分化为浆细胞并产生抗体；T 细胞活化、增殖和分化成效应 T 细胞。

（3）效应阶段：免疫应答产生的效应物质（抗体、细胞因子和效应 T 细胞）分别发挥体液免疫效应和细胞免疫效应，清除"非己"抗原或诱导免疫耐受，维持机体平衡或诱发免疫性疾病。

第十一章　生物技术及其应用

第一节　生物技术的形成与发展

一、名词解释

1. 生物技术：指应用自然科学及工程学的原理，依靠微生物、动物、植物体作为反应器，将物料进行加工以提供产品来为社会服务的技术。

2. PCR技术：即聚合酶链式反应，也称无细胞克隆系统，它是以一种类似于天然DNA复制的方式，在体外扩增位于两段已知序列之间的DNA片段的分子生物学技术。

二、填空题

1. 微生物

2. 基因工程

3. 传统生物技术

4. DNA分子

5. DNA双螺旋结构

6. 转基因

7. 干细胞

8. 生物信息

9. 聚合酶链式反应

10. 基因工程

11. 细胞

12. 重组DNA分子

13. 重组DNA分子

14. 选择性培养

15. 重组DNA

三、单项选择题

1. D 2. C 3. C 4. D 5. B 6. B 7. C 8. A 9. D 10. D 11. C 12. D

四、判断题

1. √ 2. × 3. × 4. √ 5. × 6. × 7. × 8. √ 9. √ 10. √ 11. √ 12. ×
13. × 14. × 15. ×

五、简答题

1. 答：PCR技术的原理主要基于DNA的热变性、DNA的半保留复制以及碱基互补配对等原则。在PCR过程中，DNA双链在高温下解离成单链，然后在低温下引物与单链DNA按碱基互补配对的原则结合，再在DNA聚合酶的作用下，以dNTP为反应原料，按照碱基配对与半保留复制原理，合成一条新的与模板DNA链互补的半保留复制链。通过不断地重复变性、退火（复性）和延伸这三个基本步骤，目的DNA片段可以以指数级进行扩增。

2. 答：PCR技术因其高灵敏度、特异性和简便性，被广泛应用于多个领域。

(1) 医学诊断。PCR可以用于检测各种病原体，如病毒、细菌等。例如，在新冠病毒的诊断中，PCR技术发挥了重要作用。

(2) 基因研究。在基因组学研究中，PCR用于扩增特定基因片段，便于进一步分析和研究。

(3) 法医学。PCR技术可用于法医鉴定，通过扩增DNA样本来识别犯罪嫌疑人或进行亲子鉴定。

(4)环境监测。PCR可以检测环境样本中的微生物,监测污染状况,如水体或土壤中的病原体。

(5)食品安全检测。PCR技术可用于食品中致病性微生物的检测,如单核细胞增多性李斯特氏菌、沙门菌等,具有快速、敏感、特异性高的特点。

3. 答:PCR的核酸定量检测是一种高度专业化的技术,它通过在PCR反应中加入荧光探针来实时监测扩增过程,进而量化目标核酸的起始浓度。这种方法不仅提高了检测的灵敏度,还使得结果更加准确和可靠。定量PCR在医学诊断、流行病监测及生物研究中具有广泛的应用价值,能够帮助科研人员更好地了解病原体的感染情况、基因表达水平以及遗传变异等信息。

第二节　生物技术的基本内容

一、名词解释

1. DNA重组技术:将经过改造的基因片段插入适当的表达载体,并通过蛋白质加以表达;分离、纯化经过改造的蛋白质,并对其进行功能检测,是在基因水平上进行的遗传操作。
2. 发酵工程:利用微生物等生物细胞进行酶促转化,将原料转化成产品或提供社会性服务的一门科学。
3. 细胞工程:指应用细胞生物学和分子生物学的原理和方法,通过某种工程学手段,按照人们的设计蓝图,进行细胞整体水平或细胞器水平上的遗传操作,即将具有某种特定基因和性状的细胞与异种细胞融合,形成新型细胞,使其具有两种亲本细胞的基因和特点。
4. 细胞融合技术:通过特定的方法将两个或多个细胞合并成一个细胞的过程。
5. 固定化酶:指限制或固定于特定空间位置的酶,具体地说,是指经物理或化学方法处理,使酶变成不易随水流失,其运动受到限制,而又能发挥催化作用的酶制剂。

二、填空题

1. 脱氧核糖核苷酸　核糖核苷酸
2. 细胞融合
3. 体细胞核移植法
4. 磷酸二酯键
5. 自我复制
6. 聚合酶链式反应
7. 转化
8. 产品的转化发酵

三、单项选择题

1. B　2. D　3. D　4. D　5. C　6. C　7. D　8. C　9. B　10. C　11. B　12. D　13. D　14. A　15. A　16. A

四、判断题

1. √　2. ×　3. √　4. √　5. √　6. √　7. √　8. ×　9. ×　10. √

五、简答题

1. 答:(1)原料来源广泛。发酵工程使用的原料多为农副产品,来源广泛且可再生,如糖类、淀粉、油脂等。

(2)反应条件温和。发酵工程的反应过程通常在常温、常压下进行,对设备的要求相对较低,且一种设备可有多种用途,灵活性高。

(3)环境污染较少。与化学合成方法相比,发酵工程在生产过程中产生的污染较少,有利于环境保护和可持续发展。

(4)产品种类多样。发酵工程能够生产多种性能优异的产品,包括酶、化学活性体、抗生素、有机酸、氨基酸等,这些产品广泛应用于食品、医药、化工等多个领域。

(5)投资较少。发酵工程的生产设备相对简单,投资较少,且通过菌种选育和改良,可以显著提高生产能力,降低生产成本。

2. 答:(1)细菌。有枯草芽孢杆菌;乳酸杆菌;醋酸杆菌;棒状杆菌;大肠杆菌。

(2)放线菌。有链霉菌属;小单孢菌属;诺卡氏菌属。

(3)真菌。有酵母菌;霉菌。

3. 答:(1)细胞培养。细胞培养技术是细胞工程的基础,它通过在人工培养基上提供适宜的环境,使细胞或组织能够持续生长和分裂。这一技术为细胞工程提供了大量的细胞来源,是进行细胞遗传操作、细胞重组等研究的基础。

(2)细胞遗传操作。包括染色体操作、基因转移等,旨在改变或创造细胞的遗传特性。例如,基因编辑技术(如 CRISPR/Cas9 系统)可以精确修饰基因组序列,使细胞获得新的功能或表型。

(3)细胞重组。通过物理、化学或生物方法诱导不同种类的细胞融合,形成具有双亲细胞特性的杂交细胞。这种技术在植物育种、动物育种以及工业生产中具有重要的应用价值。

(4)细胞融合。细胞融合技术是通过特定的方法将两个或多个细胞合并成一个细胞的过程。这种技术可以用于生产单克隆抗体、创建杂交细胞等。

(5)细胞生物反应器。利用细胞在体外进行大规模培养,以生产生物制品或进行生物转化。

(6)胚胎工程。包括胚胎分割、体外受精、胚胎冷冻、胚胎性别鉴定等技术,旨在提高动物的繁殖效率和生产性能。

(7)染色体工程。在染色体水平上进行基因转移和染色体操作,以改良作物品种和探究物种起源。

(8)转基因动物与生物反应器。通过基因转移技术创建转基因动物,这些动物可以作为生物反应器来生产特定的生物制品。

第三节 生物技术的应用

一、填空题

1. YAC 法

2. 专能干细胞
3. 微生物
4. 转基因微生物
5. 价格低

二、单项选择题

1. D 2. D 3. ABC 4. A 5. B

三、多项选择题

1. ABC 2. ACD 3. BCD 4. ABD 5. ABC

四、判断题

1. × 2. × 3. √ 4. √ 5. √ 6. × 7. × 8. ×

五、简答题

答：转基因食品是指通过现代分子生物技术，将某些生物的基因转移到其他物种中去，改造生物的遗传物质，使其在形状、营养品质、消费品质等方面向人们所需要的目标转变，这些直接食用或作为加工原料生产的食品统称为转基因食品。

从科学角度来看，转基因技术为农业生产带来了革命性的变化。通过基因工程，科学家可以培育出抗虫害、抗逆境（如干旱、盐碱）、高产或富含特定营养成分的作物。这些转基因作物有助于提高农业生产效率，减少农药和化肥的使用，从而对环境产生积极影响。同时，转基因技术也为解决全球粮食安全问题提供了新的途径。

然而，转基因食品也引发了广泛的争议和担忧。一方面，人们担心转基因食品可能对人体健康产生潜在风险。尽管目前科学研究尚未发现转基因食品对人体健康有明确的负面影响，但长期食用的安全性仍需进一步研究和观察。另一方面，转基因作物的种植可能对生态环境造成不可预测的影响，如基因污染、生物多样性减少等。

一些人认为，转基因技术违背了自然规律，可能对人类和地球生态系统造成不可逆转的损害。而另一些人则认为，转基因技术是科技进步的体现，有助于解决人类面临的粮食安全和生态危机。

转基因食品的标识和监管问题也备受关注。许多国家和地区要求转基因食品必须明确标识，以便消费者做出知情选择。同时，政府和相关机构也需要加强对转基因技术的监管和评估，确保其安全性和合规性。

转基因食品是一个复杂而敏感的话题。在享受其带来的农业革命和粮食安全解决方案的同时，我们也需要关注其可能带来的健康、环境和伦理风险。因此，对于转基因食品的研究、开发和应用需要谨慎而负责任地进行。

附录一　综合模拟试卷

综合模拟试卷一

一、单项选择题

1. B 2. C 3. A 4. D 5. B 6. B 7. A 8. D 9. A 10. C 11. D 12. A 13. D

14. C 15. A 16. C 17. D 18. B 19. A 20. C 21. C 22. D 23. C 24. C 25. D
26. A 27. B 28. D 29. B 30. C 31. C 32. A 33. C 34. C 35. A 36. D 37. D
38. C 39. B 40. A

二、多项选择题

41. ABCD 42. ABD 43. AB 44. ABD 45. BD

三、判断选择题

46. A 47. A 48. A 49. B 50. B 51. A 52. A 53. A 54. B 55. B 56. A 57. A
58. B 59. B 60. A 61. A 62. A 63. B 64. B 65. B 66. B 67. A 68. B 69. A
70. A 71. B 72. B 73. B 74. B 75. B 76. B 77. B 78. B 79. B 80. B 81. B
82. B 83. A 84. B 85. A 86. B 87. A 88. B 89. A 90. B 91. A 92. B 93. B
94. A 95. B

四、填空题

96. 生态系统 97. 根、茎、叶 98. 原核生物 真核生物 99. 细胞 100. 渗透作用
101. 转录 翻译 102. 核型 细胞型 沼生目型 103. 主导因素 104. 食物网
105. 链杆菌 106. 菌丝 107. 正常菌群 108. 无机物 109. 共生关系 110. 补体
111. 微生物

五、简答题

112. 答:(1)是构成细胞或构成生物体某些结构的重要成分。(1分)

(2)参与并调节生物体的代谢活动。(1分)

(3)维持生物体内的平衡:①渗透压平衡。②酸碱平衡(即 pH 平衡)。③离子平衡。(2分)

113. 答:(1)DNA 分子是由两条链组成的,这两条链按反向平行方式盘旋成双螺旋结构。(2分)

(2)DNA 分子中的脱氧核糖和磷酸交替连接,排列在外侧,构成基本骨架;碱基排列在内侧。(2分)

(3)DNA 分子两条链上的碱基通过氢键连接成碱基对,并且碱基配对有一定的规律:A(腺嘌呤)一定与 T(胸腺嘧啶)配对;G(鸟嘌呤)一定与 C(胞嘧啶)配对,碱基之间的这种一一对应关系,称碱基互补配对原则。(2分)

114. 答:荚膜是某些细菌分泌并包绕在细胞壁外的一层较厚的黏液性物质。(2分)

荚膜的意义:

(1)抗吞噬作用。(1分)

(2)抗杀菌物质的损伤作用。(1分)

(3)具有免疫原性。(1分)

(4)黏附作用。(1分)

115. 答:(1)好氧微生物。(1分)

(2)兼性好氧微生物。(1分)

(3)厌氧微生物。(1分)

(4)兼性厌氧微生物。(1分)

116. 答：光合作用是指绿色植物通过叶绿体,利用光能,把二氧化碳和水合成储藏着能量的有机物,并且释放出氧气的过程。(1分)

光合作用的意义主要表现在：

(1)绿色植物的光合作用完成了自然界规模巨大的物质转变。(1分)

光合作用把无机物转变成有机物,不仅构成植物体的本身,同时也为异养生物以及人类制造了食物和其他生活原料。(2分)

(2)绿色植物的光合作用同时又完成了自然界规模巨大的能量转变。(1分)

光合作用过程中,绿色植物把太阳投射到地球表面的一部分光能转变为贮存在有机物中的化学能。大多数生物不能直接利用光能,而只能利用贮藏在有机化合物中的化学能,因而这个能量几乎是所有生物生命活动所需要能量的最初来源。(2分)

(3)绿色植物的光合作用使大气中的氧气和二氧化碳的含量相对稳定。(1分)

绿色植物好比一台天然的"空气净化器",不断地通过光合作用吸收二氧化碳和释放出氧气,使得大气中的氧气和二氧化碳的含量相对稳定,维持了生物圈内的生态平衡,为人类和其他生物的生存、发展创造了适宜的条件。(2分)

综合模拟试卷二

一、单项选择题

1．A 2．C 3．A 4．A 5．D 6．D 7．D 8．D 9．C 10．A 11．C 12．B 13．A 14．C 15．D 16．D 17．A 18．C 19．C 20．D 21．D 22．C 23．D 24．C 25．C 26．D 27．D 28．B 29．C 30．A 31．B 32．A 33．D 34．D 35．C 36．B 37．A 38．D 39．D 40．D

二、多项选择题

41．ABC 42．ACD 43．ABC 44．CD 45．ACD

三、判断选择题

46．B 47．A 48．A 49．B 50．A 51．A 52．B 53．B 54．A 55．A 56．B 57．B 58．A 59．B 60．B 61．B 62．B 63．A 64．B 65．A 66．A 67．B 68．B 69．A 70．B 71．A 72．B 73．B 74．A 75．A 76．B 77．B 78．B 79．B 80．B 81．B 82．B 83．B 84．B 85．B 86．A 87．B 88．A 89．B 90．A 91．B 92．A 93．A 94．B 95．B

四、填空题

96．变异 97．陆地 98．白色体 有色体 叶绿体 99．类胡萝卜素 100．XY型 ZW型 101．精巢 卵巢 102．双受精 103．非生物因素 104．崩溃 105．营养菌丝 106．无症状潜伏期 107．药品卫生标准 108．接种 109．原生质体融合育种 110．IgG 111．聚合酶链式反应

五、简答题

112．答：细胞周期指细胞从第一次分裂完成时开始到下一次分裂完成时为止的时期。(2分)

细胞周期包括两个阶段:分裂间期和分裂期。(1分)

细胞分裂方式有无丝分裂、有丝分裂、减数分裂三种方式。(1分)

113. 答:植物体内的有机物在细胞内经过一系列的氧化分解,最终生成二氧化碳或其他产物,并且释放出能量的过程,称植物的呼吸作用(又称生物氧化)。(2分)

植物的呼吸作用包括有氧呼吸和无氧呼吸两种类型。(1分)

呼吸作用的意义有:

①呼吸作用能为生物体的生命活动提供能量;(1分)

②呼吸过程能为体内其他化合物的合成提供原料;(1分)

③呼吸作用在植物抗病免疫方面有着重要作用。(1分)

114. 答:基因突变是指在染色体结构中,基因某一位点上遗传物质的改变,所以又称点突变。(1分)

基因突变主要有以下特点:

①基因突变在生物界中是普遍存在的;(1分)

②基因突变是随机发生的;(1分)

③在自然条件下,一切生物的基因都可以发生自然突变;(1分)

④大多数基因突变对生物体是有害的;(1分)

⑤基因突变是不定向的。(1分)

115. 答:依据不同时间段里微生物生长速率的不同,可以把细菌的生长曲线分为四个主要时期:(1)迟缓期(1分)。(2)对数期(1分)。(3)稳定期(1分)。(4)衰亡期(1分)。

116. 答:病毒的增殖又称为病毒的复制,是病毒在活细胞中的繁殖过程。病毒的增殖过程分为五步,即吸附(1分)、侵入(1分)、生物合成(1分)、装配(1分)与释放(1分)五个连续的过程。

(1)吸附。是病毒感染宿主细胞的第一步,也是关键的一步,主要是指病毒表面蛋白质与宿主细胞的特异接受位点发生特异性结合。(1分)

(2)侵入。病毒与细胞表面结合后,通过直接侵入等方式进入细胞。(1分)

(3)生物合成。侵入宿主细胞中的病毒在释放核酸之后,接着借助宿主细胞的细胞器和宿主细胞的酶来复制病毒的核酸并合成结构蛋白及其他结构成分。(1分)

(4)装配。在宿主细胞的细胞核或细胞质中,将已合成的核酸和蛋白质组装成完整的有感染性的病毒粒子。(1分)

(5)释放。病毒装配后,从被感染细胞内转移到细胞外的过程称为释放,即通过细胞破裂释放。(1分)

综合模拟试卷三

一、单项选择题

1. C 2. B 3. C 4. B 5. D 6. A 7. A 8. D 9. D 10. C 11. C 12. A 13. A
14. D 15. C 16. D 17. C 18. D 19. B 20. C 21. A 22. D 23. B 24. D 25. B
26. C 27. A 28. B 29. A 30. B 31. D 32. D 33. B 34. C 35. C 36. B 37. C

38．C　39．C　40．D

二、多项选择题

41．BCD　42．ABC　43．ABCD　44．ABCD　45．AB

三、判断选择题

46．A　47．A　48．A　49．B　50．B　51．A　52．A　53．A　54．B　55．B　56．A　57．A
58．B　59．B　60．A　61．A　62．B　63．B　64．A　65．A　66．B　67．B　68．A　69．A
70．B　71．A　72．A　73．B　74．A　75．B　76．A　77．A　78．B　79．B　80．A　81．B
82．A　83．B　84．B　85．A　86．A　87．B　88．B　89．A　90．A　91．B　92．B　93．B
94．A　95．A

四、填空题

96．生态系统多样性　97．脊椎动物　98．皮系统　基本系统　维管系统

99．外呼吸　100．信息流　101．同配生殖　异配生殖　卵式生殖

102．种内关系　103．生态系统　104．95％酒精　105．天冬氨酸

106．控制菌检查　107．37　108．1/5　109．平板菌落计数法

110．效应阶段　111．转基因

五、简答题

112．答：植物细胞的基本结构包括细胞壁、细胞膜、细胞质、细胞核。(2分)

植物细胞特有结构有细胞壁、液泡、质体。(2分)

113．答：酶是活细胞所产生的一类具有催化作用的有机物,大多数酶是蛋白质,少数是RNA。(2分)

酶的特性有：

(1)酶的高效性。(1分)

(2)酶的专一性。(1分)

(3)酶的多样性。(1分)

(4)酶的高度不稳定性。(1分)

114．答：(1)长杆菌(1分)。(2)短杆菌(1分)。(3)球杆菌(1分)。

(4)分枝杆菌(1分)。(5)棒状杆菌(1分)。(6)梭状杆菌(1分)。

115．答：在菌种还未表现出衰退现象以前,要积极采取措施加防止。

防止措施有：

(1)控制传代的次数。(1分)

(2)创造良好的培养条件。(1分)

(3)利用不同类型的细胞进行接种传代。(1分)

(4)对菌种采用有效的保藏方法。(1分)

116．答：基因分离定律的实质是在杂合子的细胞里,位于一对同源染色体上的等位基因具有一定的独立性,生物体在进行减数分裂形成配子时,等位基因会随着同源染色体的分开而分离,分别进入两个配子中,独立地随配子遗传给后代。(4分)

基因分离定律在实践中的应用：基因分离定律是遗传的基本规律,掌握这一定律不仅

有助于人们正确地解释生物界的某些遗传现象,而且能够预测杂交后代的类型和各种类型出现的概率,这对于动、植物育种实践和医学实践都具有重要的意义。①在杂交育种中,首先,人们按照育种的目标,选配亲本进行杂交;其次,根据性状的遗传表现选择符合人们需要的杂种后代;最后,经过有目的地选育,培育出具有稳定遗传性状的品种。(3分)②在医学实践中,人们常常利用基因分离定律对遗传病的基因型和发病概率做出科学的推断。(3分)